Marlies Janz

Elfriede Jelinek

Verlag J. B. Metzler
Stuttgart · Weimar

Die Deutsche Bibliothek – CIP-Einheitsaufnahme

Janz, Marlies:
Elfriede Jelinek / Marlies Janz.
- Stuttgart : Metzler, 1995
(Sammlung Metzler ; Bd. 286)
ISBN 3–476–10286–6
NE: GT

SM 286

ISSN 0558-3667
ISBN 3-476-10286-6

© 1995 J. B. Metzlersche Verlagsbuchhandlung
und Carl Ernst Poeschel Verlag GmbH in Stuttgart
Einbandgestaltung: Kurt Heger
Satz: Schreibbüro Eva Burri, Stuttgart
Druck: Franz Spiegel Buch GmbH, Ulm-Jungingen
Printed in Germany

Verlag J. B. Metzler Stuttgart · Weimar

EIN VERLAG DER SPEKTRUM FACHVERLAGE GMBH

Inhalt

Vorbemerkung

Von einer Jelinek-Forschung kann noch keine Rede sein. Zwar ist der Stand der Publikationen über die Autorin inzwischen bereits in drei Sammelbänden dokumentiert, doch überwiegen hier die eher journalistischen Arbeiten. Wer nach Interpretationsvorschlägen für einzelne Texte sucht oder nach Materialien, die das Verständnis erleichtern könnten, wird nur selten fündig werden. Die meisten Texte Jelineks wurden bisher überhaupt noch nicht interpretiert, und selbst zu häufig aufgegriffenen Texten wie *Die Liebhaberinnen* und *Die Klavierspielerin* liegen nur wenige überzeugende Deutungen vor. Seinen Grund hat das vermutlich nicht nur in der Schwierigkeit des Werks, sondern auch in der anhaltenden Verkennung Jelineks als politischer Autorin. So wird sowohl ihr Feminismus als auch ihre Situierung im Kontext von Poststrukturalismus und Postmoderne zumeist falsch eingeschätzt, weil ihre marxistischen Orientierungen ausgeblendet werden. Diesen aber ist Jelinek bei allen scheinbaren bzw. partiellen Annäherungen an Verfahrensweisen von Poststrukturalismus und Postmoderne bis heute verpflichtet. Die satirischen Mythendestruktionen, die ihr Werk mit wechselnden Gegenständen und sich ausdifferenzierenden ästhetischen Verfahrensweisen leistet, sind stets bezogen auf ihre materialistischen Gesellschaftsanalysen und verstehen sich als aufklärerische Ideologiekritik.

Die entpolitisierende Jelinek-Rezeption, wie sie insgesamt vorherrscht, auch wo man pauschal ihre schwarzen Gesellschaftsbilder oder ihren – zumeist falsch verstandenen – Feminismus goutiert, wäre dem Selbstverständnis der Autorin zufolge als Mythisierungsprozeß zu beschreiben. Jelineks Auseinandersetzung mit Roland Barthes' Trivialmythen-Konzept Ende der sechziger Jahre war die Initialzündung für die Entwicklung ihrer eigenen ästhetischen Position, die Aspekte der strukturalistischen Semiologie verbindet mit Perspektiven der marxistischen Ideologiekritik. Hinzu kommen Einflüsse der zeitgenössischen experimentellen Literatur und der Pop-Art, unter denen sie ihre spezifische Schreibweise auszubilden vermochte. Mit vorgefertigten und vorgestanzten Mustern zunächst der Trivialkultur, zunehmend aber auch der ›hohen‹ Kultur zu arbeiten und sie in Verfahren der Collage und Montage zu verformen und ideologiekritisch zu brechen, ist die grundlegende literarische Methode Jelineks, die sich von den Anfängen bis heute erhalten hat. Im weitesten Sinn ist ihre Verfahrensweise intertextuell: sie bezieht sich auf vorgegebene kulturelle Muster, um sie als ›Mythen‹, d.h. als Ideologisierungen von sozialen und sexuellen Machtstrukturen zu destruieren. Satirisch verhöhnt wird nicht nur die Naturalisierung von Besitz- und Gewaltverhältnissen, wie sie immer schon im Zusammenhang von Ideologiekritik eine bedeutende Rolle gespielt hat (vgl. Eagleton, 1993, S. 72ff.), sondern etwa auch die entpolitisierende Universalisierung der Vorstellung von ›der Frau‹ in den sog. ›radikalfeministischen‹ Positionen (vgl. Barrett, 1983, S. 13f.). Jelinek nimmt ihre Mythendestruktionen in der Regel vor, indem sie holzschnitthaft und fast ›ökonomistisch‹ auf die ›Basis‹ rekurriert und damit verbunden auf den Klassengegensatz und das Geschlechterverhältnis. Der Primat von Ökonomie wird exponiert und in keiner Phase des Werks in Frage gestellt, auch wenn enttäuschte Kollegen ihr neuerdings aufgrund von mißverständlichen Äußerungen in Interviews vorwerfen zu können glauben, sie habe den Marxismus an einen (universalisierenden) Feminismus verraten (vgl. Rothschild, 1994). Wie immer man zu Jelineks politischer Situierung stehen mag: ohne sie zur Kenntnis zu nehmen, wie es in der Jelinek-Rezeption weitgehend der Fall ist, ist ihr Werk mißverstanden. Gerade auch ihre Adaptation von Roland Barthes, wie sie schon mehrfach in der Forschung beobachtet worden ist (vgl. Janz, 1989 und 1993; Gürtler, 1990; Spanlang, 1991), sollte wohl nicht unabhängig gesehen werden von der materialistischen Zuspitzung, wenn nicht teilweisen Umdeutung der Thesen von Barthes, die Jelinek vornimmt. Darüber hinaus geht es bei Jelinek grundsätzlich nicht um das postmoderne Spiel mit kulturellen Mustern, sondern um deren satirische Entlarvung im Kontext von Feminismus und Faschismus-Kritik. Das Faschismus-Thema, das in Jelineks Werk von Anfang an präsent war und inzwischen auch gegenüber feministischen Aspekten dominant geworden ist, scheint von der Jelinek-Forschung noch nachhaltiger verdrängt zu werden als ihre marxistischen Analysen. Kein einziger Forschungsbeitrag bis heute, der sich dieser Thematik ausdrücklich gewidmet hätte, die zumal in den Theaterstücken Jelineks von Anfang an eine bedeutende Rolle gespielt hat und in den letzten Texten (*Wolken. Heim.* und *Totenauberg*) zum zentralen Thema geworden ist. Die Entpolitisierung und Mythisierung von Jelineks Werk wird auch hier in der Rezeption auf ganzer Linie vollzogen. Bedenkenlos wird es in der Regel vereinnahmt für unverbindliche kulturkritische Räsonnements, für einen vermeintlich postmodernen Budenzauber sowie für pseudo-feministische Positionen, die auf das ›Frausein‹ als vermeintlich privilegierten Status des ›Unterdrücktseins‹ rekurrieren zu können glauben.

Gegenüber solchen Jelinek-Mythen soll hier versucht werden, das Werk aus seinen spezifischen politischen und ästhetischen Implikationen zu entfalten und beider Konnex verständlich zu machen. Es ist dies der erste Versuch einer zusammenfassenden Darstellung des bisherigen Werks aufgrund der Beschreibung seiner Entwicklungen von den sechziger bis zu den frühen neunziger Jahren. Dabei waren für die meisten Texte erste Interpretationsvorschläge zu erarbeiten sowie die Materialien zu recherchieren, die Jelineks extrem intertextueller Schreibweise zugrunde liegen. Zumindest ein Grundstock an unentbehrlichen Informationen zum Verständnis der Texte soll hier bereitgestellt werden. Auf eine gesonderte Forschungsdiskussion kann dagegen schon mangels Masse verzichtet werden. Auf Beiträge, die in irgendeiner Weise interessant sein könnten, wird in den Anmerkungen im laufenden Text verwiesen. Die Darstellung der Werke verfährt chronologisch, nicht nach Gattungen. Dies empfahl sich nicht nur deshalb, weil zumal bei den letzten Texten Jelineks die Gattungsgrenzen überhaupt nicht mehr gezogen werden können, sondern auch aus methodologischen Gründen. Jelineks Werk wird hier entwicklungsgeschichtlich expliziert als Abfolge von ästhetischen und zugleich gesellschaftskritischen Fragestellungen, die sich allmählich modifizieren und ausdifferenzieren. Nur die größeren und wichtigsten Werke konnten dabei ausführlich behandelt werden; Verweise auf einzelne Essays oder kleinere Texte der Autorin sowie auf Vertonungen, Hörspielfassungen usw. sind gelegentlich in die Einzelinterpretationen integriert. Auf die weitverzweigte Tätigkeit Jelineks in den audio-visuellen und Print-Medien konnte nicht eigens eingegangen werden, da die dazu erforderlichen Materialien zum Teil unzugänglich sind. Die relativ ausführliche Bibliographie kann hier aber vielleicht erste Hinweise bieten. Ein Schwerpunkt der Interpretationen liegt auf der Analyse der sprachlichen Verfahrensweisen sowie der Modifikationen der Zitationspraxis in Jelineks Werk. Arbeiten hierzu wie auch allgemein zur Sprachform und ästhetischen Verfahrensweise Jelineks liegen bisher in der Forschung – von einigen Marginalien abgesehen – noch nicht vor. Sie wären noch erst zu leisten, auch im Zusammenhang mit den musikalischen Interessen der Autorin, wie sie sich etwa in der Zusammenarbeit mit der Komponistin Patricia Jünger niederschlagen.

Da die bisher vorliegenden Jelinek-Bibliographien gelegentlich eher dem Zufallsprinzip als einer Systematik folgen, war es nötig, für diesen Band eine vergleichsweise umfassende Bibliographie sowohl der Primär- als auch der Sekundärtexte zu erarbeiten, die eine einigermaßen zuverlässige Hilfestellung und Orientierung bieten kann. So wurden in die Primärbibliographie grundsätzlich keine Vor-, Teilabdrucke und Nachdrucke aufgenommen, die in einigen der vorliegenden Bibliographien einen wesentlichen Bestandteil der vermeintlich selbständigen Texte Jelineks ausmachen; lediglich bei einigen schwer zugänglichen Quellen werden tatsächlich einsehbare Nachdrucke mitgenannt. Die Gespräche und Interviews mit Jelinek werden relativ vollständig dokumentiert. In die Bibliographie der Sekundärtexte wurden nur in Ausnahmefällen Rezensionen aufgenommen, denen sich die bisherigen Bibliographien bevorzugt widmen (freilich ohne zu vermerken, daß sie nur eine Zufallsauswahl treffen aus inzwischen ca. 5000 Rezensionen, die aufzuarbeiten übrigens als wenig lohnend erscheint). In die Bibliographie der Sekundärliteratur wurden darüber hinaus nur Titel aufgenommen, die in gewisser Ausführlichkeit von Jelinek handeln. Auch hier wurde keine Vollständigkeit angestrebt. Das vorrangige Ziel war auch hier, die grundlegenden Orientierungen zu ermöglichen.

Entstanden ist dieses Buch im Zusammenhang mit mehreren Seminaren über Jelinek, die ich seit dem Sommersemester 1988 an der FU Berlin und an der Universität München durchgeführt habe. In diesen Seminaren wurde das Werk jeweils zu analysieren versucht auf der Grundlage der frühen Beschäftigung Jelineks mit Roland Barthes. Von den aus diesen Seminaren hervorgegangenen Examensarbeiten wurde bisher nur die Arbeit von Michael Fischer (*Trivialmythen in Elfriede Jelineks Romanen ›Die Liebhaberinnen‹ und ›Die Klavierspielerin‹*, 1988/1991) veröffentlicht; die Publikation etwa der Arbeiten von Silke Weidtmann (*Mythos und Schreibweise in den Prosatexten von Elfriede Jelinek*, 1990), Eva-Maria Entreß über *Clara S.* oder Dorothee Lossin über *Wolken. Heim.* wäre zu wünschen. Der Grundstock zu der umfangreichen Jelinek-Bibliographie, die inzwischen in meinem Arbeitsbereich an der FU Berlin vorliegt, wurde ab 1987 unter Mitarbeit zunächst von Michael Fischer gelegt. Dorothee Lossin gilt mein besonderer Dank für ihr bibliographisches Engagement auch bei der Fertigstellung des Buchs. Christa Loitsch danke ich für ihre große Sorgfalt und Aufmerksamkeit bei der Herstellung des Typoskripts. Elfriede Jelinek danke ich für freundliche Auskünfte. Nicht zuletzt danke ich den Studentinnen und Studenten, deren dezidiertes Interesse am Werk Jelineks mich zu diesem Band ermutigt hat.

Berlin, im Juli 1994   M. J.

I. Das Frühwerk
(Gedichte, *bukolit, wir sind lockvögel baby!*)

Erst mit ihrem 1970 erschienenen Essay *Die endlose Unschuldigkeit* ist Elfriede Jelinek zu einer literarischen Selbstvergewisserung gelangt, aus der sich ihre spezifische Schreibweise entwickeln konnte. Bis zu diesem Zeitpunkt aber waren schon Gedichte und zwei Prosatexte (*bukolit, wir sind lockvögel baby!*) entstanden. Die Gedichte des 1967 erschienenen Lyrikbandes *Lisas Schatten* – 1980 wiederveröffentlicht in dem Gedichtband *ende*, der fast alle Gedichte enthält, die Jelinek in den Jahren 1966–1968 geschrieben hat – sind heute wohl nur noch von dokumentarischem Interesse. Elisabeth Spanlang hat in ihrer Dissertation *Elfriede Jelinek: Studien zum Frühwerk* (Spanlang, 1992) die biographischen und zeitgeschichtlichen Hintergründe der frühen Texte ausführlich dargestellt. Wer sich für die Krisen und familiären Hintergründe einer jungen Autorin interessiert, findet dazu bei Spanlang ebensoviel Material wie zu spezifisch österreichischen Entwicklungen der Nachkriegsliteratur, in deren Zusammenhang Jelineks Frühwerk zu sehen ist. Anders als in der BRD wurde in Österreich nach dem Krieg dezidiert angeknüpft an die Avantgarden des frühen 20. Jahrhunderts wie den Expressionismus, den Surrealismus und Dada, deren Weiterentwicklung durch den Nazi-Faschismus verhindert worden war. Die experimentelle Literatur der Wiener Gruppe und die Konkrete Poesie versuchten den Anschluß an diese Traditionen wieder herzustellen. Der literarische Avantgardismus verstand sich als antifaschistisches Programm. Jelinek hat ihre frühen Gedichte in diesem Kontext geschrieben und zugleich die Fehler gemacht, die für literarische Frühwerke typisch zu sein scheinen: Dem ganz Subjektiven eher pubertärer Phantasien stehen in den Gedichten kaum verarbeitete Anleihen und Übernahmen gegenüber. Vom Symbolismus über den Expressionismus, Surrealismus, Dadaismus bis hin zur Pop-Art und experimentellen Poesie hat Jelinek damals so ziemlich alles zusammengeklaubt, was ihr als modern und avantgardistisch erscheinen mochte. Dabei handelt es sich nicht, wie in den späteren Werken, um programmatisch eingesetzte Zitate, sondern um oft ungewollt komische Nachahmungsversuche, etwa in den häufigen Selbststilisierungen zu einem ›weiblichen Rimbaud‹. Nur erst andeutungshaft und selten werden *patterns* aus der Werbesprache und der Kulturindustrie verwandt. Es überwiegen Übernahmen aus der Lyrik der Moderne, die freilich gelegentlich schon mit dem für Jelinek typischen grotesken Humor vorgetragen werden. Insgesamt scheint Jelinek mit dem epigonalen Charakter der frühen Gedichte genau das als Fehler zu unterlaufen, was schon wenig später bei ihr zur literarischen Methode des Spiels mit vorgegebenen Mustern werden wird. Daß die frühe Lyrik sich darüber hinaus einer demonstrativen Bürgerschreck-Attitüde verdankt, scheint Jelinek selbst später durchaus gesehen zu haben. In dem Film *Die Ausgesperrten* nämlich, dessen Drehbuch sie mitverfaßt hat, spricht der Held, der sich als existentialistischer ›Mensch in der Revolte‹ geriert, auf einer Schulfeier das Gedicht *verachtung*, das Jelineks Gedichtband *ende* eröffnet.

Die um elf Jahre verspätete Veröffentlichung des Prosatextes *bukolit* in dem von Mobil Oil und IBM gesponserten Rhombus-Verlag läßt indessen wieder daran zweifeln, daß Jelinek ihre frühen Texte später immer mit ironischer Distanz gesehen hat. Selbstverständlich läßt sich über *bukolit* sagen, daß hier an Schreibweisen der Wiener Gruppe angeschlossen wird, daß Elemente des Trivialromans, der Pop-Literatur, der Comics usw. verwendet sind und der Text insgesamt zu einer Multi-Media-Show gerät usw. (vgl. Graf, 1991; Kosler, 1991) – und selbstverständlich verweist das alles auch schon auf Jelineks späteres Werk. Doch gerade Themen wie das spätere Generalthema Sexualität und Gewalt werden in *bukolit* nur als Schock-Momente verwendet (der Text handelt von zwei Kopulationsmaschinen). Die vermeintlich anti-bourgeoise Haltung von *bukolit* erzeugt einen affektierten Kunst-Anspruch (»noch morgenwund entlastete bukolit dem geliege«, B 5). Wie die frühen Gedichte ist auch *bukolit* biographisch verständlich als ein Text, den Jelinek in der völligen Isolation jener Jahre verfaßt hat. In dieser Isolation aber sind rein literarische ›Revolten‹ entstanden, die heute allenfalls noch von werkgeschichtlichem Interesse sind.

Etwas anders verhält es sich schon mit dem Roman *wir sind lockvögel baby!*, den Jelineks damaliger Lektor bei Rowohlt einer Veröffentlichung von *bukolit* vorgezogen hat (Spanlang, 1992, S. 78f.). Zumindest auf einer kompositorischen Ebene ist dieser Roman interessant, weil er die Montage von trivialen Mustern im Anschluß an die Pop-Art zur literarischen Methode werden läßt. Wie schnell die Avantgarde veraltet, zeigt sich indessen auch an diesem Roman. Für Leserinnen und Leser, die nicht zur Generation von Jelinek gehören, werden viele der Medien-Zitate, aus denen sich das Buch zusammensetzt, kaum mehr identifizierbar sein. Zitate der Pop- und TV-Kitsch-Kultur von den Beatles bis Heintje, aber auch aus James Bond-Romanen, der Werbung und Sensationspresse, aus Radio->Wunschkonzerten< und TV-Serien wie *Bonanza*, werden durcheinander gewürfelt; das Stereotype, Triviale, Banale, Grelle und Schrille wird aufgegriffen und eine reine Medienwelt produziert. Mit Recht hat der Verlag das Buch im hochglänzenden schwarzen Plastik-Einband herausgebracht, der die totale Künstlichkeit des Textes unterstreicht. Am Anfang steht die »gebrauchsanweisung«: »sie sollen dieses buch sofort eigenmächtig verändern. sie sollen die untertitel auswechseln. sie sollen hergehen & sich überhaupt zu VERÄNDERUNGEN ausserhalb der legalität hinreissen lassen«. Indessen wird hier nur der Sound studentenbewegter Rede übernommen. Die Politisierungen, die der Roman vorzunehmen scheint, indem er sich z.B. »dem österreichischen bundesheer« widmet, bleiben bloße Gesten und leere Bilder. Jelinek rezipiert hier die Studentenbewegung nur auf der Ebene dessen, was sie selber wenig später aufgrund ihrer Auseinandersetzung mit Roland Barthes als >Mythos< erkennen und kritisieren wird. Die Aufforderungen zur Revolte bleiben auch hier Papier. Sie erschöpfen sich in Phrasen wie der Ermutigung an die Leserschaft, »das ganze buch einfach anzuzünden« (LV 23). Nichts aber dürfte für einen solchen literarischen Gestus beschämender sein als das wahrscheinlichere Rezeptionsverhalten der Leserinnen und Leser, das Buch gelangweilt beiseitezulegen.

So schwach die frühen Texte Jelineks sind – mit Einschränkungen >lesbar< ist wohl nur noch der *lockvögel*-Roman –, sind sie doch auf der Ebene der ästhetischen Verfahrensweise signifikant für das spätere Werk. Aus der Schreibweise der experimentellen Literatur besonders der Wiener Gruppe übernimmt Jelinek neben der Kleinschreibung und dem Verzicht auf Interpunktion und Trennungen vor allem das Verfahren der Collage samt seinen visuellen Ausdrucksmitteln. Noch 1989 wendet sie dieses Verfahren in seiner extremsten optischen Form an in ihrem kurzen Prosatext *Das über Lager*, in dem zwei Texte übereinandergedruckt sind. Trifft das Verfahren der Collage eher für den *bukolit*-Text zu, so orientiert sich der *lockvögel*-Roman an den Montage-Prinzipien der Pop-Art. Das Collage-Verfahren der experimentellen Literatur, das wiederum zurückgreift auf frühere Avantgarden wie den Dadaismus und Surrealismus, läßt sich ganz allgemein verstehen als Überlagerung und Gleichzeitigkeit von Verschiedenem. Dagegen reiht das Montage-Verfahren der Pop-Literatur die heterogenen Momente aneinander und läßt die Brüche zwischen ihnen und ihren Nichtzusammenhang deutlich werden. Ein ›organischer‹ Sinnzusammenhang wird durch beide Verfahrensweisen destruiert. Darüber hinaus arbeiten beide Verfahrensweisen mit vorgefertigten Sprachmustern und Versatzstücken und opponieren allein schon dadurch gegen die Ideologie vom ›schöpferischen‹ Werk und von ›originärer‹ Autorschaft. Für die auf den *lockvögel*-Roman folgenden Prosa-Arbeiten Jelineks, *Michael. Ein Jugendbuch für die Infantilgesellschaft* und *Die Liebhaberinnen*, wird vor allem das Montage-Prinzip der Pop-Art entscheidend. In *Die Liebhaberinnen* wird mit architektonischen Mitteln wie der Anapher, der Wiederholung und Verdoppelung gearbeitet, die die Stereotypie des Dargestellten betonen. Gegenüber solchen montagehaften Prinzipien gewinnen dann zunehmend Verfahrensweisen der Collage in Jelineks Schreibweise die Oberhand, bei denen es eher um die Gleichzeitigkeit und Überlagerung verschiedener Sprachschichten geht. Dazu gehören nicht nur die sich allmählich entwickelnden und von Werk zu Werk modifizierten Zitatverfahren Jelineks, sondern auch semantische Überlagerungen innerhalb einzelner Formulierungen. Besonders auf der Ebene des einzelnen Worts und seiner Deformation durch geringfügige Buchstabenverstellungen scheint Jelinek später wieder an die Schreibweisen der Wiener Gruppe anzuknüpfen und sie fortzusetzen. Auch die phonetischen Irritationen, die etwa H. C. Artmann mit seinen Mundartgedichten hervorzurufen versucht hat (vgl. Rühm [Hg.], 1985, S. 13), werden im späteren Werk Jelineks relevant. So werden etwa durch den artifiziellen Dialekt im Stück *Burgtheater* Sinnverschiebungen und -deformationen sowie Gleichzeitigkeiten von ›ursprünglichem‹ und ›deformiertem‹ Sinn erreicht, die sich durchaus unter dem Begriff einer collagierenden Schreibweise fassen lassen. Zur vollen Entfaltung von Jelineks intertextuellen wie semantischen Überlagerungstechniken bedurfte es aber über die Rezeption der experimentellen Literatur und der amerikanischen Pop-Kultur hinaus einer weiteren Vermittlung. Erst durch die Rezeption der Semiologie von Roland Barthes (vgl. Kapitel II. 1), die ihrerseits entwickelt wird aus der Überlagerung – der Collage – zweier sprachlicher Systeme (des primären Systems der ›Objektsprache‹ und des sekundären Systems der ›Metasprache‹), konnte Jelinek über die bloß formale Adaption zeitgenössischer Avantgarden hinaus die für ihre Schreibweise konstitutiven Techniken ausbilden und als ideologiekritische explizieren.

Mit den für ihre Schreibweise charakteristischen Verfahrensweisen der Intertextualität sowohl auf sprachlich-semantischer als auch auf kompositorischer Ebene wird Jelinek in ihrem Werk die Collagen und Montagen der experimentellen Literatur wie der Pop-Art weiterführen und sie fruchtbar machen für das an Roland Barthes anknüpfende Verfahren der ideologiekritischen Mythendestruktion. Auf einer noch allgemeineren Ebene hat Barbara Alms in einem kaum bekannten Essay von 1987 (Alms, 1987) die Bedeutung des Frühwerks – freilich ohne Berücksichtigung der Gedichte und von *bukolit* – zu würdigen versucht. Mit Recht betont Alms, daß in *lockvögel* und *Michael* nicht nur die Grenzen zwischen ›hoher‹ und ›niederer‹ Literatur fallen, sondern daß grundsätzlich das Verhältnis von Literatur und Realität neu bestimmt werde. Jelineks Arbeiten, so Alms, »bieten nicht einfach, wie schon gewohnt (jedenfalls hier und da), Sprachkritik und Medienkritik und schwarze Gesellschaftsanalyse, sondern: ihre Sprache tummelt sich selbst im Wahnsinn. Ihre Literatur spricht selbst im Medium der Entfremdung, der Trivialmuster unserer Welt, wenn auch, wiederum verstörend, witzig oder aggressiv gebrochen« (ebd., S. 31). Während aber die amerikanische Pop-Avantgarde der 60er Jahre, wie sie im deutschsprachigen Raum vor allem von Rolf-Dieter Brinkmann in Anthologien wie *Acid* vorgestellt worden ist, letztlich affirmativ bleibe in ihrem Verhältnis zur Kulturindustrie, entwickele Jelinek demgegenüber durchaus eigenständige Verfahrensweisen. Ihre Collagen und Montagen trivialer Muster seien auch nicht Verfahrensweisen der Postmoderne zuzurechnen, die – wie sie an Ecos *Der Name der Rose* zu zeigen versucht – sich teils zynisch, teils gemütlich in den kulturellen Zitaten einrichte. Während bei Eco ein widerstandsloser Genuß des Vertrauten vorherrsche, arbeite Jelinek hin auf »das Erkennen des Vertrauten im Witz der Entstellung, mit dem sie die trivialen Geschichten entfremdet. Innerhalb der Dialektik der Moderne zwischen Rationalität und Mimesis verstärkt Jelinek die Seite der Rationalität, Konstruktion und Analyse aus ästhetischen wie aus gesellschaftstheoretischen Erwägungen; so löst sie auch jede falsche Unmittelbarkeit des Genusses des Trivialen auf« (ebd., S. 32).

Werde etwa bei Eco versucht – so Alms –, die fingierte ›Unschuld‹ der mittelalterlichen Erzählweise, wie immer auch ironisch, nachzuahmen, knüpfe Jelinek an die jüdische Tradition der Sprachskepsis, des Antimetaphysischen und Antimythologischen an (und tatsächlich beruft sich ja Jelinek in Interviews immer wieder auf Kafka, Karl Kraus und Walter Serner). Ihr gehe es nicht um das ironische Spiel mit trivialen Mustern, sondern sie zitiere diese Muster in der sie beherrschenden Struktur der Gewalt:

»Das Spiel mit Schein und Täuschung kann zum Vorschein der Wahrheit, aber auch zur Verharmlosung werden. Jelineks subversive Botschaften haben den Charakter der Realität, aus der sie kommen, noch an sich. Sowohl das triviale Material der Comics und der Fernsehprodukte wie auch ihre Verfahren der Entstellung, der satirischen Verzerrung und Verdeutlichung tragen das Zeichen der Gewalt und der Entfremdung. Der Illusion von Fluchtorten unter der Bettdecke oder anderswo gibt ihre strenge Analyse der gesellschaftlichen Mechanismen keinen Raum. Von Zerstörung betroffen – und hier greift eine Vermittlung gesellschaftstheoretischer (marxistischer) und psychoanalytischer Kategorien – sind nicht nur die oberen Schichten des Subjekts, das seine Souveränität im Rückgriff auf intakt gebliebene Bereiche wiedergewinnen könnte. Hier liegt die wirkliche Differenz zum Surrealismus und aller ähnlich gerichteten Projekte (auch Friederike Mayröckers), die glauben, aus dem gesellschaftlichen Prozeß der Verfügung herausspringen zu können. Die Gewalt der Verdinglichung wendet Elfriede Jelinek in ihrem Verfahren noch einmal auf das triviale Material der Wirklichkeit an, wobei Operationalität und Lachen die Sehnsucht nach dem Anderen in sich haben« (ebd., S. 32f.).

Mit ihrer Art der Verwendung trivialer Muster, so Alms, lasse Jelinek das monströse Bild der hierarchisch-patriarchalen Gesellschaft entstehen. Was ›unwirklich‹ erscheint, setze sich aus den geheimnislosen Dingen und Vorgängen der alltäglichen Realität zusammen:

»Selbstverstümmelung und Schmerz der den zerstörerischen Strukturen unterworfenen Subjekte werden ohne Tiefe, ohne Psychologie, ohne Appell an Einfühlung vorgeführt. Die Geheimnislosigkeit und Flächigkeit der bildlichen Sprache Jelineks irritieren das Publikum immer wieder als eine Innovation, die dem Verweischarakter von Dichtung, auch in der Moderne, widerspricht. Denn es geht ihr nicht um *Ausdruck* der der Natur verschwisterten Körper – der Rückgang auf die unentfremdete Natur wäre in ihrem Sinn eine Mythologisierung –, sondern um *Analyse* und *Entmythologisierung* der immer wieder in Erstarrung und harmonistischen Lügen sich verfestigenden Vorgänge – ohne selbst je aus der Entfremdung austreten zu können. Das Begründungsproblem, in das sie somit gerät, teilt sie mit Adornos Kritischer Theorie« (ebd., S. 34).

Obwohl diese Ausführungen im Hinblick auf den gesellschaftskritischen Gehalt von Jelineks Schreibweise erst für die nach der Barthes-Rezeption geschriebenen Werke, d.h. ab *Michael*, voll zutreffen dürften, wird doch rückwirkend die Bedeutung sowohl von *bukolit* als auch des *lockvögel*-Romans für das spätere Werk insofern erkennbar, als Jelinek sich in diesen frühen Texten durch die Rezeption der experimentellen Literatur wie der Pop-Kultur ein Repertoire von trivialen Bildern und Verfahrensweisen der Collage und Montage angeeignet hat, das grundlegend bleibt für die späteren, allerdings weitaus komplexeren Werke. Deutlich wird in den frühen Werken, zumal im *lockvögel*-Roman, bereits das spätere Verfahren Jelineks, der künstlichen Welt der Mythen und Trivialmythen keine Sphäre der Natürlichkeit oder Eigentlichkeit gegenüberzustellen, sondern im Medium der entfremdeten und verdinglichten Sprache zu bleiben und sie lediglich durch Überzeichnung und abermalige Deformation zu denunzieren. Niemals wird einer ›unwirklichen‹ Welt eine ›wirkliche‹, wird der Fiktion die ›Realität‹ entgegengesetzt. Vielmehr wird die Entlarvung des Falschen und Entfremdeten vorgenommen durch seine abermalige Entstellung, die nichts Neues und Anderes schafft, sondern selber gebunden bleibt an die trivialen Muster und ihre wie immer auch deformierende Reproduktion.

II. Trivialmythen

1. Die endlose Unschuldigkeit

In ihren frühen Romanen *bukolit* und *wir sind lockvögel baby!* hatte Jelinek anzuschließen versucht an die experimentelle Literatur der Wiener Gruppe einerseits und an die amerikanische Pop-Kultur andererseits. So wichtig diese Referenzen für das ganze weitere Werk Jelineks bleiben sollten, war für die Ausbildung ihrer spezifischen Schreibweise doch noch ein weiterer Schritt erforderlich. In dem 1970 zuerst publizierten und 1980 wieder zugänglich gemachten Essay *Die endlose Unschuldigkeit* hat sie sich mit dem Trivialmythen-Konzept von Roland Barthes (Barthes, 1964) auseinandergesetzt und in dieser Auseinandersetzung ihre eigene Schreibweise definiert. Der Essay *Die endlose Unschuldigkeit*, dessen Titel bereits auf die *Mythen des Alltags* von Barthes verweist, in denen der Mythos als »unschuldiges« Bild expliziert wird (ebd., S. 98), ist eine Collage aus *ready mades*, aus ›Fertigteilen‹ sowohl der Trivialkultur selbst als auch der Theorie der Trivialkultur. Die Beschreibung trivialer Muster und ihre Interpretation werden also ineinander verwoben und oft in eins gesetzt: Die Sache selbst und ihre Deutungen werden im selben Atemzug vermittelt – ein Verfahren, das sich in allen Texten Jelineks in unterschiedlicher Ausprägung erhalten wird. Zum einen zitiert der Essay aus TV-Serien (*Familie Feuerstein, Lieber Onkel Bill, Bonanza, Forellenhof, Verliebt in eine Hexe, Daktari, Flipper* usw.), aus der Werbung (»to san«, »vestan« usw.), aus *yellow press*, Frauenzeitschriften und Heftromanen. Zum anderen werden theoretische Texte von Barthes (*Mythen des Alltags*), Hans Barth (*Masse und Mythos*, 1979), Marshall McLuhan (*Die magischen Kanäle*, 1968) und Otto F. Gmelin zitiert, über den wiederum auch Zitate aus Reimut Reiche (*Sexualität und Klassenkampf*, 1968) eingeflossen sind. Der Text von Gmelin, auf den sich Jelinek bezieht, ist nicht mehr zugänglich: es handelt sich um eine Flugschrift von 1968 mit dem Titel *Rädelsführer I oder Emanzipation und Orgasmus* (vgl. Fischer, 1991, S. 19). Während die Zitate von Hans Barth und McLuhan für den Essay insgesamt eher unerheblich bleiben und die Gmelin-Zitate sich vor allem auf dessen noch unausgegorene

Kritik des Fernsehens als repressiver ›Vater-Instanz‹ sowie die Kritik am ›Warencharakter‹ weiblicher Sexualität im Fernsehen beziehen, dominiert die Bezugnahme auf Roland Barthes den gesamten Text. Immer wieder wird auf die *Mythen des Alltags* Bezug genommen. Sie werden – zumeist ohne ausdrückliche Kennzeichnung – wörtlich zitiert und paraphrasiert, und zwar vor allem unter den von Barthes formulierten ideologiekritischen Aspekten. Jelineks Barthes-Rezeption bewegt sich also zunächst auf einer inhaltlichen Ebene. Wie Barthes bestimmt auch sie den Mythos als entpolitisierende und enthistorisierende Aussage, die Geschichtliches als ›Natur‹ zu begründen und damit politisch veränderndes Handeln niederzuhalten versucht. Nach Barthes nimmt im Mythos die Bourgeoisie eine ›Entnennung‹ vor, das heißt sie maskiert sich als Klasse und gibt sich aus als das ›Menschengeschlecht‹. Im Anschluß an den Ideologie-Begriff von Marx stellt Barthes in den *Mythen des Alltags* dar, daß das Kleinbürgertum sich am Bürgertum orientiert und im Mythos dessen Normen übernimmt. Zweck des Mythos ist es nach Barthes wie nach Jelinek, »die welt in ihrer *unbeweglichkeit* zu halten« (U 82). Dabei scheint dieser frühe Text Jelineks davon auszugehen, daß es noch eine ›revolutionäre Klasse‹ gibt, die aber verdummt und pseudo-bürgerlich zugerichtet werde. Durch das Niederhalten von sozialer Emanzipation bleibe die Gesellschaft eine »infantilgesellschaft« (U 70); der Untertitel des *Michael*-Romans (»Ein Jugendbuch für die Infantilgesellschaft«) ist hier also bereits vorweggenommen. Die Bedeutung der inhaltlichen Definitionen, die Roland Barthes dem Mythos gibt, für das gesamte Werk Jelineks und sein Verfahren der Mythendestruktion kann gar nicht überschätzt werden. Noch für viel später geschriebene Werke bleiben die Kategorien von Barthes bestimmend, so etwa, wenn Jelinek in *Oh Wildnis, oh Schutz vor ihr* den Mythos der ›Natur‹ und in *Lust* den Mythos der Sexualität zu destruieren versucht. Der Titel des frühen Essays, *Die endlose Unschuldigkeit*, nennt das Ziel von Jelineks ideologiezertrümmerndem Verfahren beim Namen. Es geht ihr – wie Roland Barthes – darum, das »Bild einer unbeweglichen Menschheit« zu zerstören, »die durch eine unendlich wiederholte Identität definiert wird« (Barthes, 1964, S. 130). Auch die Diskurse von Texten wie *Wolken. Heim.* und *Totenauberg* lassen sich auf dieses Programm beziehen, geht es doch in *Wolken. Heim.* eben um die »unendlich wiederholte Identität« und in *Totenauberg* darum, den Diskurs der historischen »Unschuldigkeit« am Nationalsozialismus zu destruieren. In der Tat verblüfft es immer wieder, wie präzise

Jelinek sich in beinahe jedem ihrer Werke sowohl auf die Thesen als auch auf einzelne Formulierungen von Roland Barthes bezieht und welche Dimensionen für das poetische Verfahren sie dem Text von Barthes abzugewinnen vermocht hat.

Während Jelinek in ihren späteren Werken die Mythendestruktion ausweitet auf soziale und kulturelle Mythen allgemein, bleibt sie in *Die endlose Unschuldigkeit* an die Trivialmythen im engeren Sinn gebunden, also an die Massenmedien und die ›Kulturindustrie‹. Zugleich werden über Barthes hinaus feministische bzw. antipatriarchale Inhalte in die Kritik der Trivialmythen eingebracht, die vor allem aus der Rezeption des Flugblatts von Gmelin resultieren. Die »vaterinhalte« der Trivialmythen werden als »machtgelenke« (U 50) der Gesellschaft decouvriert, und am Beispiel der Tosan-Intimpflege-Werbung ist dargestellt, wie in den Massenmedien die Frau ihrer Sexualität und Geschichte beraubt wird. Auch der in Jelineks späteren Werken immer wieder geführte Hygiene-Diskurs ist in *Die endlose Unschuldigkeit* bereits vorgebildet. In einer Montage der Verfahren von Barthes und Gmelin werden die TV-Familienserien vor allem unter dem Aspekt kritisiert, daß sie die kleinbürgerliche Vater-Instanz wieder aufleben lassen und den ›autoritären Charakter‹ schulen. Die Massenkommunikation fungiere als Über-Ich und produziere zugleich die Vergesellschaftung jedes Einzelnen: Jeder werde zum Teil einer angeblichen ›großen Familie der Menschen‹. Erreicht wird also eine »illusionistische undifferenziertheit der sozialen klassen« (U 57). Über die sozialen Widersprüche werde ein »natürlichkeitsschleim« (U 56) gezogen, der die Emanzipation der Arbeiterklasse wie diejenige der Frau verhindere. In der totalen Verwandlung von Geschichte in Natur erscheine eine Welt ohne Widersprüche, und an die Stelle von »veränderung« trete »verewigung« (U 69).

Neben den inhaltlichen Aspekten des Trivialmythen-Konzepts von Barthes, das marxistische und gegen den Schdanow-Realismus gerichtete Motive mit Form, Struktur und System des Strukturalismus zu verbinden versucht, hat Jelinek in ihrem Essay auch zumindest ansatzweise die semiologische Definition des Mythos durch Barthes zu rezipieren versucht. So wie Barthes unterscheidet zwischen der transitiven, politischen und auf Veränderung gerichteten »Objektsprache« und der »Metasprache«, die die Welt in ein feststehendes »Bild« – in einen Mythos – zu verwandeln versucht (Barthes, 1964, S. 134f.), differenziert auch Jelinek zwischen der »Objektsprache« der Unterdrückten und der mythischen »Metasprache« der

Unterdrücker und schließt sich damit den marxistischen Implikationen von Barthes' Theorie an: »der unterdrückte macht die welt er besitzt die aktiv politische sprache (transitiv) der unterdrücker konserviert sie seine aussage ist der mütos (gestenhaft allgemein intransitiv)« (U 69).

Der Mythos – so führt Barthes in den *Mythen des Alltags* aus – »*ist ein sekundäres semiologisches System*« (Barthes, 1964, S. 92). Es konstituiert sich, indem es zunächst das ›Zeichen‹ als assoziative Gesamtheit des Bedeutenden und des Bedeuteten voraussetzt, aber dieses ›Zeichen‹ der »Objektsprache« in den Status des Bedeutenden versetzt, das seinerseits zum Ausgangsterminus für das sekundäre, metasprachliche System des Mythos wird. Auf dem System der »Objektsprache« also konstituiert sich das System der »Metasprache« oder des Mythos; es stellt sich eine Interferenz zweier Systeme her, indem das sinnerfüllte ›Zeichen‹ der »Objektsprache« in eine leere und geschichtslose Form überführt wird: »Das Bedeutende des Mythos erweist sich als doppeldeutig. Es ist zugleich Sinn und Form, einerseits erfüllt, andererseits leer« (ebd., S. 96). Diese von Barthes beschriebene Transformation des objektsprachlichen ›Zeichens‹ in eine leere Form, in der sich die Geschichte ebenso wie der Sinn verflüchtigt, hat Jelinek in ihrem Essay exemplifiziert an der Werbung für einen Anzug aus Vestan:

»freude an vestan: rassige maschinen. kraftvoller einsatz. atemberaubende schnelligkeit. das ist männliches vergnügen. (ja nichts andres!) und wenn ihnen dieses dünamische leben liegt werden sie freude an der kleidung haben die dafür richtig ist: kleidung aus vestan. ... dazu eine schmutzbespritzte starke motorradmaschine zwischen den schenkeln eines gut gekleideten abenteuerlich rassigen jungen mannes mit zigarre. die maschine als penis der starke motor als penis zwischen den männerschenkeln. in farbe. die beliebte altbekannte masche von der koppelung starker motor mit männlichkeit. hier ist die *entpolitisierung* (politisch natürlich im weitesten sinn in der gesamtheit) zu untersuchen. die protzige sexualität des bildes gebunden an sekundärmerkmale (in dem fall der anzug der wichtiger ist als die genitalien) wird nicht entfernt. gerade sie soll ja präsent sein & bleiben & zum kaufen animieren. entfernt wird jedoch ihre funktion in der gesellschaft ihre raffinierte manipulation einfach ihre ungeheure *macht*. maschine & anzug sind sekundärmerkmale. sexualität wird auf dem werbefoto nicht geleugnet dazu ist sie zu offensichtlich zu gemacht zu berechnet. sie wird nur einfach verharmlost unschuldig unwirksam und selbstverständlich gemacht als ›natur‹ gegründet. diese klarheit ist nicht wirkliche erklärung d.h. aufdeckung der zusammenhänge von konsum markt gesellschaft & sexualität sondern die der *feststellung*, das bild könnte als mütos (und

nichts wäre ›natürlicher‹) einfach für die männliche potenz des motorrad-
reiters werben. die werbung jedoch geht sogar noch weiter in der abschaf-
fung der komplexität der menschl. handlungen in der einsparung und entpolitisierung (und entgeschichtlichung wenn es das wort gäbe) und im ver-
leihen von essentiellen wirkungen: sie (die werbung) unterdrückt nicht nur
jede dialektik jedes vordringen über das einfach sichtbare dieses fotos hinaus sie macht durch den gelenkten werbetext auch noch das überflüssigste
und nichtssagendste an dem foto nämlich den anzug des mannes zur haupt-
sache zur wesentlichsten aussage« (U 67f.).

Die Maschine des Motorradfahrers wird nach Jelinek zum Potenz-
Symbol; sie bedeutet ›kraftvolle‹ männliche Sexualität. Diese wird
aber zugleich entpolitisiert, das heißt sie wird nicht in ihrer gesellschaftlichen und Herrschafts-Funktion deutlich gemacht, sondern
gleichsam »unschuldig« als »natur« präsentiert. Durch die Präsenta-
tion scheinbar ›natürlicher‹ Sexualität also wird bereits eine Mythisierung vorgenommen, die Jelinek zufolge durch den Text zu diesem Bild noch eine Drehung weiter geführt wird, indem der Werbetext den Motorrad-Mann auf seinen Anzug reduziert.

Den Übergang von der »Objektsprache« zur »Metasprache« beschreibt Jelinek wie Barthes als Übergang vom Sinn zur Form, bei
dem das Bild jedes Wissen um gesellschaftliche und politische Zusammenhänge verliert. Der mythische ›Begriff‹ läßt den objektsprachlichen ›Sinn‹ nicht etwa verschwinden, aber deformiert ihn
so, daß er keine Erinnerung mehr hat an den eigenen historischen
und gesellschaftlichen Ursprung. Die mythisierende Deformation
also bleibt noch an den objektsprachlichen Bereich gebunden, aber
transformiert und deformiert ihn. Das sprachliche Verfahren des
mythischen bzw. mythisierenden Sprechens wird daher von Barthes
nicht als einfache Entgegensetzung zur »Objektsprache« expliziert,
sondern als Interferenz und Alternieren zwischen dem primären und
dem sekundären System. Das Oszillieren zwischen Sinn und Form
im Mythos hat Barthes selber wie folgt beschrieben:

»Der Mythos ist ein *Wert*, er hat nicht die Wahrheit als Sicherung; nichts
hindert ihn, ein fortwährendes Alibi zu sein. Es genügt, daß sein Bedeuten-
des zwei Seiten hat, um immer über ein Anderswo zu verfügen: der Sinn ist
immer da, um die Form *präsent zu machen*, die Form ist immer da, um den
Sinn *zu entfernen*. Es gibt niemals einen Widerspruch, einen Konflikt, einen Riß zwischen dem Sinn und der Form, sie befinden sich niemals an
demselben Punkt. Auf die gleiche Weise kann ich, wenn ich in einem fah-
renden Auto sitze und die Landschaft durch die Scheibe betrachte, meinen
Blick nach Belieben auf die Scheibe oder auf die Landschaft einstellen.

Bald erfasse ich die Anwesenheit der Scheibe und die Entfernung der Landschaft, bald dagegen die Durchsichtigkeit der Scheibe und die Tiefe der Landschaft. Das Ergebnis dieses Alternierens ist jedoch konstant: die Scheibe ist für mich zugleich gegenwärtig und leer, die Landschaft ist für mich zugleich irreal und erfüllt. Genauso verhält es sich beim mythischen Bedeutenden: die Form ist leer, aber gegenwärtig, der Sinn ist abwesend und doch erfüllt. Ich kann mich über diesen Sachverhalt nur dann wundern, wenn ich absichtlich diesen Kreislauf von Form und Sinn unterbreche, wenn ich mich auf jedes der Elemente wie auf ein vom anderen getrenntes Objekt einstelle und auf den Mythos ein statisches Verfahren der Entzifferung anwende, kurz, wenn ich seiner eigenen Dynamik Widerstand leiste. In einem Wort: wenn ich vom Zustand des Lesers des Mythos zu dem des Mythologen übergehe« (Barthes, 1964, S. 104f.).

Die Mythendestruktion – die Arbeit des »Mythologen« – besteht nach Barthes darin, das Alternieren zwischen Sinn und Form zum Stillstand zu bringen und den objektsprachlichen ›Sinn‹ von der metasprachlichen ›Form‹ zu trennen, das heißt die Duplizität des Bedeutenden aufzulösen. Wie Barthes beschreibt auch Jelinek am Anfang ihres Essays das Verfahren der Mythendestruktion als einen Akt, in dem die zum Klischee und Stereotyp erstarrte Wirklichkeit wieder geöffnet wird für ihren gesellschaftlichen Gebrauch: »jede stumme geschlossene existenz öffnen und besprechen zu einer *aneignung durch die gesellschaft* überführen die dinge beladen: zur materie tritt der gesellschaftliche gebrauch« (U 49). Behandeln Jelineks frühe Texte die »geschlossene existenz« primär von Medienklischees, die zitiert und zugleich aufgebrochen werden, so erhalten in den späteren Texten Zitate aus der Literatur, Musik, Philosophie usw. den Status von Mythen – und das ist nur der semiologische Name für bürgerliche Ideologien –, die zerstört werden sollen. Dabei bleibt auch Jelineks Verfahren immer nur negativ, ohne utopische Perspektive. Roland Barthes hat das wie folgt formuliert:

»Die Zerstörung, die er (der Mythologe, MJ) in die kollektive Sprache trägt, ist für ihn absolut, sie füllt seine Aufgabe bis zum Rand, er muß leben ohne eine Hoffnung auf Rückkehr, ohne die Annahme einer Belohnung. Es ist ihm untersagt, sich vorzustellen, was die Welt sein wird, wenn der Gegenstand seiner Kritik verschwunden ist. Die Utopie ist für ihn ein unmöglicher Luxus. Er bezweifelt sehr, daß die Wahrheiten von morgen die genaue Kehrseite der Lügen von heute sein werden. Die Geschichte gewährt niemals den reinen, eindeutigen Sieg eines Gegenteils über das andere. Sie enthüllt, indem sie sich vollzieht, unvorstellbare Auswege, unvorhersehbare Synthesen. Der Mythologe befindet sich auch nicht in einer Moses-Situation. Er sieht nicht das Gelobte Land. Für ihn ist die Positivität des Morgen voll und ganz durch die Negativität des Heute verborgen. Alle Werte seines Unterfangens sind ihm als Akte der Zerstörung gegeben: die einen decken genau die andern, nichts reicht über sie hinaus« (Barthes, 1964, S. 149).

Jelineks thematische Mythendestruktion, wie sie sie in allen ihren Texten mit wechselnden Gegenständen vornimmt, aber auch ihre Sprachspiele, die die mythisierende »Metasprache« ad absurdum führen (vgl. besonders das Kapitel zu *Krankheit oder Moderne Frauen*), sind in der frühen Barthes-Rezeption ebenso angelegt wie die extreme Intertextualität ihrer Schreibweise von den Anfängen bis heute. Obwohl das Zitatverfahren in den verschiedenen Texten keineswegs einheitlich ist, werden doch generell die Prä- und Intertexte eingesetzt als ›Mythen‹, die es zu destruieren gilt. Indem sich aber die Texte immer extremer vom intertextuellen ›Fremdmaterial‹ nähren, destruieren *und* simulieren sie das Verfahren des Mythos selber: »Der Mythos dagegen ist eine Sprache, die nicht sterben will, er entreißt dem Sinn, von dem er sich nährt, hinterlistig Dauer, er ruft in ihm einen künstlichen Aufschub hervor, in dem er sich behaglich einrichtet, er macht aus ihm einen sprechenden Kadaver« (Barthes, 1964, S. 117).

Während aber die Sinnentleerungen des Mythos darauf abzielen, Geschichte in *Natur* zu verwandeln, holt Jelineks intertextuelles Verfahren die Intertexte als enthistorisierende und entpolitisierende Aussagen nicht nur in die Geschichte zurück, sondern es schafft zugleich einen neuen, nun aber nicht mehr ›natürlichen‹, sondern »*künstlichen*« Mythos (Barthes, 1964, S. 121), das heißt ein artifizielles ›Bild‹, in dem das Leben des Mythos zum Stillstand gebracht worden ist.

Hatte schon Barthes in den *Mythen des Alltags* die Semiologie mit der marxistischen Ideologiekritik zu verbinden versucht, so nimmt Jelinek in ihrem Essay weitere Politisierungen vor, indem sie die Texte von Hans Barth und Gmelin einmontiert. Über Hans Barth wird das Thema der Masse und der gemeinschaftsbildenden Kraft des Mythos profiliert. Hier bereits wird deutlich, daß Jelinek über Roland Barthes hinaus ihre Mythendestruktion in Beziehung setzen wird zur Faschismus-Kritik. Über die Rezeption Gmelins wiederum gelangen anti-patriarchale bzw. feministische Inhalte in Jelineks Essay. Durch die Montage des Barthes-Textes mit den Texten von Hans Barth und Gmelin also werden zusätzliche Politisierungen im Hinblick auf Faschismus-Kritik und Feminismus vorgenommen und damit die beiden Hauptthemen von Jelineks Werk insgesamt präludiert. Das Verfahren der Montage und Collage in Jelineks Essay wiederum kann als solches bereits bezogen werden auf die Intention der Mythenkritik. Der collagierte Text demontiert den Schein des Organischen und nimmt damit in seiner Form dieselbe Denaturalisierung vor, die auch in der Mythendestruktion geleistet werden soll. Ebenso wie das Verfahren der Intertextualität hängt auch der Montage-Charakter in Jelineks Texten zusammen mit der mythen- und ideologiekritischen Intention, wie sie in *Die endlose Unschuldigkeit* im Anschluß an Roland Barthes formuliert und in einigen späteren Texten Jelineks – etwa dem Essay über Irmgard Keun – wiederholt worden ist. Auf den verschiedensten Ebenen – auf der Ebene der Intertextualität, der Konstruktion, aber auch der Rhetorik und Stilistik – wird das Barthessche Modell der Mythendestruktion von Jelinek produktiv gemacht. Entscheidend für das *sprachliche* Verfahren Jelineks ist dabei die Unterscheidung zwischen Objekt- und Metasprache bei Barthes und seine Erklärung des semiologischen Aspekts der Mythenbildung als Interferenz zweier Systeme, bei der der Sinn des ersten (objektsprachlichen) Systems *deformiert* wird. Solche Deformationen versucht Jelinek in ihrer Sprache nicht einfach rückgängig zu machen, sondern durch abermalige Deformation kenntlich werden zu lassen und zugleich ad absurdum zu führen. Das Verfahren besteht also zumeist nicht darin, Ideologisierungen und Mythisierungen einfach aufzulösen, sondern sie im Gegenteil noch eine Drehung weiterzuführen und eben damit zu denunzieren. Der ›künstliche Mythos‹ des literarischen Werks also übertreibt und pervertiert den ideologischen Mythos und läßt ihn eben damit als »angeschaute Naivität« (Barthes, 1964, S. 122) erscheinen.

2. Michael. Ein Jugendbuch für die Infantilgesellschaft

Der 1972 erschienene Roman *Michael. Ein Jugendbuch für die Infantilgesellschaft* ist Jelineks erster Versuch einer konsequenten literarischen Umsetzung der theoretischen und politischen Selbstvergewisserung im Essay *Die endlose Unschuldigkeit*. Von der Schreibweise der experimentellen Literatur bleiben in *Michael* zunächst nur die Kleinschreibung und der Verzicht auf Trennungszeichen übrig; dagegen bleibt das Wortmaterial intakt, und erst mit dem zehn Jahre später erschienenen Theaterstück *Burgtheater* wird Jelinek dazu übergehen, das Wortmaterial selber zu deformieren und damit an die experimentelle Literatur auf profunde Weise wieder anzuknüpfen. Verschiebungen und Deformationen des Wortsinns bzw. der zugrunde gelegten ›Mythen‹ werden im *Michael*-Buch, wie auch im folgenden Roman *Die Liebhaberinnen*, nicht durch Manipulationen am Wortmaterial erreicht, sondern über konstruktivistische Prinzipien wie Wiederholung, Parallelismus, Anapher usw. sowie durch harte Montagen verschiedener Sprach- und Bildbereiche. An die Pop-Art schließt das *Michael*-Buch an, indem es die Trivialmuster der Kulturindustrie – besonders Fernseh-Familienserien wie *Flipper, Lieber Onkel Bill, Ida Rogalski* – aufgreift. Die avantgardistischen Schreibweisen werden indessen jetzt von Jelinek ganz entschieden gesellschaftskritisch gewendet. Die literarische Selbstvergewisserung, wie sie in *Die endlose Unschuldigkeit* ihren Ausdruck gefunden hat, war bei Jelinek zugleich eine politische und läßt sich nicht trennen von den analytischen und ideologiekritischen Intentionen, die für ihr ganzes weiteres Werk bestimmend bleiben werden. Diese Politisierung kommt bereits in der Wahl des Titels zum Ausdruck. *Michael* ist nicht nur ein Name, der im Geburtenregister und im Filmgeschäft der sechziger Jahre ganz vorn rangierte, sondern auch der Titel eines autobiographisch gefärbten Romans von Joseph Goebbels, der 1929 zuerst erschienen ist. Goebbels' Roman *Michael. Ein deutsches Schicksal in Tagebuchblättern* war ein weit verbreiteter faschistischer Bildungsroman. Indem Jelinek den Goebbels-Titel aufnimmt, denunziert sie bereits die ›Bildungsfunktion‹ des Fernsehens und besonders der Familienserien als Fortsetzung faschistoider und faschistischer Pädagogik. Offensichtlich in Anlehnung an die Thesen von Otto Gmelin, wie sie Jelinek in *Die endlose Unschuldigkeit* aufgenommen hat, stellt das *Michael*-Buch das Fernsehen dar als Vater-Instanz, die die Gesellschaft im Zustand der Infantilität zu halten versucht und die Unterwerfung unter ›Väter‹ und ›Führer‹ einübt. Besonders in den absurden Überdrehungen von Szenen aus *Flipper* und *Lieber Onkel Bill* wird deutlich, daß es hier um die Ideologisierung väterlicher Macht geht; der eigentliche Held ist nicht der Delphin, sondern Porter Ricks, der »vati« (M 25ff.). Im Anschluß an den schon von Roland Barthes aufgegriffenen Mythos der ›großen Familie der Menschen‹ persifliert das *Michael*-Buch in einem fort den verlogenen familiären Duktus von Fernsehsendungen (»guten tag meine lieben ich freue mich euch endlich persönlich kennenzulernen!«, M 7) und entlarvt ihn als Verschleierung sozialer und sexueller Gewalt. In Montagen aus TV-Szenen, pädagogischen Sprüchen, Sprichwörtern und Werbeslogans wird die Pseudo-Intimität der Massenkultur immer wieder aufs Korn genommen und mit der Realität der Arbeitswelt und des Geschlechterverhältnisses konfrontiert. Diese Konfrontation wird aber paradoxerweise dadurch erreicht, daß die Ebenen von Fiktion und Realität permanent ineinander verschoben und vertauscht werden. In der totalen Fernseh-Gesellschaft sind die Medien zur eigentlichen Realität geworden und umgekehrt (»in diesen wenigen sekunden zieht in gerda ihr ganzes leben vorbei. vor ihrem geistigen auge. alles was sie je im fernsehn gesehen hat«, M 63). Die Sprache des Fernsehens wird in *Michael* karikiert als Instrument der sozialen Beschwichtigung: »die zuschauer sind einer meinung. wenn jeder an dem platz bleiben würde an den er gestellt ist gäbs weniger ärger auf der welt« (M 72). Die Trivialmythen des Fernsehens also sollen – ganz im Sinn von Roland Barthes – die Welt in ihrer Unbeweglichkeit halten und die sozialen Widersprüche verschleiern. Die reale Chancen-Ungleichheit wird als in der ›Natur‹ begründet ausgegeben: »gerda ist eben von natur aus anders. gerda ist eben mehr scheu und schüchtern« (M 134). Nicht nur durch seine Karikaturen der pseudo-familiären Mediensprache, die wiederum durch drastisch ins Bild gesetzte Szenen der Gewalttätigkeit denunziert wird als Sprache sozialer Gewalt, sondern auch mit seiner Fabel kritisiert das *Michael*-Buch die Ideologisierung und Mythisierung sozialer und sexueller Macht. Erzählt wird einerseits aus der Perspektive der kaufmännischen Lehrlinge Ingrid und Gerda sowie andererseits auf der Ebene von Michael, dem Sohn der Inge Meise, der die Fabrikanten-Tochter Patrizia heiratet, die am Schluß ihrem Vater den ›Erben‹ schenkt. Diese Geschichte ist ganz nach dem Muster des Trivialromans gestrickt, wird aber zugleich auch als triviales Muster mit ideologischer Funktion aufgebrochen. Die ›Vater‹-Instanz des Fabrikdirektors Koester wird als Mythos denunziert, indem seine ›Vergottung‹ explizit gemacht wird (»herr chef warum haben sie mich verlassen?«, M 56). Dem gleichsam himmlischen Chef (»herr chef!«, M 55) wird die Figur des Neumann an die Seite gestellt, der unmittelbar nach dem Krieg mit Koester zusammen die Firma gegründet hat. Neumann aber ist nicht Chef geworden – angeblich, weil seine ›Natur‹ anders beschaffen ist: »ich habe dir doch erzählt er hat mit vater zusammen gleich nach dem krieg den betrieb aufgebaut. er war weniger initiativ und kaufmännisch begabt als vater aber als arbeiter äusserst verlässlich und gewissenhaft« (M 98). Neumanns

Opposition gegen seine Inferiorisierung und die Hierarchie im Betrieb wird umgemünzt, indem sie auf persönliche Probleme zurückgeführt wird: »es ist das private das schuld ist« (M 99). Neumann versucht, die Firma zu sabotieren, indem er Stinkbohnen in eine Kaffee-Lieferung mischt, und versucht danach, Selbstmord zu begehen. Aber sogar seine Opposition wird noch zum Nutzen der Firma ausgebeutet. Mit den verdorbenen Kaffeepackungen wird eine Werbeaktion gestartet (»wenn einer eine unbrauchbare packung gekauft hat und sie zurückbringt bekommt er dafür 3 neue«, M 138); dazu erscheint auf einem Werbeplakat Neumanns Foto mit der Unterschrift: »diesem mann können sie vertrauen« (M 138).

An der Figur des Neumann also wird vorgeführt, daß das kapitalistische System noch seine eigenen Feinde zu funktionalisieren vermag. Dabei wird wiederum das Fernsehen denunziert als Medium, in dem die Entsolidarisierung der Arbeiter betrieben wird: »stellen sie sich vor liebe fernseher wenn der betrunkene neumann etwas tut dass einer der arbeiter vielleicht verletzt wird oder sogar stirbt!« (M 99). Der Protest Neumanns wird mithin dargestellt als Gefahr für Leib und Leben der Arbeiter. Auch auf diese Weise fungiert das Fernsehen als Medium der sozialen Beschwichtigung und der Verschleierung von Machtverhältnissen. Das Fernsehen rät dazu, sich ein- und unterzuordnen: »ist es euch schon aufgefallen dass eigentlich bei fast jedem fest einer dabei ist der sich nicht einordnen kann? und wenn ihr noch so viele seid dieser eine kann euch trotzdem die ganze stimmung verderben. stimmts?« (M 47).

In einem Kapitel von *Michael* wird die bürgerliche Ideologisierung der Arbeit als ›Selbstverwirklichung‹ aufs Korn genommen. Während Otto Schenk, Ernst Fuchs, Herbert Fux u.a. von ihrer Freude an der Arbeit faseln, konstatieren die befragten Arbeiter nüchtern: »freude ist keine dabei« (M 84ff.). Bei den Frauen dagegen scheint die Ideologisierung von Arbeit ganz gelungen zu sein. So will Gerda ihrem Chef, den sie als ihren ›Freund‹ betrachtet, immerzu Geschenke machen und »ganz persönlich für ihren chef arbeiten und nur für ihn nur ihm zuliebe« (M 45). So wie die im Fernsehen propagierte ›Familiarität‹ der Arbeitswelt die tatsächlichen Herrschaftsverhältnisse verschleiert, verbreitet das Fernsehen auch den Mythos einer großen Gemeinschaft aller Frauen:

»WIR FRAUEN vor dem tv schirm sind eine stumme verschworene gemeinschaft, die frauen am tv schirm haben zwar keinerlei ähnlichkeit mit uns aber trotzdem sind wir alle: frauen. wir müssen doch zusammenhalten.

wir tänzerinnen schauspielerinnen sängerinnen showstars und starlets und foto modelle.
oft sagen die kaufm. angestellten: jaja IHR FRAUEN! als ob sie was von tänzerinnen schauspielerinnen sängerinnen showstars starlets und fotomodellen verstünden! die kaufm. angestellten die nur reden können. wir frauen wissen schon was mit euch männern los ist. auf dem bildschirm seid ihr immer gross aber zu hause seid ihr ganz klein. so klein. gut dass der bildschirm wenigstens zu hause steht. (gut dass der bildschirm wenigstens im wohnzimmer steht.)« (M 116).

Karikiert wird hier sowohl die »gemeinschaft« der Frauen als auch die Illusion, daß die Männer zuhause »ganz klein« seien. In grotesken Bildern, die brutalen Comics entnommen zu sein scheinen, stellt der Text dagegen dar, daß vor allem die Lehrlinge Ingrid und Gerda immer wieder zu Objekten kruder Gewalttätigkeit werden:

»gerda holt sich eine gelbe sprudellimonade. wenn man sie fragt antwortet sie das kleid hat meine mutti selber genäht. nur sie allein weiss dass miss norstrand in flipper genau das gleiche besitzt. geblümt. einer der fahrer quetscht gerda von hinten den brustkorb zusammen dass vorn alles aufplatzt das neue kleid das nylonunterkleid und die haut über den rippen. du suppenhuhn sagt er zu gerda. dürre stange. dann poliert er den boden mit gerda« (M 45).

Wird Gerda hier zum »suppenhuhn« und Putzlappen, so macht Michael sie zum »rollschinken« und »waschbrett«:

»herr michael der juniorchef gibt gas. rückwärtsgang. mit einem satz schiesst der renner nach hinten und über gerda hinweg, als ob sie ein nichts wäre. sie ist auch ein nichts. gerda sieht aus wie ein abgebundener rollschinken. nur berg & tal. auch manche raupen sehen so eklig aus. die mutti sagt schnell weg hier die leute schauen schon. der neue mantel! wie du ausschaust! du weisst wie schwer blutflecke rausgehen. sie schlägt ihrem mädel fest eine hinten drauf. das tut fast noch mehr weh als das überfahrenwerden weil herr michael nämlich gerade herschaut. dabei ist sie doch kein kind mehr die gerda. nein. sondern ein lebendes waschbrett mit reifenprofilen.
morgen muss sie wieder ihren alten mantel ins büro anziehen. & dabei hat er (michael) den neuen gar nicht richtig bewundern können« (M 64).

In den Akten männlicher Gewalt und Brutalität also wird Gerda zum Suppenhuhn und Putzlappen, zum Rollschinken und Waschbrett, d.h. sie wird zum Genußmittel oder Putzinstrument für den jeweiligen Mann. Die groteske Überzeichnung dieser Gewalt-Szenen scheint Zeichentrickfilmen wie *Tom und Jerry* oder *Fritz the*

Cat entnommen zu sein. Die Ebenen von *fiction* und *non-fiction* werden durcheinandergebracht entsprechend der Devise: »in WIRK-LICHKEIT geht es nicht so krass zu. in wirklichkeit ist es schlimmer« (M 79). Wie der Mythos von Arbeit als ›Freude‹ wird auch der Mythos der Familiengründung als Lebenserfüllung zumindest für die Frauen der Unterklasse zerstört:

»wenn man keine fabrik hat muss man zumindest drinnen arbeiten. ein lehrling: mir macht die arbeit freude weil die arbeit ist es ja die das ganze leben ausmacht. ausserdem will man doch einmal eine familie gründen. gerda und ingrid sind solche mit denen mal eine familie gegründet werden wird« (M 130).

Gerda und Ingrid sind nicht Subjekte, sondern bloße Objekte der Familiengründung. Dem steht gegenüber, daß Patrizia, die Tochter des Fabrikdirektors, am Schluß ein strahlendes Mutterglück präsentiert, bei dem schon die Namensfindung des Kindes die sozialen Gegensätze aufreißt: »wenn es ein bub wird soll er sascha heissen. wenn es ein mädchen wird soll es natascha heissen. gerda und ingrid heissen ingrid und gerda. sonst nichts« (M 140).

Während die Besitzenden in opulenten und den Medien entlehnten Namen ihren Besitz noch einmal zu präsentieren versuchen, haben Gerda und Ingrid nichts als ihre bescheidenen Namen. Der Klassengegensatz zwischen den Frauen also zerstört den Mythos der ›Frauen-Gemeinschaft‹. Zugleich aber sind die Träume der Frauen der Unterschicht orientiert an der Bourgeoisie:

»patrizias gesichtsausdruck ist ein verinnerlichter d.h. sie schaut in sich hinein. was sie dort sieht ist ihr kind das im märz auf die welt kommen soll wenn nichts dazwischenkommt. was sollte patrizia dazwischenkommen?
gerda dagegen träumt dass ihr gesichtsausdruck ein verinnerlichter wäre d.h. dass sie in sich hineinschaue. sie träumt dass das was sie dort sieht ihr kind ist das im märz auf die welt kommen soll wenn nichts dazwischenkommt.
aber gerda kommt eine menge dazwischen. patrizia – gerda. eine gegenüberstellung.
eigentlich kann man patrizia gerda gar nicht gegenüberstellen weil man etwas sehr hohes und etwas sehr niedriges nicht gegenüberstellen kann. also stellen wir gerda patrizia auch nicht gegenüber« (M 92).

Patrizia also ist die Inkarnation des kleinbürgerlichen Trivialmythos von der Frau, und tatsächlich ist ihre Geschichte (schöne Fabrikantentochter heiratet aufsteigenden jungen Mann) ja den Heftromanen oder Familienserien entnommen. Auch die scheinbar ›realen‹ Figuren des *Michael*-Buchs sind Medienklischees, und die immer wieder in den Kapitelüberschriften thematische Ununterscheidbarkeit von Wirklichkeit und Medien-Fiktion wird auf diese Weise auch innerhalb der Figuren selbst noch einmal thematisch. Besonders deutlich ist das auch an der Figur der Inge Meise bzw. Ida Rogalski, die – wie Inge Meysel – den Medientyp der desexualisierten ›Mutter‹ repräsentiert, aber dann im Text selber aus ihrer ›Rolle‹ fällt, indem sie permanent daherplappert: »ich bin so GEIL« (M 41f.). Die Entsexualisierung der Medienfigur wird hier parodiert, indem sie aus der Rolle fällt und ausspricht, was die Figur selbst gar nicht wissen kann. Wie die späteren Theater-Figuren Jelineks interpretiert und kommentiert sie sich selber: sie ist die Rolle und deren Deutung zugleich.

3. Die Liebhaberinnen

Während *wir sind lockvögel baby!* und *Michael*, die ersten publizierten Prosa-Bücher Jelineks, wenig Beachtung fanden, gelang der Autorin mit *Die Liebhaberinnen* 1975 der literarische Durchbruch. Neben Christa Reinigs zwei Jahre später erschienenem Roman *Entmannung* waren *Die Liebhaberinnen* Mitte der 70er Jahre wohl das einzige ästhetisch ernst zu nehmende Buch der ›neuen‹ Frauenbewegung im deutschsprachigen Bereich, die damals gerade auf ihrem Höhepunkt war. Der hohe ästhetische Anspruch beider Romane trug indessen nicht zu ihrer Beliebtheit auch unter Frauen bei; autobiographische Bekenntnis- und Geständnisliteratur in der Art Verena Stefans oder Karin Strucks fand eine unvergleichlich höhere Resonanz. Jelineks ›Kälte‹, ihr ›Zynismus‹, ihre ›Destruktivität‹ – und wie die Abwertungsformeln auch immer lauten mochten – wurden in der Presse (vgl. Lamb-Faffelberger, 1992, S. 37ff.), aber auch von der Mehrzahl der Frauen, die sich damals auf den Weg der ›Selbstfindung‹, der ›Subjektivität‹ und ›Authentizität‹ begab, heftig abgelehnt und als ›unweiblich‹ verworfen. Daß es Jelinek an Solidarität mit ihren Figuren – den Arbeiterinnen in *Die Liebhaberinnen* – mangele, war darüber hinaus ein häufig vorgebrachter Vorwurf (vgl. Gespräch münchner literaturarbeitskreis, 1978, S. 170ff.). Trotz solcher Rezeptionsprobleme brachten *Die Liebhaberinnen* der Autorin 1978 den Literaturpreis der Stadt Gandersheim ein, mit dem die literarischen wie die analytischen Qualitäten des Romans gewürdigt wurden.

Aus heutiger Perspektive und angesichts der Radikalisierungen von Jelineks Werk spätestens seit *Krankheit oder Moderne Frauen* ist vielleicht kaum noch verständlich, daß *Die Liebhaberinnen* damals als äußerst provozierendes, wenn nicht hypertrophes Werk rezipiert worden sind. Die klare Komposition des Romans, die gläserne Architektur seiner Fabel und Sprache sowie der Witz der Darstellung lassen ihn heute als das wohl am strengsten durchorganisierte Werk der Autorin erscheinen. Da gibt es nichts, was nicht genau kalkuliert wäre, und so wichtig das Buch geblieben ist, mag doch heute eher befremden, daß das ästhetische Kalkül restlos aufgeht und nichts ›Störendes‹ mehr übrig bleibt.

Wie der *Michael*-Roman schließen auch *Die Liebhaberinnen* unmittelbar an Barthes' Trivialmythen-Konzept an. Richtete sich in *Michael* die Medienkritik gegen die TV-Familienserien, so geht es in *Die Liebhaberinnen* vor allem um den Heft- und Fortsetzungsroman. Der triviale Liebesroman liefert die Muster, nach denen die Protagonistinnen Brigitte, Paula und Susi zu leben versuchen, während z.B. Erich Heftromane über den zweiten Weltkrieg liest. Der zentrale Gegenstand von *Die Liebhaberinnen* ist der Trivialmythos ›Liebe‹, den der Roman demontiert. Ihm zugesellt sind Mythen über das ›Schicksal‹, den ›Zufall‹ usw., wie sie zum Standardrepertoire von Liebes-, Heimat- und Schicksalsromanen gehören. Alle diese Mythen aber sind in *Die Liebhaberinnen* im Unterschied zum *Michael*-Roman ausschließlich der Perspektive der Figuren zugeordnet, während das erzählende Subjekt sie zerstört:

»dies ist kein heimatroman.

dies ist auch kein liebesroman, selbst wenn das so aussieht.

obwohl dies scheinbar von der heimat und der liebe handelt, handelt es doch nicht von der heimat und der liebe.

dieser roman handelt vom gegenstand paula.

über den gegenstand paula bestimmt erich, über dessen körperkräfte wieder andere bestimmen (...). erich bestimmt über das leben von paula und das leben von seiner tochter susanne« (LH 101).

Der Roman destruiert den Trivialmythos ›Liebe‹, indem er das Herrschaftsverhältnis unter den Geschlechtern, aber auch den Widerspruch zwischen Kapital und Arbeit darstellt, also ganz marxistisch ausgeht von der doppelten Unterdrückung der Frau und der einfachen Unterdrückung des Mannes, vom Haupt- und vom Nebenwiderspruch. Mit der Gestalt der ›höheren Tochter‹ Susi führt er darüber hinaus das Thema der Priorität von Klassenhierarchien über die Geschlechterhierarchie ein. Wie in *Michael* werden außerdem die Mythisierungen der Arbeitswelt (der Betrieb als ›Familie‹, die ›Freude‹ an der Arbeit usw.) aufgegriffen. Aber während der *Michael*-Roman die Sphären von Realität und Trivialmythos permanent ineinander übergehen läßt und vertauscht, so daß keine Unterscheidung mehr möglich ist und Wirklichkeit nur noch als ideologisierte Wirklichkeit erscheint, besteht das erzählerische Verfahren in *Die Liebhaberinnen* gerade darin, Trivialmythen und Realität zu konfrontieren und die Ideologien der Protagonistinnen – vor allem den Mythos ›Liebe‹ – an der Realität scheitern zu lassen. Dabei folgt der Roman selber Bauprinzipien der Trivialliteratur, indem er mit bipolaren Mustern arbeitet (vgl. Fischer, 1991; Nusser, 1973). Dem bipolaren Schema folgt auch die Entgegensetzung von Stadt und Land. In der Nachahmung aber werden die trivialen Schreibmuster bei Jelinek auch parodiert und destruiert. Während der Trivialroman das Land als heilere Welt darstellt, endet in *Die Liebhaberinnen* die Biographie der auf dem Land angesiedelten Figur Paula in der Katastrophe; Brigitte, die in der Großstadt lebende Protagonistin, kommt demgegenüber relativ glimpflich davon. Der ganze Roman ist angelegt als Vergleich zwischen den Figuren Brigitte und Paula, deren Biographien parallel und kontrastierend dargestellt sind. Die Verbindung zwischen beiden schafft die Miederwaren-Fabrik, die in der Stadt ihre Hauptstelle und im Voralpengebiet eine Zweigstelle hat. Paula endet da, wo Brigitte angefangen hat: als Näherin in der Fabrik. Der Roman kehrt – auch in seinem Aufbau, indem er im Nachwort das Vorwort z.T. wörtlich wiederholt – am Ende zum Anfang zurück und verdeutlicht eben damit die Aussichtslosigkeit der sozialen Situation wie der trivialmythischen Lebensentwürfe seiner Figuren, zumal der Paula, die ursprünglich mit dem Wunsch, eine Schneiderinnen-Lehre zu machen, ihrem Sozialschicksal entkommen zu können schien.

An Brigitte und Paula demonstriert der Roman die Chancenlosigkeit von Frauen aus der Arbeiterklasse, die in ihrem Privatleben nur dasselbe tun können, was sie in der Fabrik tun: sie vermarkten ihre Körper, sei es als Arbeitskraft, sei es als Sexualobjekt und Gebärinstrument. Während Brigitte diese Mechanismen durchschaut und sich ihnen anpaßt, indem sie darauf hinarbeitet, durch ihre Schwängerung an den Mann zu kommen (der als Elektroinstallateur einen sozialen Aufstieg garantiert), ist Paula die Naivere von beiden, weil sie nicht auf ›Gefühle‹ verzichten will. Paula – nicht

Brigitte – ist die eigentliche ›Liebhaberin‹ des Romans. Brigitte weiß, daß sie ihren Heinz haßt, und macht sich da nichts vor. Ihr geht es nur um den sozialen Aufstieg durch die Ehe. Brigitte kalkuliert: »ein kindchen muß her! (...) die liebe vergeht, doch das LEBEN besteht« (LH 38f.). Die Mutterschaft, vor der es sie ebenso ekelt wie vor Heinz, ist für sie nur Mittel zum Zweck, und sie instrumentalisiert ihren Körper für den sozialen Aufstieg durch die Ehe mit Heinz: »braver brigittekörper. gebärfähigkeit heißt der sieger« (LH 98). Eher umgekehrt verlaufen die Dinge bei Paula. Sie opfert ihre Schneiderinnenlehre und damit die Möglichkeit der sozialen Verbesserung aus eigener Kraft der ›Liebe‹ und dem Trivialmythos von einem ›Glück‹, das nur der Mann gewähren kann, weil »diese schneiderei nicht GLÜCKLICH macht, was nur ein mann macht« (LH 42). Auch Paula sieht, daß sie ein »wunschkind« (LH 71) braucht, um den Holzarbeiter Erich zur Heirat zu bewegen. Aber eben weil es ihr nicht, wie Brigitte, in erster Linie um den sozialen Aufstieg geht, sondern um die ›Liebe‹ und um das ›Glück‹ und deren soziale Zurschaustellung, wählt sie einen Mann, der ›schön‹ und »etwas besondres« (LH 31) ist wie »die liebe an sich« schon (LH 31). Die trivialmythischen Klischees sind Paula wichtiger als die Realität. So verharmlost sie den ›männlichen‹ Alkoholismus Erichs, an dem die Ehe schließlich scheitern wird. Die Trivialmythen, an die Paula fixiert ist, werden in der Namengebung der vorehelich geborenen Tochter als kleinbürgerliche Vorstellungen, die sich an den Normen der Bourgeoisie orientieren, charakterisiert. Das Kind erhält den Namen Susanne – so aber heißt die ›höhere Tochter‹, die Brigitte bei Heinz zur Rivalin werden könnte und die sie mit ihrer Schwangerschaft erfolgreich aus dem Felde schlägt.

Die eigentliche ›Liebhaberin‹ des Romans – die Figur, die dem Trivialmythos ›Liebe‹ folgt, um schließlich in der Prostitution zu enden – ist Paula, während Brigitte sich keine Gefühle gönnt:

»brigitte will nur besitzen und möglichst viel. brigitte will einfach HABEN und FESTHALTEN.
paula will haben und liebhaben, und den leuten zeigen, daß man hat, und was man hat und liebhat.
selbst wenn paula erich nicht mehr liebhaben würde, müßte sie den leuten dennoch zeigen, daß sie erich liebhat. das ist viel mühe das simulieren, muß aber getan werden. selbst wenn man erich nicht mehr liebhaben kann, sind da noch viele sachen, die erich mit seinem geld gekauft hat, die man als ersatz lieben kann« (LH 90).

Während also Brigitte nur ›haben‹ will, will Paula ›haben‹ und ›liebhaben‹, wobei das ›Liebhaben‹ auch wieder durch ein ›Haben‹, den Warenkonsum, ersetzt werden kann. Der Trivialmythos ›Liebe‹ verschleiert bei Paula nur deren Warencharakter. Für Brigitte wie für Paula ist Liebe ›Arbeit‹, bei der sie ihre Körper und ihre Gebärfähigkeit einsetzen. Beide sind ihrem Körper entfremdet, sind im Grunde körperlos. So heißt es von der fünfzehnjährigen Paula: »frühzeitig lernt paula, ihren körper und das, was mit ihm geschieht, als etwas zu betrachten, das einem andren passiert als ihr selbst, einem nebenkörper gewissermaßen, einer nebenpaula« (LH 25). Auch Brigitte weiß, daß ihr Körper die einzige Ware ist, die sie anzubieten hat: »brigitte hat einen körper zu bieten. außer brigittes körper werden zur gleichen zeit noch viele andre körper auf den markt geworfen. (...) brigitte hat brüste, schenkel, beine, hüften und eine möse. das haben andre auch, manchmal sogar von besserer qualität« (LH 12).

Die schlachterhafte Zerstückelung des weiblichen Körpers, von der hier die Rede ist, ist das Bild des entfremdeten, toten Körpers, auch und gerade da, wo er durch zweckdienliche Schwangerschaften ›fruchtbar‹ gemacht wird. Nicht nur, weil sie literarische Prototypen und Inkarnationen von Stereotypen sind, sind Brigitte und Paula ›tot‹ und keinesfalls als psychologische Charaktere mißzuverstehen (vgl. dagegen Brügmann, 1986, S. 14ff.). Wichtiger ist vielleicht noch die Umkehrung: Eben weil sie keinen Körper haben und ihr Körper nur als verdinglichter existiert, werden Brigitte und Paula zu Stereotypen, denen das Leben entzogen worden ist. Von Anfang an ist in *Die Liebhaberinnen* von toten Frauen die Rede. So heißt es schon im Vorwort über die Arbeiterinnen in der Fabrik: »oft heiraten diese frauen oder sie gehen sonstwie zugrunde« (LH 7). Wenig später heißt es dann: »auch hier nähen frauen, was ihnen liegt. sie nähen nicht, was ihnen liegt, sondern das nähen an sich liegt den frauen schon im blut. sie müssen dieses blut nur noch aus sich herauslassen« (LH 8). Die Verdinglichung des weiblichen Körpers in der Sexualität wie in der Arbeit also ist für die Frauen der Tod. Von daher erklären sich die grotesken Bilder, die in den Roman eingelassen sind. »überall auf den türschwellen sitzen angestorbene frauen (...)« (LH 54); »die leiche von brigittes mutter liegt auf dem sofa und liest in der fürstenhäuserzeitung« (LH 78). Auch der Trivialmythos ›Leben‹, den Brigitte und Paula an den jeweiligen Mann knüpfen (»heinz heißt in diesem speziellen fall das leben«, LH 9; »das leben und erich«, LH 42), erklärt sich aus dem sexuellen und sozialen Gestorbensein der Frauen aufgrund der Verdinglichung ihrer Körper. Indem für die Frauen die ›Liebe‹ zum Ebenbild von (entfremdeter) ›Arbeit‹ wird, instrumentalisieren und verlieren sie ihre Körper und werden sie zu ›sprechenden Kadavern‹ (vgl. Barthes, 1964, S. 117). Das Trivialmythen-Konzept von Roland Barthes aber wird damit von Jelinek auf die Füße gestellt. Während nämlich Barthes in *Mythen des Alltags* die Stereotypisierung (Enthistorisierung, Naturalisierung usw.) als Entlebendigung und zugleich künstliches Lebendighalten des ›Sinns‹ durch seine Transformation in die ›Form‹ beschreibt und damit eine rein strukturale Begründung für Mythisierungen bzw. Ideologisierungen gibt (vgl. Eagleton, 1993, S. 230), werden die Frauenfiguren bei Jelinek zu ›sprechenden Kadavern‹, weil die Gesellschaft sie dazu macht. Nicht so sehr im sprachlichen und literarischen Verfahren der Stereotypisierung als vielmehr in der Reduktion auf ihre Körper als den einzigen ›Besitz‹, den sie vermarkten müssen, ist die ›Abgestorbenheit‹ der Frauen begründet. Wenn sie selber nur Trivialmythen im Kopf haben, so reproduzieren sie damit auf ideologischer Ebene, was sie gesellschaftlich sind: »angestorbene frauen«, ›Leichen‹ oder auch – in den späteren Texten Jelineks – Vampirinnen, die sich ein Scheinleben zu verschaffen versuchen. Barthes also wird von Jelinek ideologiekritisch rezipiert und seinerseits entmystifiziert, indem sie den Blick nicht so sehr auf den Diskurs als solchen lenkt, sondern auf die Gesellschaft, die ihn macht.

Während der *Michael*-Roman noch größtenteils auf der Ebene der Ideologie und des Überbaus verbleibt, nehmen *Die Liebhaberinnen* eine marxistische Revision von Barthes' Trivialmythen-Konzept vor und behandeln explizit die ökonomische Basis und die gesellschaftlichen Besitzverhältnisse, die in den Trivialmythen verschleiert werden. Daß beide Frauen »haben« bzw. auch noch »liebhaben« wollen und der Roman eben *Die Liebhaberinnen* – nicht etwa ›Die Liebenden‹ – heißt, ist nicht nur eine Anspielung auf *Söhne und Liebhaber* von D. H. Lawrence, sondern auch und vor allem ein Hinweis darauf, daß der Trivialmythos ›Liebe‹ in seinen Relationen zum Besitz bzw. als Kompensation der Besitzlosigkeit dargestellt wird. Für Brigitte, die uneheliche Tochter einer Näherin, ist der Kleinbürger Heinz, Sohn eines Fernfahrers und einer Hausfrau, Inbegriff des sozialen Aufstiegs, während Heinz, der Kleinbürger, wiederum von einer bürgerlichen Frau wie Susi träumt, die ihm nützlich wäre für die Gründung eines eigenen Geschäfts. Paula gibt ihre Schneiderinnen-Lehre auf zugunsten ihrer Träume von einer Italienreise, vom Auto und vom Eigenheim. Beide wollen besitzen, weil sie nichts haben, und beide machen sich zum Besitz von Männern, um etwas zu haben. Der Witz des Romans aber besteht eben darin, daß er die ökonomischen und familiären Besitzverhältnisse und den Konnex zwischen Trivialmythen und Ökonomie nicht in der Schreibweise eines Sozialreports darstellt, sondern metasprachlich decouvriert. Parallelismus, Vergleich, Anapher und Wiederholung sind die architektonischen Prinzipien, nach denen der Roman konstruiert ist und in denen sich seine kommentierende und mythendestruierende Metasprache realisiert. Die Kleinschreibung mit der gleichfalls metasprachlichen Ausstellung einzelner Wörter in Großbuchstaben, die häufige Isolierung einzelner Sätze, die Parataxe usw. sind weitere visuelle und syntaktische Mittel, den Blick vom Beschriebenen auf die Schreibweise zu lenken und diese selbst das Beschriebene kommentieren und interpretieren zu lassen. Zumal im »vorwort«, das als solches ja bereits metasprachlich ist, sind in komprimierter und paradigmatischer Form die Bauprinzipien und rhetorischen Figuren enthalten, in denen sich die Metasprache des Romans vorrangig konstituiert:

»VORWORT:
kennen Sie dieses SCHÖNE land mit seinen tälern und hügeln?
es wird in der ferne von schönen bergen begrenzt. es hat einen horizont, was nicht viele länder haben.
kennen Sie die wiesen, äcker und felder dieses landes? kennen Sie seine friedlichen häuser und die friedlichen menschen darinnen?
mitten in dieses schöne land hinein haben gute menschen eine fabrik gebaut. geduckt bildet ihr alu-welldach einen schönen kontrast zu den laub- und nadelwäldern ringsum. die fabrik duckt sich in die landschaft. obwohl sie keinen grund hat, sich zu ducken.
sie könnte ganz aufrecht stehen.
wie gut, daß sie hier steht, wo es schön ist und nicht anderswo, wo es unschön ist.
die fabrik sieht aus, als ob sie ein teil dieser schönen landschaft wäre.
sie sieht aus, als ob sie hier gewachsen wäre, aber nein! wenn man sie näher anschaut, sieht man es: gute menschen haben sie errichtet. von nichts wird schließlich nichts.
und gute menschen gehen in ihr ein und aus. anschließend ergießen sie sich in die landschaft, als ob diese ihnen gehören würde.
die fabrik und das darunterliegende grundstück gehören dem besitzer, der ein konzern ist.
die fabrik freut sich trotzdem, wenn frohe menschen sich in sie ergießen, weil solche mehr leisten als unfrohe.
die frauen, die hier arbeiten, gehören nicht dem fabrikbesitzer.

die frauen, die hier arbeiten, gehören ganz ihren familien.
nur das gebäude gehört dem konzern. so sind alle zufrieden.
die vielen fenster blitzen und blinken wie die vielen fahrräder und kleinautos draußen. die fenster sind von frauen geputzt worden, die autos meistens von männern.
alle leute, die zu diesem ort gekommen sind, sind frauen.
sie nähen. sie nähen mieder, büstenhalter, manchmal auch korsetts und höschen.
oft heiraten diese frauen oder sie gehen sonstwie zugrunde. solange sie aber nähen, nähen sie. oft schweift ihr blick hinaus zu einem vogel, einer biene oder einem grashalm.
sie können manchmal die natur draußen besser genießen und verstehen als ein mann.
eine maschine macht immer eine naht. es wird ihr nicht langweilig dabei. sie erfüllt dort ihre pflicht, wohin sie gestellt ist.
jede maschine wird von einer angelernten näherin bedient. es wird der näherin nicht langweilig dabei. auch sie erfüllt eine pflicht.
sie darf dabei sitzen. sie hat viel verantwortung, aber keinen überblick und keinen weitblick. aber meistens einen haushalt.
manchmal am abend fahren die fahrräder ihre besitzerinnen nach hause. heim. die heime stehen in derselben schönen landschaft.
hier gedeiht zufriedenheit, das sieht man.
wen die landschaft nicht zufrieden machen kann, den machen die kinder und der mann vollauf zufrieden.
wen die landschaft, die kinder und der mann nicht zufrieden machen kann, den macht die arbeit vollauf zufrieden.
doch unsre geschichte beginnt ganz woanders: in der großstadt« (LH 7f.).

Die Ideologisierung kapitalistischer Besitzverhältnisse wird in dieser Passage parodiert durch Personifizierungen (»die fabrik duckt sich«) und Naturalisierungen (»als ob sie hier gewachsen wäre«) wie auch deren Umkehrung (»besitzer, der ein konzern ist«) oder Persiflage (»fahren die fahrräder ihre besitzerinnen«). Der Mythos der großen »Familie der Menschen«, wie ihn Barthes in *Mythen des Alltags* expliziert hat, wird als idealisierende Verschleierung von gesellschaftlichen und ökonomischen Machtverhältnissen kenntlich gemacht (»haben gute menschen eine fabrik gebaut«, »frohe menschen«). In Parallelkonstruktionen (»die frauen, die hier arbeiten, gehören nicht dem fabrikbesitzer. die frauen, die hier arbeiten, gehören ganz ihren familien«) wird der manifeste Wortsinn dementiert und verdeutlicht, daß die Frauen *sowohl* dem »fabrikbesitzer« *als auch* ihren »familien« gehören, also ›doppelt‹ unterdrückt sind. Andere Parallelkonstruktionen wiederum heben die geschlechtsspezifische Arbeitsteilung hervor (»die fenster sind von frauen geputzt worden, die autos meist von männern«) oder die Austauschbarkeit der Arbeiterinnen mit Maschinen (»es wird ihr nicht langweilig dabei«, »es wird der näherin nicht langweilig dabei«). Die Katachrese und das Zeugma decouvrieren Ehe- oder Arbeitsideologie (»oft heiraten diese frauen oder sie gehen sonstwie zugrunde«, »sie hat viel verantwortung, aber keinen überblick und keinen weitblick. aber meistens einen haushalt«). Die Ideologie vom »heim« wird metasprachlich destruiert durch den sinnverändernden Plural »heime«. Schließlich wird ganz zu Anfang die Werbesprache des Fremdenverkehrs mit Anspielungen auf Mignons Italienlied (»Kennst du das Land...«) und Volksliedhaftes (»Kein schöner Land...«) karikiert und ad absurdum geführt: »es hat einen horizont, was nicht viele länder haben«. Der Nachsatz setzt hier eine Metaphorisierung des Worts »horizont« voraus (aus dem landschaftlichen wird ein geistiger Horizont). Buchstäblicher und übertragener Sinn werden mithin behandelt, als wären sie unmittelbar eins. Wie im Zeugma und in der Katachrese wird Verschiedenartiges gleichgeordnet und eben damit ein Gleiten zwischen eigentlichem und uneigentlichem Wortsinn, zwischen *sensus litteralis* und *sensus spiritualis*, erzeugt, das exakt der Barthes'schen Vorstellung vom Oszillieren zwischen Objekt- und Metasprache im mythendestruierenden Verfahren entspricht.

Auch im Kapitel »die HOCHZEIT«, das die Hochzeiten von Brigitte und Paula parallelisiert, sind die wichtigsten metasprachlichen Prinzipien des Romans – Wiederholung und Variation – noch einmal auf die Spitze getrieben. Zum einen wird jeweils über Brigitte und Paula dasselbe gesagt (»brigitte ist sehr glücklich. paula ist sehr glücklich«, LH 106) und damit die Stereotypie des Geschehens betont, zum anderen aber wird auch variiert zwischen den beiden Paaren, ja zuletzt ihr Gegensatz betont: »heute haben zwei nichtbesitzer und zwei zukunftschwangere besitzer geheiratet« (LH 108). Brigitte steigt durch ihre Heirat ins Kleinbürgertum auf, Paula bleibt im Milieu der Unterschicht, indem sie den sozial perspektivlosen Erich heiratet. Sie sinkt weiter ab, indem sie sich nicht – wie es metasprachlich bzw. metaliterarisch heißt – an die Normen des Fortsetzungsromans hält: »paula soll nicht über ihren eigensinnigen kleinen kopf hinauswollen, tadelt der fortsetzungsroman. wenn paula im sinne des fortsetzungsromans vernünftig geblieben wäre, wäre sie nicht auf die bahn gekommen, die ihr untergang sein sollte. der ort, wo paula hinkommen sollte, war die schiefe bahn« (LH 115). Scheinheilig vertritt hier der Roman die Moral des Fortsetzungsromans, der Paulas sozialen Abstieg nicht auf die sozialen Verhältnisse zurückführt, sondern auf »ihren eigensinnigen kleinen kopf«. Die Mythendestruktion wird also, wie immer in *Die Liebhaberinnen*, vollzogen auf dem Hintergrund der marxistischen Ideologiekritik. In allen sprachlichen Details von *Die Liebhaberinnen* läßt sich das nachweisen. So etwa auch, wenn Brigitte und Heinz depersonalisiert werden zu »b.« und »h.«, die zusammen trotz und gerade wegen des »klaffenden unterschiedes« (LH 11) auch ihrer Herkunft wieder den ›BH‹ ergeben, also die Ware, die Brigitte in der Fabrik herstellt. Metasprachlich wird damit bedeutet, daß ihre Beziehung zueinander einer Warenbeziehung entspricht, und tatsächlich macht ja auch Brigitte ihren Körper zur Ware. Das Trivialmythen-Konzept von Barthes erfährt in *Die Liebhaberinnen* eine eindeutige Zuspitzung im Sinne marxistischer Ideologiekritik und eines sozialistischen Feminismus (von 1974 bis 1991 war Jelinek Mitglied der KPÖ). Diese Position aber zu verbinden mit einem sprachkritischen Potential, das durch die Schulen der experimentellen Literatur und der Pop-Kultur gegangen ist, macht Jelineks spezifische Schreibweise aus und begründet ihren Sonderstatus auch schon innerhalb der von Frauen geschriebenen Literatur der siebziger Jahre.

III. Mythen des Künstlertums und der ›Emanzipation‹

1. Was geschah, nachdem Nora ihren Mann verlassen hatte oder Stützen der Gesellschaften

Jelineks erstes Theaterstück *Was geschah, nachdem Nora ihren Mann verlassen hatte oder Stützen der Gesellschaften* wurde 1977 – unmittelbar nach dem Roman *Die Liebhaberinnen* – zuerst veröffentlicht und, wie die folgenden Stücke *Clara S.* und *Burgtheater*, in überarbeiteter Fassung 1984 in den Band *Theaterstücke* aufgenommen. In einem Selbstzeugnis von 1984, dem kurzen Theateressay *Ich schlage sozusagen mit der Axt drein*, hat Jelinek das *Nora*-Stück unter dramaturgischen Aspekten kommentiert:

»Wenn ich Theaterstücke schreibe, dann bemühe ich mich nicht, psychologisch agierende Personen auf die Bühne zu stellen. Das soll, meine ich, dem Film vorbehalten bleiben. Ich vergrößere (oder reduziere) meine Figuren ins Übermenschliche, ich mache also Popanze aus ihnen, sie müssen ja auf einer Art Podest bestehen. Die Absurdität der theatralischen Situation – man betrachtet etwas auf einer Bühne! – verlangt eben diese Übersteigerung der Personen. Ich bemühe mich darum, Typen, Bedeutungsträger auf die Bühne zu stellen, etwa im Sinn des Brechtschen Lehrstücks.
Eine literarische Technik, die ich verwende, ist die der Montage. Ich erziele in einem Stück verschiedene Sprachebenen, indem ich meinen Figuren Aussagen in den Mund lege, die es schon gibt. Ich bemühe mich nicht um abgerundete Menschen mit Fehlern und Schwächen, sondern um Polemik, starke Kontraste, harte Farben, Schwarz-Weiß-Malerei; eine Art Holzschnittechnik. Ich schlage sozusagen mit der Axt drein, damit kein Gras mehr wächst, wo meine Figuren hingetreten sind. Am besten kann ich das an einigen Beispielen aus meiner dramatischen Produktion verdeutlichen. Für *Was geschah, nachdem Nora ihren Mann verlassen hatte oder: Stützen der Gesellschaft* (sic) habe ich zahlreiche Nummern von Unternehmer- und Anlageberater-Zeitschriften durchgelesen, um meinen Konsul Weygang, die Hauptfigur (nachempfunden dem damals noch lebenden BDI- und BDA-Präsidenten Schleyer) alles das aussprechen zu lassen, was ein Kapitalist zwar weiß und denkt, aber nicht öffentlich sagen würde. Er spricht nicht nur das kapitalistische Idiom, er denunziert es zugleich, indem er ausspricht, was die Sprache seinesgleichen sonst nur meint und zu sagen vermeidet. Er spricht nicht so, wie schon einmal einer gesprochen hat. Es

ist ein Stück über das Kapital, das darin wie ein lebender Organismus behandelt wird, der Schönheit, Wachstum etc. besitzt. Was die Arbeiterinnen in der Fabrik betrifft (es gibt genug Leute, die behaupten, noch nie wäre ein Arbeiter stimmig auf die Bühne gebracht worden, was immer sie sich darunter vorstellen), so habe ich Dokumentationen über das Los der Arbeiterinnen speziell in den zwanziger Jahren benutzt, also zur Zeit, in der das Stück spielt. In die Montagetechnik wird natürlich Eigenes einbezogen, so daß die Tendenz des Stücks, sein politischer Auftrag, besonders klar wird. Ich, als Autorin, kläre das Ganze noch auf eine Aussage hin. Aber das meiste ist ohnedies schon oft gesagt worden, und es ist unnötig, etwas zu erfinden, das anderswo schon besser gesagt worden ist. Dem müßte natürlich ein eigener, typisierender Inszenierungsstil entsprechen, der leider bei meinen Stücken noch so gut wie nie verwendet worden ist. Ich sehe zumindest mein Nora-Stück als eine Weiterentwicklung des Brechtschen Theaters mit modernen Mitteln der Literatur, den Mitteln der Popkultur der fünfziger und sechziger Jahre, die auch darin bestehen, vorgefundenes Material – pur oder gemischt mit eigenem, aus dem ursprünglichen Zusammenhang gerissen – nebeneinanderzusetzen, um eine Bewußtmachung von Zuständen und Sachverhalten zu erreichen. Schon die Surrealisten haben ähnlich gearbeitet. Der Faschismus hat in Deutschland die experimentellen Kunsttechniken radikal abgeschnitten, und so klafft eine Lücke in der Tradition der deutschsprachigen Literatur« (Jelinek, *Ich schlage sozusagen mit der Axt drein*, 1984, S. 14f.).

Obwohl diese Ausführungen von grundsätzlicher Bedeutung sind für die Technik auch der späteren Stücke Jelineks, trifft der Hinweis auf Brechts Lehrstück und dessen Weiterentwicklung durch Mittel der Pop-Kultur der fünfziger und sechziger Jahre doch wohl nur auf das *Nora*-Stück zu. ›Lehrstückhaft‹ in Jelineks *Nora*-Version ist die marxistische Aufdeckung der Verschlungenheit von ›Ökonomie‹ und ›Emanzipation‹, aber auch die Tatsache, daß das *Nora*-Stück der wohl einzige Text Jelineks ist, der eine ›positive Heldin‹ in der Figur der Arbeiterin Eva kennt. Montageprinzipien der Pop-Kultur werden angewandt, indem die beiden im Titel genannten Ibsen-Stücke ausgeweidet werden. Hinzu kommt die Verwendung von Versatzstücken und Stereotypen etwa aus der Literatur (z.B. Wedekinds *Lulu*), aus Arbeitgeberzeitschriften, Mussolini- und Hitler-Reden, aber auch und vor allem aus der Terminologie der Frauenbewegung der siebziger Jahre, auf deren Höhepunkt das *Nora*-Stück entstanden ist.

Im Anschluß an das fast genau ein Jahrhundert zuvor entstandene *Nora*-Stück Ibsens, in dem es bereits – wenn auch nicht in marxistischer Zuspitzung – um den Konnex von Emanzipation und

Ökonomie ging, greift Jelinek in ihrem Stück die alte Debatte der Frauenbewegung über den Widerspruch zwischen ›bürgerlicher‹ und ›proletarischer‹ Emanzipation auf und verlagert sie in die präfaschistische Ära der zwanziger Jahre. Die Nora-Figur steht für den unpolitischen Idealismus bürgerlicher Emanzipationsvorstellungen, der die Ursache dafür ist, daß Nora sich ganz verstrickt in die Interessen der kapitalistischen Warenwirtschaft und zu deren Handlangerin wird. Ihr stehen »Arbeiterinnen« gegenüber, die konform gehen mit der Sozialdemokratie und kleinbürgerlich-traditionelle Vorstellungen vom Status der Frau und der Weiblichkeit vertreten. Nur die Figur der Eva, die sich auf Marx und Bebels *Die Frau und der Sozialismus* beruft, vertritt aufgeklärte und den Zusammenhang von Emanzipation und Ökonomie richtig einschätzende Positionen.

Die erste der achtzehn Szenen von Jelineks Stück parodiert die Phraseologie der Frauenbewegung der siebziger Jahre. Nora will sich »am Arbeitsplatz vom Objekt zum Subjekt entwickeln« (N 8), will weg von ihrem »Pfleger-Image« und strebt ihre »persönliche Verwirklichung« (N 7) an. Dieses idealistische, von ökonomischen Zusammenhängen abstrahierende Pathos des ›Persönlichen‹ wird als hohl schon dadurch entlarvt, daß auch der Personalchef, bei dem Nora vorspricht, daherredet: »Arbeitgeber und Vertrauensleute haben die freie Entfaltung der Persönlichkeit der im Betrieb beschäftigten Arbeitnehmer zu schützen und zu fördern« (N 7). Dem Wunsch Noras nach ›Menschwerdung‹ kommt er ›bestätigend‹ entgegen: »Wir beschäftigen hier ausschließlich Menschen; die einen sind es mehr, die anderen weniger« (N 8).

In einer ersten Auseinandersetzung mit den Arbeiterinnen der Textilfabrik vertritt Nora die (bürgerliche) Position der ›Emanzipation durch Arbeit‹, während die Arbeiterinnen ihre Erwerbstätigkeit als notwendiges Übel ansehen und eine Heim- und Mutterschaftsideologie vertreten, die von Eva als Fortschreibung der ursprünglichen, geschlechtsspezifischen Arbeitsteilung und als ideologischer Vorgriff auf den Faschismus denunziert wird: »Gold werden wir für Eisen geben« (N 11). Mit Freud-Zitaten zum inferioren kulturellen Status der Frau entgegnet Nora den Avancen eines Vorarbeiters. Überdies sei jetzt nicht für »Liebe«, sondern für ihre »Selbstfindung« (N 13) die Zeit und für die ›Frauensolidarität‹, da Frauen »von Natur aus einen starken inneren Zusammenhalt haben« (N 13). Diese Phraseologie, die die ›Frauensolidarität‹ zum Mythos macht, zerplatzt jedoch in der Konfrontation mit einer Direktionssekretärin, bei der deutlich wird, daß klassen- und schichtenspezifische

Differenzen den Vorrang haben. Der Pseudo-Feminismus der Nora-Figur bricht bereits hier zusammen. Sie beschließt – entsprechend der ›versöhnlichen‹ Schluß-Variante von Ibsens Nora-Stück –, nach ihrem Tarantella-Tanz zu ihren Kindern zurückzukehren, ohne die sie nicht sein könne.

Durch die Exposition der Problematik in den ersten vier Szenen des Stücks ist der weitere Fortgang bereits präjudiziert. Der Textilkönig Konsul Weygang, der seine Firma und das Gelände verkaufen will, um ein Atomkraftwerk darauf bauen zu lassen, verliebt sich in Nora beim Tarantella-Tanz, mit dem sie sich – anders als bei Ibsen – ganz in den Dienst ökonomischer Interessen stellt. Nora verfällt – immer noch frauenbewegte Phrasen dreschend (»Pornographie ist ein Akt des Tötens der Frau« usw., N 18) – dem Trivialmythos ›Liebe‹, bei dem der »Blitz« (N 19) einschlägt und die Sehnsucht nach einem »Pelz« (N 20) dahintersteht. So wie Nora die Phraseologie der Frauenbewegung der siebziger Jahre daherleiert, reproduzieren Weygang und seine Freunde konservativ-misogyne Stereotypen über das Weibliche und Frau, etwa wenn sie Freud ›zitieren‹ oder auf Wittgenstein anspielen (»Die Frau ist das, was nicht spricht und von dem man nicht sprechen kann«, N 24). Kaum hat sich Nora mit Weygang eingelassen, wird sie von ihm auch schon zweifach verschachert. Sie soll dem Minister zu Diensten sein und ihren Ex-Mann Helmer, der das AKW-Projekt blockieren könnte, in den Ruin treiben. Dabei wird Nora von Weygang hinters Licht geführt: angeblich geht es »um eine Eisenbahnlinie wie in dem Stück *Stützen der Gesellschaft*, auch von Ibsen« (N 32). Wenn Jelineks Stück aber den Ibsen-Titel abwandelt in *Stützen der Gesellschaften*, so bedeutet der Plural, daß es hier um ökonomische Gesellschaften, um multinationale Konzerne geht und um die Frauen als »Stützen« eben dieser ›Multis‹ und nicht – wie bei Ibsen – des gesellschaftlichen Zusammenlebens überhaupt.

In der Funktionalisierung für Weygangs Interessen und die kapitalistische Ökonomie wird Nora ganz ›entselbstet‹: Weygang »*redet mit verstellter Stimme ihren Part mit*« (N 32), und Nora »*bleibt erstarrt stehen*« (N 33). Dennoch lernt und begreift sie nichts, sondern setzt ihre ›radikalfeministischen‹ Phrasen fort (»der Kapitalismus eine Folge der auf die Spitze getriebenen Männerherrschaft«, N 34; »die Familie auffliegen lassen«, N 35), läßt sich von Weygang als Frauentypus des »Flapper« (N 40) – der berechnend-anpassungsfähigen ›Kindfrau‹ aus der Filmgeschichte – anpreisen und tritt – in bloßer Umkehrung und damit Reproduktion der Geschlechterhierarchie – als Domina gegenüber Helmer auf. Ihr abstrakt-idealistisches Pathos transformiert sich schließlich in einer erneuten Auseinandersetzung mit den Arbeiterinnen, die ihrerseits von sozialdemokratischer Arbeiterbildung und Kinderkrippen schwärmen, in einen terroristischen Fanatismus (»am liebsten alles anzünden«, N 53), der durch die Montage mit einem Mussolini-Zitat als ›Linksfaschismus‹ denunziert wird. Demgegenüber behält die Eva-Figur ihren analytischen Verstand, indem sie die ›Frauenrolle‹ in einem pseudohysterischen Anfall schreiend karikiert, um abschließend die eigentlich Schuldigen an der Unmöglichkeit von ›Emanzipation‹ zu benennen: die Banken und die ›Hochfinanz‹. Die Nora-Figur aber reagiert darauf wieder nur mit fehlgeleiteten Zerstörungsphantasien: »Ich könnte die Maskeradenkostüme in hunderttausend Stücke zerreißen« (N 54).

Das terroristische Gesicht der Nora-Figur geht in der nächsten Szene wieder über in das bürgerliche. Gegenüber Weygang appelliert sie an das »Schicksal« (N 55), das sie füreinander bestimmt habe, aber im selben Zug erweist sich beider Beziehung zueinander als die pure ›Ökonomie‹. Weygang will sie mit einem Stoffgeschäft abfinden, während sie selbst ihn zu erpressen versucht. Schließlich wieder im ›Puppenheim‹ gelandet, hört Nora mit ihrem Ehemann aus dem Radio vom Brand der Firma Weygangs, und Helmer vermutet »die Juden« (N 62) als Brandstifter – eine Anspielung auf den Reichstagsbrand.

Die genaue Lektüre von Jelineks Stück, die durch einen detaillierteren Vergleich mit den beiden Ibsen-Stücken, auf die es sich bezieht, noch ergänzt werden könnte, läßt zunächst dessen Nähe zu *Die Liebhaberinnen* und zum ideologiekritischen Trivialmythen-Konzept, wie es in *Die endlose Unschuldigkeit* formuliert worden ist, erkennen. Ein ›Lehrstück‹ im Sinne Brechts liegt insofern vor, als der Zusammenhang von ›Emanzipation‹ und ›Ökonomie‹ dargestellt ist und das Stück auf das Fazit gebracht werden könnte, daß Nora sich mit der Arbeiterklasse bzw. mit der Figur der Eva hätte solidarisieren sollen, die als einzige die gesellschaftlichen Mechanismen durchschaut. In der fünfzehnten Szene, die als Schlüssel-Szene des Stücks gelten kann, wird der ›Radikalfeminismus‹ der Nora-Figur, der dann in den idealistischen Terrorismus wie in den Faschismus changiert, als eine der Ursachen für das Scheitern und die Handlungsunfähigkeit Noras namhaft gemacht. Der Feminismus in der von Nora vertretenen Version enthistorisiert und mystifiziert die Geschlechterhierarchie in der psychologisierenden Retourkutsche (»Die Männer spüren die riesige innere Potenz von Frauen. Aus Furcht davor vernichten sie daher dieselben Frauen«, N 52), statt die sozialen und ökonomischen Gründe zu benennen. Für Nora wird der Feminismus, so wie sie ihn versteht, zum Trivialmythos, d.h. zu einer Aussage über die ›Natur‹ von Mann und Frau, die unhistorisch und unpolitisch bleibt – ein feststehendes Bild, ein ›Mythos‹ im Sinn von Roland Barthes. Eben weil der Trivialmythos unpolitisch ist, schlagen ›linksradikale‹ und ›rechtsradikale‹, terroristische und faschistische Motive ineinander um und werden austauschbar. Trivialmythisch sind auch die Vorstellungen von Arbeiterbildung und Kinderkrippen als vermeintlichen sozialen Errungenschaften, wie die Arbeiterinnen sie in der Übernahme sozialdemokratischer Positionen formulieren. Auch hier bleiben die bestehenden Herrschaftsverhältnisse unangetastet und werden nur übertüncht durch die Suggestion sozialer Verbesserungen. Eva steht als einzige außerhalb dieses trivialmythischen Verblendungszusammenhangs und warnt die Arbeiterinnen davor, daß die vermeintlichen Verbesserungen sie nicht erkennen lassen, daß ihnen in Wahrheit die Arbeitslosigkeit droht. Wie in der Nora-Figur Linksradikalismus und Faschismus changieren, so verbinden auch die Arbeiterinnen sozialdemokratische Positionen und eine faschistoide Mutterschaftsideologie. Der Grund für die Verbindung von scheinbar unvereinbaren politischen Richtungen sowohl bei Nora als auch bei den Arbeiterinnen aber liegt eben darin, daß keine wirkliche politische Reflexion stattfindet, sondern ›linkes‹ wie ›rechtes‹ Gedankengut jeweils trivialmythisch rezipiert wird.

Erstaunlicherweise ist in den bisherigen Rezeptionen des *Nora*-Stücks nicht gesehen worden, daß es sich dabei auch und vor allem um eine Abrechnung mit dem ›Radikalfeminismus‹ der siebziger Jahre handelt (vgl. etwa Perthold, 1991, S. 54ff.; Caduff, 1991, S. 51ff.). Ganz entschieden vertritt das Stück einen marxistischen Feminismus, für dessen Formulierung es sogar eine eigene Figur – die der Eva – einführt. Der Feminismus der Nora dagegen wird als unpolitisch und bloß trivialmythisch destruiert. Er ist ein bloßes Klischee wie auch die traditionellen Weiblichkeitsstereotypen, die das Stück durchspielt und persifliert. Dabei geht es nicht um Weiblichkeits*rollen* – denn die wären ja noch gebunden an eine Funktion –, sondern in der Tat nur um ›Bilder‹ und ›Images‹, die auch von der Nora-Figur selber bewußt als solche aufgenommen und dargestellt werden, etwa wenn sie zu Weygang sagt: »Ich erschrecke mehr als du, weil Gefühle mehr weiblich sind« (N 20).

Die Nora-Figur stellt keine weibliche ›Rolle‹ dar, sondern reflektiert und kommentiert Weiblichkeits*zuschreibungen* und stellt sie aus. Nora, wie auch die anderen Figuren des Stücks, ist kein psychologischer Charakter, sondern ist »auf Lochstreifen gestanzt, die wackligen Melodien zu singen« – wie Jelinek selbst es in ihrem Theateressay *Ich möchte seicht sein* von 1983 (vollständige Fassung in Gürtler [Hg.], 1990, S. 160) im Hinblick auf die Figuren ihrer Stücke allgemein formuliert hat. Indem die Figuren auf der Bühne nur Sprachschablonen sind, wird dem Theater die Illusion von ›Leben‹ ausgetrieben. Die Figuren, so Jelinek in einem Interview, »konstituieren sich aus dem, was sie sagen, nicht aus dem, was sie sind. Sie behaupten etwas von sich, statt auf der Bühne zu leben« (Interview Roeder, 1989, S. 143). Eben diese Leblosigkeit der Figuren und ihre Reduktion auf Sprachklischees, die ›vorgezeigt‹ und damit auch schon destruiert werden, läßt Jelineks Theater schon im frühen *Nora*-Stück zum Sprach-Spuk werden, bei dem sich die Rede nie verkörpert. An die Stelle von ›Personen‹ treten körperlose Stimmen, die vorfabrizierte Texte sprechen und sich auch in dieses oder jenes Kleid hüllen können – lebendig aber werden sie dadurch nicht.

Die Theaterästhetik der Jelinekschen Stücke, zu der es bisher nur wenige Überlegungen gibt (vgl. von Hoff, 1990; Haß, 1993), wäre wohl aus dieser Dissoziation von Körper und Stimme zu entwikkeln. Bei Jelinek ›verkörpern‹ die Figuren nichts (keinen Charakter, keine Seele, kein Inneres). Vielmehr driften eine schablonenhafte, nicht-authentische, immer gleichsam ›zitierende‹ Rede und verdinglichte Körper nebeneinander her. Die Verdinglichung der Körper ist im *Nora*-Stück auch Thema. Gleich am Anfang heißt es in den Regieanweisungen: »Nora muß auf jeden Fall von einer akrobatisch geübten Schauspielerin gespielt werden, die auch tanzen kann. Sie muß die jeweils angeführten Turnübungen machen können« (N 6). Die Nora-Figur also *hat* keinen Körper, sondern führt ihn vor und instrumentalisiert ihn in der Akrobatik und im Tanz: der Körper ist ihr ›Kapital‹ und ihre ›Ware‹. Das wird in Jelineks Transformation von Ibsens Tarantella-Szene überdeutlich. An die Stelle des Ehemanns Helmer, vor dem bei Ibsen Nora die Tanzprobe ausführt, tritt bei Jelinek der Personalchef, der – wörtlich so wie der Ehemann bei Ibsen – Noras Tanz kritisiert: »Nicht so stürmisch« (N 18). Schon die Ersetzung des Ehemanns durch den Personalchef weist darauf hin, daß Nora hier ihren Körper, auch im Sinne der Arbeitskraft, in einem unverhüllteren Sinn als bei Ibsen auf den Markt bringt, und der Personalchef spricht das auch aus: »Nicht so stürmisch. Erhöhen Sie lieber Ihre Stückzahlen!« (N 18). Der ›stürmische‹ Tanz also wird als ›unökonomisch‹, als Vergeudung von Arbeitskraft, kritisiert, d.h. der Körper Noras wird ausschließlich unter dem Aspekt seiner Verwertbarkeit gesehen. Auch Weygang betrachtet kurz darauf Noras Körper nur unter dem Gesichtspunkt seines Nutzens für die eigene Regenerierung. Die Körper-Seele-Einheit, als die Nora sich von Weygang wahrgenommen fühlt, wird ausdrücklich als Trivialmythos persifliert. Schließlich unterwirft am Ende der Tarantella-Szene Nora ihren Körper ganz dem Kapital und deformiert ihn in der akrobatischen Vorführung einer ›Brücke‹. Weygangs Worte über die Verzinsung seines Eigenkapitals – so Nora – »lassen eine ziehende Schwäche in meinem ganzen Körper entstehen. Gleich muß ich mich unwillkürlich so weit zurückbiegen, daß mein Kopf beinahe den Erdboden berührt. *tut es*« (N 20).

Der verdinglichte, instrumentalisierte, ganz zur Ware gewordene und dem Kapital unterworfene Körper aber ist die Leiche. Nicht Körper, sondern Kadaver stehen bei Jelinek auf der Bühne und sprechen Texte, die ihnen nicht gehören – vorgestanzte und abgenutzte Melodien eines elektrischen Klaviers. Die Körper der Figuren wie ihre Sprache sind nicht organisch, lebendig, sondern maschinell und tot und werden nur für die Dauer der ›Vorführung‹ künstlich zu Leben erweckt. Diese Theaterästhetik Jelineks, die im *Nora*-Stück schon angelegt ist, kehrt sich – wie zu zeigen sein wird – in den folgenden Stücken zunehmend nach außen und wird spätestens mit *Wolken. Heim.* zum Thema des Theatertextes selbst. Im *Nora*-Stück wird diese Tendenz der Jelinekschen Theaterästhetik teilweise noch verdeckt durch die Anklänge an das Brechtsche Lehrstück und die Botschaft, daß eine Solidarisierung Noras mit der Arbeiterklasse bzw. mit Eva vonnöten gewesen sei. Die späteren Stücke kennen eine solche Didaktik nicht mehr, sondern überlassen sich den Sinndestruktionen, die auch im Verzicht auf alles ›Organische‹ vorgegeben sind. Jelinek selbst hat das in einem Interview so formuliert: »Es ist eine gewisse Lebensfeindlichkeit, die mich zum Theater gebracht hat (...). Den Wunsch, Leben zu erzeugen auf dem Theater, der fast alle Schriftsteller angezogen hat, lehne ich ab. Ich will genau das Entgegengesetzte: Unbelebtes erzeugen. Ich will dem Theater das Leben austreiben. Ich will kein Theater« (Interview Roeder, 1989, S. 153).

Wenn die Interviewerin daraufhin bezweifelt, daß Jelinek »kein Theater« wolle (»Das glaube ich Ihnen nicht«, ebd.), deutet sich an, mit welchen Widerständen und mit welchem Unverständnis die

Je{}ineksche Ästhetik und Theaterästhetik noch Ende der achtziger Jahre zu rechnen hatte. Als eine Ästhetik des Nicht-Authentischen und Unbelebten bricht sie radikal mit dem, was seit den siebziger Jahren zumeist unter einer ›weiblichen‹ Ästhetik verstanden worden ist. So wie das *Nora*-Stück sich wendet gegen den universalisierenden ›Radikalfeminismus‹, hat die Autorin 1976 mit einem heute schwer zugänglichen Text anläßlich eines Berliner Frauen-Kongresses unter dem Motto ›Schreib das auf, Frau!‹ gegen die vermeintlich ›authentische‹ und ›lebendige‹ Kunst von Frauen polemisiert, die exakt solchen das Frausein mythisierenden Positionen entspricht:

»Die Kritischen Tage der Frau in Berlin wollten den Mythos von der großen schöpferischen Mutter unbedingt verbunden sehen mit erdverbundener und urwüchsiger Intellektuellenfeindlichkeit. Die Frau gibt dem Kind den Körper, der Mann gibt den Geist dazu. Der Geist ist daher schlecht (...).

Bejubelt wurde Margot Schroeder, die sagte, daß sie ihren Hängebusen liebt. Nicht bejubelt wurde Gisela Steinwachs, die in ihrem Beitrag eine Verbindung zog zwischen Marx, der Hegel vom Kopf auf die Füße gestellt hat, zur Firestone, die Engels auf die Füße gestellt hat – vom Warencharakter von Arbeit, von der Aneignung menschlicher Arbeitskraft (und der Menschen selber) bis hin zum Warencharakter des weiblichen Geschlechts und seine Aneignung durch die Männer als Drehmoment der Gesellschaft. Bejubelt wurde Margot Schroeder, als sie sagte, daß sie ihre Krampfadern liebt. Sehr unbeliebt war die Satire, vermutlich, weil sie nicht-wie-du-den Schmerz fühlen kann. Die Satire kann nicht leiden. Vielleicht können Gedichte besser leiden, weil sie schöner sind. Schönheit muß leiden. Vielleicht leiden die Frauen, weil sie das schöne Geschlecht sind (...).

Die Realismusdebatte der Dreißigerjahre wurde vom Akutwerden des deutschen Faschismus beendet. Wodurch wird unsre beendet werden? Julia Kristeva (nicht anwesend) weist auf die Gefahr der Verweigerung intellektueller Arbeit als ›männlich‹ hin. Auf die Gefahr der Ablehnung von ästhetisch andersartigen oder sonstwie ungewöhnlicheren Produktionen. Auf die Ablehnung von Ausnahmen, auf den Zwang, das Individuum in der (Frauen-)gruppe verschwinden zu lassen. (›Das ist gut, denn es ist von einer Frau‹). Natürlich ist die Gefahr des Abkippens in die andre Richtung noch schlimmer, das Abrutschen in die Neue Innerlichkeit, in den Individualismus (als Selbstzweck), in die übersteigerte Subjektivität, in eine Literatur der Einmaligkeit von Empfindungen, der Mythologisierung des Frau-Seins, der Totalisation und des Totalitären.

Eigenes Leid auf eine allgemein gesellschaftliche Ebene zu bringen, als kollektives Leid zu begreifen, ist schlecht. Frauenleiden sind gut. Da gibts dann auch eine Verena Stefan zum Einreiben dagegen.

Es fand eine Solidarisierung größten Stils zwischen den anwesenden Leidenden und der anwesenden Krankenschwesterngewerkschaft statt. Als ich (ICH) in der Diskussion vor dieser beinahe schön faschistoiden Intellektuellenfeindlichkeit zu warnen suchte, fragte mich ein Mädchen logisch und haarscharf, warum ich denn über Arbeiterinnen schriebe, wenn ich doch in Wirklichkeit für die Intellektuellen wäre. Ja, warum wohl?« (Jelinek, *Eine Versammlung*, 1977, S. 30f.).

2. Die Ausgesperrten

Das für Jelineks Schreibweise von den Anfängen bis in die neunziger Jahre in unterschiedlichster Weise konstitutive sprachliche Verfahren der mythendestruierenden und ideologiezertrümmernden Umkehrung vorgegebener Muster sowie das damit verbundene Vexierspiel von realitäts- und sprachbezogener Sprache (von »Objektsprache« und »Metasprache« im Sinn von Roland Barthes) produziert eine fundamentale ›Intertextualität‹ aller ihrer Texte. Sie lassen sich gewöhnlich erst in der quasi rückübersetzenden, den vorausgesetzten Text als Folie mitlesenden Operation angemessen verstehen, verlangen also nach einer Lektüre, die den jeweiligen Prä-, Sub- oder Inter-Text mit realisiert.

Von Intertextualität als *sprachlichem* Verfahren der Destruktion kulturell vorgegebener Muster soll hier jedoch nicht primär die Rede sein. Vielmehr soll an dem Roman *Die Ausgesperrten* (1980), der nach den frühen experimentellen Werken und nach dem eher musikalisch komponierten als erzählten Roman *Die Liebhaberinnen* (1975) stärker auf eine narrative Schreibweise zuzusteuern scheint, untersucht werden, welche Bezüge zu *literarischen* Werken anderer Autoren hier markiert sind und wie der Text diese Texte ›liest‹. Darüber hinaus verspricht eine solche Fragestellung gerade bei *Die Ausgesperrten* komplex und interessant zu sein, weil die beiden Hauptfiguren – die Zwillinge Rainer und Anna – notorische Leser sind, die in einem Fall genau denselben Text lesen, den auch der Roman ›liest‹. Was bedeutet eine solche in sich sozusagen verdoppelte Intertextualität? Schließlich versprechen auch produktionsästhetische Aspekte bei *Die Ausgesperrten* Aufschluß zu geben über den Status von ›Texten‹ in Jelineks Roman, weil die Autorin selbst anläßlich ihrer dokumentarischen ›Quelle‹ über den grausamen Familienmord eines Schülers im Wien der fünfziger Jahre das Verhältnis von *fic-*

tion und *non-fiction*, von ästhetischer ›Mimesis‹ und ›Realität‹ zu ihrem Thema gemacht hat.

Außer der Bezugnahme auf ganz bestimmte und identifizierbare literarische Texte scheint in *Die Ausgesperrten* zunächst auch eine Gattungs-Intertextualität vorzuliegen. Hatte Jelinek in ihrem Roman *Die Liebhaberinnen* von 1975 Strukturen und Themen des Trivialromans imitiert und parodiert als Muster, die das ›falsche Bewußtsein‹ der Figuren prägen, so scheint sich der Roman *Die Ausgesperrten* von 1980 auf ein anderes Gattungsmuster zu beziehen: auf den Entwicklungs- und Bildungsroman. Indessen entwickkeln sich die Figuren in *Die Ausgesperrten* nicht (obwohl sie durchaus eine ›Psyche‹ haben), sie machen auch keinen ›Lernprozeß‹ durch, sondern sie revoltieren in ihrem gewalttätigen Aktionismus – mit Überfällen, Diebstahl und Bombenlegen – ebenso auffällig wie ohnmächtig gegen ihre soziale Determination. Sie alle wollen die ihnen gesetzten Grenzen überschreiten (das Motiv der Grenzüberschreitung ist eines der wichtigsten des Romans), wollen nicht ihrer Schicht oder Klasse verhaftet bleiben und werden doch alle von der jeweiligen Klasse, die sie repräsentieren, am Schluß wieder eingeholt. Die großbürgerliche Sophie Pachhofen, »vormals von Pachhofen« (A 7), unterwirft sich am Ende den Arbeiter Hans Sepp (der wie sie selbst einen Musilschen Namen trägt), und die kleinbürgerlichen Zwillinge Rainer (wie Rilke) und Anna Witkowski werden, ohne daß Sophie dabei in Aktion treten müßte, von ihr als Vertreterin der herrschenden Klasse am Ende sozial ›totgeschlagen‹. Das von Anna erhoffte USA-Stipendium wird Sophie angeboten, weil man »nach Herkunft« geht – eine Information, durch die Anna, wie es heißt, sich »totgeschlagen« fühlt (A 236); und ihr Bruder Rainer sinkt aus Scham über seine Familie und seinen Vater, der hinter den Schaufensterscheiben eines »Modezars« die Pachhofens erblickt und hineinstürzen will, um sie zu begrüßen, in sich zusammmen wie ein »tot aussehendes Menschenpaket« (A 248). Erst im Mord an seiner Familie scheint sich Rainer von ihr lösen zu können, doch in eben diesem erweiterten Selbstmord – »Jetzt wissen Sie alles und können daher über mich verfügen« (A 266), sagt er am Schluß – bleibt er seiner Familie verhaftet: er nimmt sie in seinen Untergang mit.

Jelinek selbst hat die Geschichte von Rainer Witkowski als »Tragödie des intellektuellen Kleinbürgers« (Interview Honickel, 1983, S. 160) bezeichnet, der immer nur hinter der herrschenden Klasse herlaufe und daran zugrunde gehe. Tatsächlich lernt dieser Rainer nichts, sondern phantasiert noch in dem Moment, als er zusammensinkt wie ein »tot aussehendes Menschenpaket«, wie er später einmal mit seiner Traumfrau Sophie über all dies wird »lachen« können (A 248). In seiner Unfähigkeit zum sozialen Lernen aber ist Rainer kein ›scheiterndes Individuum‹ des Bildungsromans, sondern Repräsentant des Kleinbürgertums und seiner Identifikation mit dem Bürgertum. Sein vermeintlicher Individualismus – seine Selbstimagination als »Genie« (A 14) und »Führer« (A 129) – reproduziert nur die Anfälligkeit des Kleinbürgertums für den Faschismus, den Vater Witkowski, früher SS-Offizier und ›aktiv‹ auch in Auschwitz, seit Kriegsende in seiner Familie, an Frau und Kindern, praktiziert.

Rainer will nach der Matura »den Beruf des Germanisten ergreifen, der nebenbei Gedichte verfaßt« (A 182), läßt sich in der Schule schon gern als »Professor« anreden, faselt von der »Schönheit von Gewalt« (A 63), sieht sich auf einer Treppe »aus lebendigen Menschen« (A 20) zum Dichterfürsten emporsteigen und agiert seine Verklemmungen aus, indem er bei Pin-up-Fotos die Köpfe abschneidet und sich Mutter und Schwester als entkörperlichte Wesen vorstellt. Seine Mordtat ist denn auch eine Verwüstung der Körper aus offenkundig sexuell-perversen Motiven: »Das jeweilige Geschlecht erkennt man gerade noch, sonst aber nichts« (A 263). Der Roman begründet den Sozialcharakter des vermeintlichen Geist- und Kopfmenschen Rainer aus den inzestuösen Verstrickungen der kleinbürgerlichen Familie und Rainers Mutterfixierung, die ihn in ständigen Konflikt zwischen geweckten Trieben und tabuisierten Wünschen geraten läßt – eine ganz und gar unfreudianische Version des Ödipuskomplexes.

Auch Rainers Zwillingsschwester Anna ist ein psychischer Krüppel der kleinbürgerlichen Familie. Von einer »verrückten Mutter«, die die Sadismen des Vaters mit ›weiblicher‹ Opferhaltung erduldet, »asozial gemacht« (A 19), will sie nicht ›weiblich‹ werden: sie ißt nicht und spricht zeitweilig nicht aus Angst vor den eigenen »schweinischen Witzen« (A 24). Das Sprechen wird also von ihr gleichgesetzt mit einer verpönten sexuellen Triebregung; es erscheint ihr als ein obszöner Akt. Wie für Rainer ist auch für Anna die Kunstausübung ein Akt der sozialen Aggression; ihr Klavierspiel ist für sie ein »Wegputzen, ähnlich einer Straßenreinigungsmaschine« (A 20). Den »Dreck« (A 23) ihrer Herkunft soll das Klavierspiel wegfegen, und erst mit dem Jungarbeiter Hans, der ihr sozial noch unterlegen und nur ›Körper‹ zu sein scheint, vermag sie »nichts als Frau (...) und deswegen eher unoriginell« (A 90) zu sein. Für Hans wiederum

– das verkennt sie dabei – ist sie nur eine »Vorübung auf Sophie« (117), denn auch er knüpft, wie Rainer, seine Aufstiegsphantasien an die höhere Tochter, die ihn schließlich demütigt, zu ihrem Handlanger macht und wegschickt. Seinen Trumpf, den Körper, will er ausspielen und Sportlehrer werden, später auch »Wirtschaftsboss im Imperium von Sophies Vater (...), weil er die Tochter heiratet« (A 227). Daß Sophie ihn zur Hure machen wird, indem sie ihn dazu zwingt, ihr seinen Körper und seine Sexualität vorzuführen, ahnt er nicht, sondern setzt in seinem Machismo voraus, daß jede Frau ihm unterlegen sei. Er fühlt sich als »Einzelperson, die sich andere Einzelpersonen, Frauen nämlich, zu Willen macht« (A 78) – eine Formulierung, in der Frauen als »Einzelpersonen« gleich zweifach ausgelöscht sind. Der Mythos der ›Einzelpersönlichkeit‹, den Hans mit Rainer teilt, ist es auch, der ihn seinen in Mauthausen umgekommenen Vater verachten läßt, weil dieser »auf die geschichtsbildende Kraft der Werktätigen« vertrauen und »klassenkämpfen« wollte, statt sich um sich selbst als ›Einzelpersönlichkeit‹ zu kümmern. Es erscheint Hans, wie er in seiner atemberaubend delirierenden Logik meint, nur konsequent, daß solche altruistischen Klassenkämpfer wie sein Vater zu Staub zerfallen sind, wobei, wie er meint, »das Feuer nachhalf (...). Und wenn man es glauben darf, so zerfielen Millionen andere mit ihm und verschwanden ohne Spuren in der Welt, und es kommen immer neue herbei, die ihrerseits verschwinden werden, weil ihre Existenzen ohne Belang sind« (A 227).

Der Mythos der ›Einzelpersönlichkeit‹ dient hier zur Absegnung des faschistischen Massenmords, während die Mutter von Hans aus dem Tod des Vaters Sinn preßt – er sei gestorben »für die Sozialdemokratie, für die Sache der Arbeiter«, »für ganz Österreich« (A 77). Die Geschichte der Arbeiterbewegung und die »KZ-Geschichten« (A 27) plappert sie tagtäglich herunter, ohne etwas begriffen zu haben, denn für ihre soziale Misere wie für jedes Alltagsunglück gibt sie immer nur sich selbst die Schuld. Indem sie Mauthausen in ihren Alltag einzubauen versucht, macht sie sich den Holocaust ›familiär‹; er wird auf die Dimension ihres Haushalts gebracht: »Was sich (...) über sie senkt, ist dieser menschliche Teewärmer aus Erschlagenen, Gehenkten, Vergasten, Erschossenen, Goldzahnausgebrochenen. Servus Hansi, schlaf gut (so hat ihr Mann geheißen, und der Sohn heißt auch so)« (A 30). Auf diese Weise macht sie den Holocaust zum Alltagsmythos und richtet sich mit ihm häuslich ein.

Den Kleinbürgern Rainer und Anna Witkowski, ihrem Nazi-Vater und der ihm willfährigen Mutter setzt der Roman in den Figuren von Hans Sepp und seiner Mutter keinen ›lesenden Arbeiter‹ und keine politisch aufgeklärte Arbeiterin entgegen. Im Gegenteil, er greift die Perversion der sozialistischen Emanzipationsvorstellung auf, indem er sie mit dem Auschwitz-Motto »Arbeit macht frei« so zusammenmontiert, daß deutlich wird, daß dieser Arbeiter Hans in seinem Kopf und in seiner Sprache den Nazi-Zynismus reproduziert, zugleich aber auch, daß die sozialistische Vorstellung von der Emanzipation des arbeitenden Subjekts zur Illusion geworden ist: »Nachdem der Vater von Hans durch die Arbeit frei gemacht worden war, starb er sehr schnell. Viele arbeiten ihr ganzes Leben lang und sind immer noch nicht frei« (A 81f.). Auch die Witkowski-Zwillinge beziehen sich auf das Nazi-Motto, unterstellen ihm, ›wahr‹ gewesen zu sein, und modifizieren es mitsamt dem marxistischen Gedanken von der Emanzipation durch Arbeit, indem sie an die Stelle von ›Arbeit‹ das Herrschaftswissen setzen, das sie sich aneignen wollen: »In dieser neuen Zeit macht Wissen frei und nicht die Arbeit« (A 35). ›Frei‹ sein und Herrschaft ausüben fällt in dieser wüsten Mixtur aus marxistischen und faschistischen Referenzen zusammen und pervertiert den Freiheitsgedanken zur ideologischen Rechtfertigung für den Sozialfaschismus und -darwinismus von Rainer und Anna, den sich auch der Arbeiter Hans zu eigen macht, etwa wenn er die Arbeit seiner Mutter – die von ihr in Heimarbeit mit Adressen versehenen Briefe – im Herd verbrennt, als wäre dieser ein Krematorium in Miniatur.

Nicht um ›Bildung‹ geht es den Jugendlichen in *Die Ausgesperrten*, sondern um Herrschaftswissen und sozialen Aufstieg um jeden Preis. Insofern sind *Die Ausgesperrten* eine böse Parodie auf den bürgerlichen Bildungsroman mit seiner Utopie der freien Entfaltung des Individuums bei gleichzeitiger Integration in die Gesellschaft. Die Jugendlichen desavouieren den Begriff des Individuums durch ihre Vorstellung von der ›starken‹ »Einzelpersönlichkeit« und wenden sich in ihrem Pseudo-Individualismus, der nur die Rechtfertigung ist für den unbedingten Willen zum sozialen Aufstieg und zur Teilhabe am »Wirtschaftswunder« (A 28), gegen eine demokratische Gesellschaft; sie wollen nicht Gleichheit, sondern »aus der Masse herausragen« (A 10), verwechseln also Gleichheit mit Gleichmacherei. Der Roman demonstriert an seinen Figuren falsche Begriffe vom ›Individuum‹ und von der ›Gesellschaft‹, ohne die Möglichkeit richtiger Begriffe anders als in der Destruktion der falschen aufscheinen zu lassen. Seine Figuren bleiben allesamt in Ideologien ihrer Klasse, ihres Geschlechts und der jeweils favorisierten ›Medien‹ (Literatur, Film, Zeitschriften, Musik etc.) befangen, bleiben ›unmündig‹ und unfähig zur Selbstbestimmung. Damit aber ist die Voraussetzung des Bildungsromans – die grundsätzliche Fähigkeit des Einzelnen zur Selbstbestimmung, zur ›Autonomie‹ – nicht gegeben. Der Bildungsroman ist in seinen Prämissen demontiert.

In der Darstellung des Kleinbürgertums und seiner psychischen Mechanismen folgt der Roman offensichtlich der *Massenpsychologie des Faschismus* von Wilhelm Reich und keineswegs einer freudianischen Psychoanalyse. Rainers Ödipuskomplex als psychische Repräsentanz der patriarchalen Kleinfamilie, die inzestuösen Verstrickungen in der Witkowski-Familie, Annas Mutismus als Reaktion auf die sexuelle Repression in der Familie, das Herauskehren der Familienehre durch den Vater Witkowski, das Motiv von Enge und Schmutz der Wohnverhältnisse, die Mutterfixierung und der Narzißmus Rainers, die weibliche ›Reinheit‹ als Ideologie bei völliger Perversion des realen Sexuallebens – das alles sind Themen und Thesen von Wilhelm Reich, dessen marxistischer Interpretation von Psychoanalyse der Roman auch darin folgt, daß die Figuren kein Unbewußtes haben; an die Stelle des Unbewußten tritt bei Reich wie in *Die Ausgesperrten* die ›unterdrückte Sexualität‹. Reichs Analyse der kleinbürgerlich-patriarchalen Familie und ihrer Sexualverdrängung, die umschlägt in Sadismus und Krieg, und des Zusammenhangs dieser Familienform mit dem Nationalsozialismus ist in *Die Ausgesperrten* literarisch umgesetzt vor allem in der Figur des Witkowski-Vaters und seines Alltagsfaschismus, der ihm die ›Sensation‹ von Leichenbergen »aus nackten Personen, auch Frauen« (A 102) ersetzen soll. Nur vermeintlich konträr, in Wahrheit aber komplementär dazu sind die masochistischen Reflexionen der Mutter von Hans über den geduldigen »Mutterboden« von Mauthausen – »Und der Mauthausener Mutterboden wehrt sich nicht, eine Mutter läßt sich immer alles gefallen« (A 77) –, der auf makabre Weise den Massenmord mit Fruchtbarkeitsphantasien verbindet. Die ›Duldung‹ des Faschismus findet auf diese Weise auch im vermeintlich ›linken‹ Diskurs statt, und die klagend-passiven Mütter sowohl in der faschistoiden Kleinbürgerfamilie als auch in der proletarischen Rumpffamilie sind es, die in *Die Ausgesperrten* – ganz im Sinn von Reich – dieses Einverständnis tragen.

Jelineks Roman ist in hohem Maße eine Inszenierung der Theoreme des frühen Wilhelm Reich. Die Figuren personifizieren seine

Thesen zur *Massenpsychologie des Faschismus*, ohne daß der Roman freilich mit Reich noch das Vertrauen auf die revolutionäre Arbeiterschaft teilen könnte. Hatte Reich sein 1933 erschienenes Buch noch dem »Andenken der gefallenen österreichischen Kämpfer für die sozialistische Zukunft« gewidmet, so führt Jelinek am Diskurs der Hansmutter die Depravierung auch eines vermeintlich sozialistischen Diskurses vor, in dem Auschwitz zum ›wärmenden‹ Trivialmythos geworden ist und die Geschichte der Arbeiterbewegung als papierener ›Text‹ heruntergeleiert wird. Jelinek konstruiert ihre Romanfiguren mit dem analytischen Instrumentarium von Reich, verwendet es aber zugleich ›unmarxistisch‹, das heißt ohne die Perspektive der Revolution. An deren Stelle tritt in *Die Ausgesperrten* die Revolte der Jugendlichen, und mit dieser falschen Alternative zum Marxismus setzt sich der Roman auseinander in seinem zentralen intertextuellen Bezug: in den auf verschiedenen Ebenen durchgeführten Variationen des Existentialismus.

Für die Bezugnahme auf den Existentialismus mag zunächst entscheidend gewesen sein, daß der Roman Ende der fünfziger Jahre spielt; Rainer kennt bereits das Stück *Die Besessenen* von Camus (A 206), mit dem Marx verabschiedet werden sollte zugunsten von Dostojewski und Nietzsche. Schon damals waren ›die Franzosen‹ – damals freilich Sartre und Camus – die wichtigste Intellektuellen-Mode im deutschsprachigen Bereich, und Anna scheint mit ihrer Bataille-Lektüre (sie liest ihn im Original) eine Brücke zu schlagen zwischen den Moden von damals und heute. Schon im Titel *Die Ausgesperrten* bezieht sich Jelinek auf den Sartre der späten fünfziger Jahre: auf das Theaterstück *Die Eingeschlossenen* (*Les Séquestrés d'Altona*), das im Herbst 1959 in Paris uraufgeführt wurde und 1960 auf deutsch erschienen ist, also so spät, daß die Romanfiguren es nicht kennen können und tatsächlich auch nicht kennen. Den Titel *Die Eingeschlossenen* kennt freilich die Autorin des zwei Jahrzehnte später geschriebenen Romans. Der Titel *Die Ausgesperrten* ist eine Inversion von Sartres Titel und enthält darüber hinaus einen Hinweis darauf, wie der Roman zu lesen sei. Angespielt nämlich wird auf die Aussperrung als Arbeitgebermaßnahme gegen den Streik und damit darauf, daß der ›Ausschluß‹ von Rainer, Anna und Hans letztlich seine Gründe habe in den ökonomischen Strukturen und den kapitalistischen Besitzverhältnissen. Tatsächlich ist es im Roman ja auch Sophie als Repräsentantin der herrschenden Klasse, die an den Vertretern des Kleinbürgertums und der Arbeiterschaft letztlich den ›Ausschluß‹ praktiziert.

Einer der Gründe für die Inversion des Sartre-Titels ist damit schon ersichtlich. Sartres Stück richtet den Blick ausschließlich auf Figuren, die dem Milieu von Sophie Pachhofen zugehörig sind – es handelt von einer Hamburger Reeder-Familie, die von der NS-Zeit profitiert hat –, und läßt die Personnage von ›Ausgeschlossenen‹ nur schemenhaft, als Phantasiefiguren erscheinen. Darüber hinaus gibt es eine Vielzahl von thematischen und strukturellen Analogien zwischen Jelineks Roman und Sartres Stück. Wie *Die Eingeschlossenen* spielen auch *Die Ausgesperrten* Ende der fünfziger Jahre; beide Texte handeln von der Verstrickung zweier Generationen in den Faschismus, und für beide ist die Figurenkonstellation von Vater und Sohn sowie Bruder und Schwester zentral. Dramaturgisch wird Jelineks Roman, der aus einem Drehbuchprojekt hervorgegangen und einige Jahre später verfilmt worden ist, mit Sartres gleichfalls später verfilmtem Stück enggeführt, indem Jelinek in der Mitte des Romans Vater und Sohn Witkowski im Auto auf einen Stausee zurasen läßt: in Sartres Stück begehen am Schluß Vater und Sohn gemeinsam Selbstmord, indem sie sich im Auto von einer Elbbrücke stürzen. Jelinek also stellt hier eine Sartre-Szene nach, aber dreht sie auch, schon durch die Plazierung in der Mitte des Romans, zurück – vollzieht eine Inversion – und inszeniert den ›Film‹ neu. Den »Vatermord, kombiniert mit Selbstmord« (A 150), wie es in *Die Ausgesperrten* in ironischer Anspielung auf den Schluß bei Sartre heißt, läßt sie nicht gelingen. Die gemeinsame Sühne von Vater und Sohn für die Verstrickung in den Faschismus findet nicht statt. An ihre Stelle tritt – quasi als Widerruf Sartres – am Schluß von *Die Ausgesperrten* der Familienmord des Sohnes, der eine Rache am Nazi-Vater ist, aber zugleich auch eine Wiederholung von dessen Greueltaten in Auschwitz und deren Fortsetzung im familiären Alltagsfaschismus.

Anders als bei Sartre also wird bei Jelinek die Verstrickung in den Faschismus nicht ›gesühnt‹, sondern sie setzt sich fort. *Die Eingeschlossenen* von Sartre rücken aus dieser Perspektive in ein versöhnliches, wenn nicht gar erbauliches Licht. Mit den *Ausgesperrten* formuliert Jelinek ihren Einspruch gegen Sartres dramatische Vision vom freiwilligen Untergang der in den Faschismus Involvierten (vgl. Jandl, P., 1989; Burger, 1990). Im Wien der fünfziger Jahre (und wohl nicht nur dort und nicht nur in den fünfziger Jahren) lebt der Faschismus weiter und wiederholt sich etwa in der ›Tragödie‹ des kleinbürgerlichen Intellektuellen Rainer Maria Witkowski, der wie Rilke heißt und ein »Genie« (A 14) zu werden verspricht wie eine Generation zuvor der ›Künstler‹ aus Braunau.

Einen weiteren Bezug zu Sartre stellen die *Die Ausgesperrten* her durch den Bezug auf seinen frühen Roman *Zeit der Reife* (*L'âge de raison*), den ersten Teil des unabgeschlossenen Romanzyklus *Die Wege der Freiheit*, der 1945 in Frankreich und 1949 in einer ersten deutschen Übersetzung erschienen ist. Diesmal wird der intertextuelle Bezug auf der Ebene der Romanfiguren explizit gemacht: »In der Zeit der Reife von Jean-Paul Sartre will einer seine Katzen ersäufen, und deshalb will man heute diese Katze ebenfalls ersäufen, obwohl auch diese Katze ein Recht auf ihre Existenz hat« (A 92).

Der Romantitel wird hier nicht in Anführungszeichen gesetzt und damit deutlich gemacht, daß die Figuren *fiction* und *non-fiction* miteinander verwechseln. Sie stellen in ihrem Leben Fiktionen nach und ›übersetzen‹ philosophische Begriffe in pragmatisch »objektsprachliche« Bezeichnungen, indem sie auch dieser Katze hier »ein Recht auf ihre Existenz« (Rainer ergänzt: auch auf ihre »Nichtexistenz«) nicht absprechen wollen. Es findet also auf höchst konfuse Art jene Vertauschung und Verwechslung von praxisbezogener »Objektsprache« und unveränderliche Bilder und leere Gesten produzierender »Metasprache« statt, als die Roland Barthes die Funktionsweise von Trivialmythen beschrieben hat. Die Romanfiguren verwandeln den Existentialismus von Sartre und zunehmend auch den von Camus in ein verfügbares Bild. Dieser Transformation des Existentialismus in einen Trivialmythos setzt die Bezugnahme des *Romans* auf Sartres *Zeit der Reife* einen anderen, keineswegs nur einfach oppositionell dazu ›entmythisierenden‹ Umgang entgegen. So gewiß die *Die Ausgesperrten* Sartres *Zeit der Reife*, auf die gleich zu Anfang angespielt wird, wenn es über die Figuren heißt, daß sie »ohne jede Reife« (A 7) sind, konterkarieren als einen existentialistischen Bildungsroman, wird der Tatsache, daß der Existentialismus doch *auch* die Philosophie der Résistance war, insofern Rechnung getragen, als *Die Ausgesperrten* eben nicht im Paris der dreißiger Jahre, sondern im Wien der fünfziger Jahre angesiedelt sind: der ›vorfaschistischen Ära‹ wird gleichsam spiegelbildlich die ›nachfaschistische Ära‹ gegenübergestellt. Anders als bei der Bezugnahme des Romans auf das Stück *Die Eingeschlossenen*, das wie *Die Ausgesperrten* Ende der fünfziger Jahre spielt, erscheint also hier der historische Kontext verschoben. Wenn Rainer im Verlauf des Romans immer weniger Sartre und immer mehr Camus liest, mag das unter anderem seinen Grund darin haben, daß er lieber einen Bogen macht um die Komplexität von Sartre und dem Kultus des ›Einzelnen‹ folgt, dessen individuelle ›Revolte‹ Camus gegen die marxistische

›Revolution‹ als kollektiven Akt ausspielen zu können glaubte. Dabei stellt der Roman auch hier wieder die bloß trivialmythische Rezeption durch Rainer heraus, wenn er Rainer unmittelbar vor seiner Wahnsinnstat als der vermeintlichen Umsetzung des Existentialismus in die ›Praxis‹ Camus wie ein Betthupferl konsumieren läßt: »Rainer ißt vor dem Schlafengehen im Bett (...) einen Apfel und liest dazu Sinnlosigkeit und Besessenheit von Camus« (A 260).

Obwohl die Adaption des Existentialismus durch Rainer sich zunehmend auf Camus und dessen Kultus des ›Einzelnen‹ mit seiner Indifferenz bezieht, bleibt auf der Ebene der Intertextualität des *Romans* der Bezug auf Sartre dominant. Rainer ist – und vielleicht hat das *auch* mit seiner Lektüre von *Zeit der Reife* etwas zu tun, so daß die beiden Ebenen der Intertextualität sich wieder vermischen – eine Nachbildung des Helden von *Zeit der Reife* insofern, als er den »Beruf des Germanisten« (A 182) ergreifen und nebenher Gedichte schreiben will. Ob bewußt oder nicht, orientiert er sich damit an dem bürgerlichen Helden Mathieu Delarue aus *Zeit der Reife*, der Gymnasiallehrer und Schriftsteller ist. Das Vorbild und Orientierungsmuster des Kleinbürgers Rainer Witkowski ist zumindest in diesem Punkt der bürgerliche Intellektuelle Mathieu Delarue; Sartres Roman liefert das Muster, nach dem Rainer sich selbst entwirft. Daß eben damit aber Sartres auch in *Zeit der Reife* formulierte Auffassung, daß der Mensch ›ist‹, wozu er sich macht und was er wählt, *ad absurdum* geführt wird, ahnt Rainer Witkowski, der wie seine Schwester Anna gern mit Sartre-Zitaten brilliert, selbstverständlich nicht. »Wir sind zur Freiheit verurteilt« (A 41), hält Anna der Mutter vor und findet diesen wiederum trivialmythisch mißverstandenen Satz Sartres durch den Anblick der Mutter bestätigt. Als Nachahmung von Mathieu Delarue reproduziert Rainer ein vorgegebenes literarisches Muster, das heißt der vermeintlich existentialistische ›Entwurf‹ seiner selbst ist bereits eine Reproduktion; das vermeintliche »Genie« kleinbürgerlicher Provenienz orientiert sich an bürgerlichen Mustern und versucht, sie zu imitieren.

Die Perspektive, daß Rainer nicht nur im Nachbeten existentialistischer Theoreme, sondern auch in seinem Lebensentwurf, ein schriftstellernder Germanist zu werden, nur ein Abklatsch des Gelesenen ist, eröffnet sich nicht ›romanimmanent‹, sondern erst im Vergleich zwischen Sartres und Jelineks Text. Zwar sind *Die Ausgesperrten* auch ohne den intertextuellen Vergleich ›verständlich‹, aber wesentliche Dimensionen des Romans erschließen sich doch erst über den durchgeführten Vergleich. Nicht nur Rainer Witkowski, sondern auch der Roman selbst folgt vorgegebenen Mustern und reproduziert sie. Der Roman selbst ist nicht ›frei‹, ist kein originärer ›Entwurf‹, kein Produkt eines künstlerischen Existentialismus, sondern determiniert durch vorgegebene Muster – etwa durch die Philosophie Sartres und die *Massenpsychologie* von Wilhelm Reich. Zugleich aber reflektiert und verändert er die eigenen Determinanten, wenn er Sartres Titel *Die Eingeschlossenen* umwandelt in *Die Ausgesperrten* und durch seine formale Konstellation (Rainer als Nachbildung von Mathieu Delarue) das ideologische Projekt der Figuren wie auch das des Existentialismus – die Auffassung, daß der Mensch zuerst ein ›Entwurf‹ und *a priori* ›frei‹ sei – *ad absurdum* führt.

Die formale Beziehung von *Die Ausgesperrten* zu *Zeit der Reife* realisiert sich auch darin, daß die Zwillinge Rainer und Anna Witkowski dem Geschwisterpaar Boris und Ivich nachgebildet sind. Die Nachbildung ist auch hier eine Umbildung. Sartres Ivich, eine Studentin aus bürgerlicher Familie mit aristokratischer Vergangenheit (die Familie ist russischer Herkunft) fällt durch die Prüfung und muß zurück zu den Eltern in die Provinz. Anna dagegen scheitert an ihrer Herkunft: nicht sie, sondern Sophie wird ausgewählt für das USA-Stipendium. Der Bohème-Version eines ›scheiternden Bildungsgangs‹ bei Sartre setzt Jelinek die klassenspezifische Version entgegen. Anna scheitert nicht, wie Ivich, an ihrer luxuriösen Leichtfertigkeit, sondern an ihrer sozialen Herkunft, die sie einholt und erstickt.

Die Ausgesperrten stellen Sartres Personnage nach, aber verändern sie auch so, daß die klassenspezifischen Prämissen des Vorbilds sichtbar werden; sie nehmen gleichsam eine soziologische Lektüre Sartres vor. Die Figuren selbst dagegen verwandeln das Gelesene etwa in der Nachahmung der Katzenersäufung aus *Zeit der Reife* in einen Trivialmythos, der – ganz im Sinne von Roland Barthes' Definition des trivialmythischen Verfahrens – etwas historisch Gewordenes in ein Feststehendes, »Geschichte« in »Natur« transformiert. Bei den intertextuellen Bezügen des Romans auf der einen Seite und seiner Figuren auf der anderen handelt es sich also um völlig unterschiedliche Formen der Transformation des Prätextes. Während der Roman mit der Beziehung auf das vorgegebene Muster seine ›Determination‹ durch schon Vorhandenes reflektiert und zugleich eine kritische Lektüre der Vorlage vornimmt, ist die Art des Bezugs der Figuren auf ihre ›Vorlage‹ gegenläufig dazu: sie enthistorisieren sie, verwandeln sie in ein vermeintlich jederzeit und überall verfügbares

Bild, in eine leere Form. Infolgedessen laufen sie sozusagen in Kleidern umher, die ihnen gar nicht passen. Der Roman dagegen schneidert ihnen diese Kleider gnadenlos auf den Leib und läßt sie in ihnen zugrunde gehen. Vor seiner Amoktat liest Rainer Witkowski sich »Sinnlosigkeit und Besessenheit« (A 260) bei Camus an und phantasiert sich mit kleinbürgerlichem Größenwahn als eine Art Raskolnikoff: »Durch das Begehen des Sinnlosen will Rainer seine narzistische Position retten, etwas Außergewöhnliches begangen zu haben« (A 263).

Indem der Roman die Heteronomie seiner Figuren – ihre Beeinflussung durch die existentialistischen Schriften – partiell mitvollzieht, wendet er sich auch gegen die mögliche Prätention seiner selbst, ein ›unvergleichliches‹ Kunstwerk zu sein. Der Mythos einer solchen Einzigartigkeit und des ›Genies‹, das sie hervorbringt, gehört im Roman der Künstler-Ideologie Rainers an und wird durch die intertextuellen Referenzen auf *Die Eingeschlossenen* und *Zeit der Reife* demontiert. Diesen Prätexten ist Jelineks Roman gleichsam nachgebildet, ohne daß daraus so weitreichende Schlüsse gezogen werden könnten, wie sie charakteristisch sind etwa für Julia Kristeva, wenn sie der Intertextualität die Kraft zuschreibt, »die Identität der Werke zu dezentrieren, die Werke zum Moment eines subjektlosen Prozesses der sich ausspielenden textuellen Differenz zu machen« (Stierle, 1984, S. 149f.). Der Bezug von *Die Ausgesperrten* auf Sartres *Die Eingeschlossenen* und *Zeit der Reife* konstituiert keine identitätsauflösende ›Dezentrierung‹ von Jelineks Text, sondern ganz im Gegenteil seine Identität als Kritik am philosophischen wie künstlerischen Existentialismus. Diese schließt die Infragestellung des ›originären‹ und nur aus sich selbst bestimmten Kunstwerks mit ein, und zwar in doppelter Weise: zum einen mit Beziehung auf seine Originalität als Unabhängigkeit von bereits vorgegebenen Mustern, zum anderen aber auch mit Beziehung auf seine vermeintliche Indetermination durch die soziale Realität. Es ist Rainer, der in *Die Ausgesperrten* die Auffassung formuliert, Kunst brauche sich nicht mit gesellschaftlichen Strukturen zu befassen (A 122). Vorausgesetzt ist dabei, daß die Kunst ihre eigene ›Realität‹ unabhängig von der gesellschaftlichen schaffen und als reine ›Erfindung‹ über allen gesellschaftlichen Determinationen schweben soll; Rainers Dichten wird daher auch nur durch Bücher oder das Wetter angeregt (A 201). Daß Rainer und Anna ihren »Sinn für das Höhere« (A 34) als Reaktion auf die väterlichen Prügel entwickeln und ihnen die Kunst als Abschirmung gegen die »Außenwelt« dient (A 38), wird in dieser Kunstideologie ebensowenig berücksichtigt wie die Tatsache, daß die phantasierten und realen Grenzüberschreitungen der Jugendlichen durch Bataille-Lektüre und Raubüberfälle nur der Illusion dienen, sie könnten auch die Klassengrenzen überschreiten.

Mit dem intertextuellen Bezug auf Sartre kritisiert Jelineks Roman dessen Vision von der ›Sühne‹ von Vater und Sohn für die eigene Verstrickung in den Faschismus, aber auch das Fehlen einer klassen- und schichtenspezifischen Reflexion des Existentialismus sowohl in *Die Eingeschlossenen* als auch in *Zeit der Reife*. Die eigenen *patterns* für die Kritik an der politischen und sozialen Unstimmigkeit existentialistischer Literatur und ihres Freiheitsbegriffs entnimmt der Roman der *Massenpsychologie des Faschismus* von Wilhelm Reich. Nicht die ›Erfindung‹, sondern das sozialpsychologische ›Wissen‹ – bzw. das, was als ein solches ›Wissen‹ angenommen wird – bestimmt die Struktur des Romans und besonders die Charakterisierung seiner Figuren als Repräsentanten ihrer jeweiligen Schicht oder Klasse. Jelinek selbst hat in einem Interview erwähnt, daß sie die Figur der Sophie nicht den Zeitungsberichten über den Familienmord eines Jugendlichen entnommen, sondern erfunden hat, weil sie ihr notwendig erschien als Ausdruck dafür, daß der Kleinbürger Rainer sich am Großbürgertum orientiert. Erst kurz vor Abschluß habe sie dann die Gerichtsakten über den Fall studiert und festgestellt, daß es eine solche ›Sophie‹ tatsächlich gegeben hat. Jelinek kommentiert: »Ich habe also Realität und Fiktion so miteinander verknüpft, wie es sich abspielen muß aufgrund des Wissens, das ich von den Mechanismen der Gesellschaft habe, die eben hauptsächlich auf ökonomischen Gegebenheiten basieren – also ein streng genommen marxistischer Ansatz. In dieser Figur der Sophie haben sich dann Imagination und Imagination (die Rainers und die der Autorin, MJ) getroffen, was für mich ein Beweis ist, daß die Dinge sich so abspielen, wie sie sich abspielen müssen (...)« (Interview Wendt, 1992).

Die Ausgesperrten destruieren den existentialistischen Mythos vom freien ›Selbstentwurf‹ des Einzelnen, den marxistischen Mythos von der Arbeiterschaft als revolutionärem Subjekt und den feministischen Mythos von den Frauen als ›subversivem‹ Potential. Nicht destruiert aber wird das unterstellte ›Wissen‹ um die ökonomische Determination des ›Subjekts‹ und seines Bewußtseins wie seiner Psyche. Darin aber sitzt der Roman vielleicht doch dem Mythos einer restlos in ›Soziologie‹ und ›Ökonomie‹ auflösbaren und entsprechend ›determinierten‹ Psyche à la Wilhelm Reich auf, statt auch ihn noch zu destruieren. Als Versuch einer Lösung des Problems ließe sich die stärkere Hinwendung des folgenden Romans *Die Klavierspielerin* (1983) zur Freudschen Psychoanalyse verstehen, wenn nicht in der *Klavierspielerin* die freudianischen Kategorien zum Gegenstand der Karikatur gemacht würden; doch das steht auf einem anderen Blatt.

3. Clara S.

Das Theaterstück *Clara S.* wurde 1981, ein Jahr nach dem Roman *Die Ausgesperrten*, zuerst veröffentlicht. Hatte Jelinek in *Die Liebhaberinnen* den Trivialmythos ›Liebe‹ destruiert und im *Nora*-Stück die ›radikalfeministisch‹-trivialmythische Rezeption des Emanzipationsbegriffs aufs Korn genommen, so setzt *Clara S.* an bei der Destruktion des Genie-Begriffs als Trivialmythos, die auch in *Die Ausgesperrten* schon eine Rolle gespielt hat. In *Clara S.* werden zwei Zeitebenen montiert, indem eine Begegnung zwischen Clara Schumann (1819–1896) und dem italienischen Dichter Gabriele d'Annunzio (1863–1938) konstruiert wird. Eine solche Begegnung hat nie stattgefunden, und die Montage der verschiedenen Zeitebenen deutet schon darauf hin, daß das Stück den Genie-Kult des 19. Jahrhunderts in einen direkten Zusammenhang zu bringen versucht mit dem Faschismus. Gabriele d'Annunzio, um die Jahrhundertwende einer der bedeutendsten Vertreter des europäischen Ästhetizismus, wird bei Jelinek reduziert auf den Prototypen des ›faschistischen Dichters‹, ebenso wie die Gestalt der Clara Schumann, die mit Grund im Titel nur mit der Abkürzung ihres Nachnamens erscheint, prototypisch reduziert wird auf die Problematik der ›verhinderten Künstlerin‹ allgemein. Clara Schumann, geb. Wieck, war die wohl berühmteste Pianistin des 19. Jahrhunderts. Als Ehefrau des Komponisten Robert Schumann und als Mutter von acht Kindern stellte sie das eigene Komponieren ein und ernährte sie die Familie durch ihre Einkünfte als Konzert-Pianistin. Ihre eigene Kreativität konnte sich also nur in reduzierter Form und zum Zweck des familiären Broterwerbs erhalten. Wenn das Stück im Untertitel eine »musikalische Tragödie« genannt wird, so bezieht sich das zum einen auf den Untergang von Clara Schumanns kompositorischer Kreativität; zum anderen aber ist auch angespielt auf Nietzsches *Geburt der Tragödie aus dem Geiste der Musik* und damit auf den dionysischen Geniekult, wie ihn die d'Annunzio-Figur in faschisto-iden Varianten formuliert.

Das Stück spielt im Vittoriale bei Gardone – dem Anwesen d'Annunzios am Gardasee, in dessen Park Mussolini dem Dichter zu Ehren ein Kanonenboot hatte aufstellen lassen (Jelineks Band *Theaterstücke* zeigt dieses Kanonenboot auf dem Titelbild). Hinge-wiesen wird im Stück auch auf den historischen Flug d'Annunzios über Wien sowie auf seine paramilitärische Besetzung der dalmati-nischen Hafenstadt Fiume. Die Frauen, die im Umkreis d'Annunzios auftreten, sind die venezianische Pianistin Luisa Baccara, die Tän-zerin Carlotta Barra, d'Annunzios Ehefrau (die »Fürstin«) sowie die Haushälterin Aélis Mazoyer. Alle diese Figuren sind in ihren groben Zügen historisch korrekt gezeichnet. Auch in seinen Details ist der Nebentext des Stücks historisch genau, so etwa wenn es heißt: »Was die Stimmung und Kostüme betrifft, so halte man sich eventuell an die Ölgemälde der Tamara de Lempicka« (CS 63). Tamara de Lem-picka, die bedeutendste Malerin des Art Déco, war tatsächlich mit d'Annunzio befreundet, hatte sich 1926 – das Stück *Clara S.* spielt 1929 – im Vittoriale aufgehalten und mit d'Annunzio eine Korre-spondenz geführt, die Jelinek am Schluß als eine ihrer Quellen an-führt. Dieser Briefwechsel ist ebenso schwer zugänglich wie die gleichfalls benutzten und zitierten Tagebücher der Haushälterin Aélis Mazoyer. Interessanter als der Nachweis einzelner Zitate des Stücks aus diesen Quellen aber ist vielleicht sogar die Tatsache, daß Jelinek insgesamt in ihrem Text den Aufenthalt von Tamara de Lempicka im Vittoriale nachgezeichnet und nur die Figur der Malerin durch die der Clara S. ersetzt hat (vgl. Entreß, 1993, S. 41ff.). Der Selbst-anzeige der Autorin zufolge wird in *Clara S.* außerdem »aus den Romanen« (CS 101) d'Annunzios zitiert. Dabei scheint es sich vor allem um Zitate aus den Romanen *Lust* (d'Annunzio, 1909) und *Feuer* (d'Annunzio, 1913) zu handeln. Darüber hinaus sind die Ta-gebücher von Clara Schumann als Quelle angegeben sowie Briefe von Clara und Robert Schumann. Zur Entstehungszeit von *Clara S.* lag indessen die Kritische Gesamtausgabe des Briefwechsels von Clara und Robert Schumann (Schumann, 1984) noch nicht vor; Jelinek bezieht sich hier vermutlich auf Vorabdrucke dieser Editi-on. Schließlich ist als weitere Quelle die Dissertation von Ria End-res über Thomas Bernhard genannt (Endres, 1980).

Zu den zahlreichen intertextuellen Bezügen von *Clara S.*, deren Funktion im einzelnen noch zu analysieren wäre (so läßt Jelinek ihre Clara S. zum Teil Texte von Robert Schumann sprechen, um damit die Internalisierung männlicher Projektionen bei ihrer Clara-Figur anzudeuten), kommen eher allgemein angelegte kulturgeschichtliche ›Zitate‹ des Stücks, so etwa die Anspielung auf Nietzsche im Titel oder die wiederholten Anspielungen auf Goethe als die deutsche Variante des ›Dichterfürsten‹, als den die d'Annunzio-Figur sich wiederholt bezeichnet. In diesen Kontext wiederum gehört die Erwähnung der Mignon aus *Wilhelm Meisters Lehrjahre*. Als eine der ›italienischen Figuren‹ Goethes fungiert sie hier als Symbol der künstlerischen Italiensehnsucht und Italienreise, die in *Clara S.* persifliert wird. Nicht nur, daß die Figur der Clara S. selber die Italiensehnsucht der Mignon-Figur umkehrt, indem sie von Italien aus Ausschau hält nach Deutschland (CS 74). Darüber hinaus persifliert das Stück die Italiensehnsucht sowohl Mignons als auch der Künstler, indem es die Reise der Clara S. an den Gardasee ›entmystifiziert‹. Nicht um ihr Künstlertum weiterzuentwickeln, ist Clara S. nach Italien gereist, sondern um d'Annunzio um Geld zu bitten, damit sie ihren Mann in einer Nervenheilanstalt unterbringen kann.

Das kulturelle Zitat der künstlerischen Italienreise (vgl. Perthold, 1991, S. 78ff.) wird bei Jelinek ironisiert, indem es zurückgeführt wird auf die ökonomischen Interessen, die Clara S. dazu bewegen, mit ihrem Mann und ihrer Tochter nach Italien zu fahren. Auch die Destruktion des Mythos vom ›Genie‹, die das Stück in den Mittelpunkt stellt, funktioniert über seine Reduktion auf ›Ökonomie‹ und – mehr noch – auf kulturelle und sexuelle Macht. Während Clara sich den Nachstellungen des ›Commandante‹ d'Annunzio immer wieder zu entziehen versucht, haben die Künstlerinnen Luisa und Carlotta die ›Entmystifikation‹ des ›Genies‹ längst vollzogen und sich seinen Marktgesetzen angepaßt. So sagt Carlotta: »Im Frühjahr reise ich, der Commandante hat schon für mich abgeschlossen und die Kaution hinterlegt. Bis dahin nur noch etwa 120 Hingaben! Allerhöchstens!« (CS 70). Während also die anderen Frauen-Figuren des Stücks eine zynisch-realistische Einschätzung der Entfaltungsmöglichkeiten ihrer eigenen Kreativität haben, verharrt Clara in Illusionen über das männliche ›Genie‹:

»CLARA: *geht sich überwindend auf ihn zu, gibt ihm kindliche Küsse auf die Wangen.* Lassen Sie mich hierbleiben, bitte, damit ich Ihnen zu Füßen sitzen kann, Gabriele!

COMMANDANTE: *begrapscht sie.* Ich empfinde es schmerzlich, daß ich diese Pianistin niemals nach einem großen Triumph auf dem Podium besessen habe, noch warm von dem Hauch des Publikums, schweißbedeckt, keuchend und bleich. Beispielsweise nach der Hammerclaviersonate. Oder nach dem schweißtreibenden Tschaikowsky-Konzert. So sieht sie nach nichts aus.

CLARA *verzweifelt*: Ariel! *springt ihm wie ein kleines Mädchen an den Hals, will ihn umarmen.* Sie Dichterfürst aus Italien! *weint.* Sie ... *schluchzt.* Priester Ihrer Kunst ...!

COMMANDANTE: *routiniert, müde.* Wie in einem Blitz sehe ich Sie hingestreckt. In Ihnen die Kraft, die dem Ungeheuer Publikum das Geheul entrissen. Jetzt sind Sie müde und dürsten voll Begierde, genommen und durchrüttelt zu werden. Kommen Sie, das machen wir jetzt gleich! Anschließend werde ich Ihnen beschreiben, was den kühnen Eroberer von einem ebenfalls kühnen Künstler unterscheidet. Nichts im Prinzip« (CS 69).

Die Figur des d'Annunzio artikuliert hier die faschistoiden Phantasien von einer Vereinigung mit den ›Massen‹ über den Körper der Frau. Offenbar hat Jelinek, wie auch an anderen Stellen des Stücks, die Thesen von Klaus Theweleit (Theweleit, 1977 und 1980) über den Zusammenhang von Faschismus, verdrängter Homosexualität und Abtötung der ›Weiblichkeit‹ rezipiert. Den brünstigen Männerphantasien des Commandante wiederum entsprechen die wüsten ›radikalfeministischen‹ Sprüche der Clara S., die Jelinek im wesentlichen dem bizarren Thomas-Bernhard-Buch von Ria Endres entnommen hat. So heißt es z.B. bei Endres: »Die Sehnsucht nach der Genialität und extremster Einmaligkeit setzte Energie frei, um die Sprachmaschine in Bewegung zu halten in der Wiederholung, dem Zirkel, der Tautologie (...). Dem spätbürgerlichen Ideal des Originalgenies, das immer noch die männliche Identitätsvorstellung ausmacht, tritt der Kopf als sein eigener Gegner gegenüber. Die romantische Vorstellung vom Genie als einem Subjekt, das über alles Mittelmäßige hinausgeht, verzerrt sich in den Texten Bernhards zu einer tödlichen Lächerlichkeit. Die Selbstverwirklichung wird zum leeren Wahn. Der Kopf ist vor allem mit einer schweren Hirnmasse ausgefüllt, und diese gehört wahrlich zum Leib« (Endres, 1980, S. 34f.).

Diese und ähnliche Sprüche haben es Jelinek bei ihrem Faible für Klischees und Stereotypen offenbar angetan. Indessen werden die Zitate aus dem Buch von Endres in *Clara S.* als ›radikalfeministische‹ Phrasen und Mythen destruiert. Zugleich ist die Figur der Clara S. nicht einheitlich; sie bewegt sich auf verschiedenen sprachlichen Ebenen und formuliert richtige Einsichten ebenso wie sie Klischees reproduziert. Wie sehr sie selbst befangen ist in bürgerlich-patriarchalen Strukturen, zeigt sich vor allem an ihrer Beziehung zur Tochter. Clara erinnert sich, daß ihr Vater »die männliche Vorstellung vom Genie« (CS 65) in sie hinein gehämmert habe, bevor ihr Mann ihr diese Vorstellung wieder »weggenommen« hat, »weil er sie für sich selber gebraucht hat« (CS 65). Ihre eigene Tochter Marie aber versucht sie selber im »Trainingsgestell« (CS 64) zum ›Genie‹ zu drillen, und wie wenig sie den Anspruch auf ›Genialität‹ aufgegeben hat, zeigt sich vor allem an der Hoffnung, daß ihr Mann vor seiner Einlieferung ins Irrenhaus noch sein Opus magnum schreiben werde: »Robert wird zuvor noch sein größtes Werk komponieren, nämlich eine Symphonie. Er wird sie hier schreiben. Ihr Haus geht damit in die Musikgeschichte ein« (CS 71).

Die Bettelreise der Clara S. zu d'Annunzio also dient der Aufrechterhaltung ihrer Illusion vom ›Genie‹, das sie selbst nicht werden konnte und das ihr Mann um so mehr werden soll. Obwohl Clara auf der einen Seite die Problematik der Vorstellung vom kopflastigen ›Genie‹ erkennt, gibt sie doch das ›Genie‹ als Idealvorstellung nicht auf. Im Gegenteil reproduziert sie ganz affirmativ Vorstellungen wie die vom Konnex zwischen Genie und Wahnsinn (CS 68), die jedoch intermittierend umschlagen in Ausfälle gegen das ›Genie‹ im ›radikalfeministischen‹ Endres-Ton:

»Der alte bürgerliche Traum vom Kopf, als dem Sitz des Genies. *Sie spricht jetzt echt empfunden.* Leerer Größenwahn! Ein Haus mit dunklen Gängen. Die schwere Kopflast, er schleppt sie hindurch, fortwährend. Diese wahnhafte Sucht nach etwas, das noch nie geschrieben, komponiert, gesprochen. Die Ori-gi-na-li-tät! *Brechreiz. Sie würgt* (...) diese Sehnsucht dauernd nach extremster Einmaligkeit ... setzt Energie frei, und die Kunstmaschine rotiert, rotiert...« (CS 75).

Immer wieder erkennt und formuliert Clara S., daß sie selbst um der Entfaltung des ›Genies‹ ihres Mannes willen auf die Mutterschaft und die biologische Reproduktion reduziert worden ist (freilich formuliert sie diese Einsichten so, als handele es sich dabei nicht um ein strukturelles Phänomen der bürgerlich-patriarchalen Gesellschaft, sondern unmittelbar um die bösartige Intention des einzelnen Mannes; auch damit begibt sie sich wieder auf die Ebene des ›radikalfeministischen‹ Jargons). Wie schwach das Widerstandspotential der verbalradikalen Sprüche der Clara S. ist, zeigt sich in der entscheidenden Szene des Stücks, in der Clara S. ihren Mann schließlich erwürgt. Der irrsinnige Robert kündigt an, er wolle jetzt den Anfang seiner »neuen Symphonie« vorsingen, doch er singt dann

»*die ersten Takte eines bekannten Schmachtfetzens der internationalen Konzertszene, den jeder kennt, z.B. den Donauwalzer oder Beethovens Fünfte*« (CS 92). Immer wieder schmettert er diesen »Schmachtfetzen« und gibt ihn aus als sein eigenes Werk. Clara versucht ihn zur Besinnung zu bringen, indem sie ihm seine eigene Fis-Moll-Sonate auf dem Klavier vorspielt und ihm vorhält: »dies ist von dir seinerzeit original ganz genauso komponiert worden« (CS 96). Robert aber erkennt und anerkennt sein eigenes Werk nicht und bezichtigt sie als »Fälscherin« (CS 96). Als er nicht nachgibt, beginnt Clara schließlich, ihn zu würgen, und bringt ihn um. Der Mord an ihrem Mann ist also primär darin begründet, daß Clara S. selbst festhält an der Vorstellung vom »Originalgenie«, während Robert die Urheberschaft am eigenen Werk leugnet. Der Mythos vom »Originalgenie« wird von Clara S. restituiert, indem sie ihren Mann umbringt. Es geht mitnichten um eine ›feministische Befreiungstat‹. Ganz im Gegenteil versucht Clara S., den Mythos vom männlichen ›Genie‹ zu retten, indem sie ihren Mann tötet. Eine positive Utopie ›weiblicher Befreiung‹, wie Ria Endres sie in ihrem Buch entwirft, gibt es in Jelineks Stück nicht. Heißt es bei Endres: »Die Chance der Frau ist die: auszusteigen, nicht mehr mitzumachen im Todesritual, das sich immer schneller dreht« (Endres, 1980, S. 104), so vollzieht bei Jelinek ›die Frau‹ selber das Todesritual. Jelineks Clara S. bleibt völlig befangen in den patriarchal geprägten Bildern von Genialität und ist nicht nur Opfer, sondern auch Täterin. Sie selbst hat nur Klischees und Mythen vom Künstlertum im Kopf, und auch und gerade ihre ›radikalfeministischen‹ Sprüche führen dazu, daß sie handlungsunfähig bleibt.

Im Epilog zu *Clara S.* wird dies noch einmal um eine Drehung weiter geführt, wenn Clara nun mit dem Kopf des erwürgten Robert in ihrem Schoß und im Dirndlkleid in einer »Art Alpinum« (CS 97) sitzt – sozusagen eine folkloristische Salome, die weiterhin ihre Phrasen drischt: »Ich habe jetzt keine Angst vor weiblicher Radikalität mehr und erklimme soeben ein phallisches Symbol« (CS 99). Die weibliche Radikalität von Clara S. also erschöpft sich im Klettern und Freizeitsport, zu dem sich auch die anderen Figuren des Stücks in mondäner Skibekleidung einfinden. Bei der feministischen Turnübung, ein »phallisches Symbol« zu erklimmen, läßt Clara S. denn es auch bewenden. Sie schwört zuletzt der eigenen Kreativität endgültig ab (»dazu gehört Geist, den ich nicht habe«, CS 100) und vollzieht die eigene Selbstaufgabe, indem sie selbst »*das Salonstück zu spielen*« beginnt, »*das schon Robert zum Verhäng-*

nis wurde« (CS 100). Hatte sie Robert ihrer Vorstellung vom »Originalgenie« geopfert, so gibt sie jetzt diese Vorstellung preis, um ihrem Robert nachzufolgen. Den »Schmachtfetzen« hämmernd, stirbt sie und transformiert sich die Szene der Kunst endgültig in Kitsch: auf die beiden Toten schneit es nieder wie in einer »*Glaskugel mit Madonna, die man umdrehen kann, damit es schneit*« (CS 100). Die Szene der Kunst und des »Originalgenies« also geht über ins Kunstgewerbe, in die Sphäre der Warenwelt und der industriellen Reproduktion. Die Welt des »Originalgenies« wird eingeholt von der Kulturindustrie und von ihr absorbiert. Der Commandante in Faschistenuniform und die beiden Irrenwärter in braunen Hemden bewachen diese Szenerie und machen sich zugleich sadistisch darüber her. Das »Originalgenie« mit seiner Hypostase der ›herausragenden Einzelpersönlichkeit‹ vermag dem Faschismus und seinen Autoritätsstrukturen keinen Widerstand zu bieten.

Der Epilog von *Clara S.*, in dem Clara mit dem »*Kopf des von ihr erwürgten Robert in ihrem Schoß*« (CS 97) erscheint, parodiert kulturelle Weiblichkeitsmuster wie die mater dolorosa oder auch die Salome. Dieser parodistischen Entmystifikation auf der Darstellungsebene steht jedoch entgegen, daß die Figur der Clara selbst im Epilog eine vollständige Remythisierung sowohl der Vorstellung vom ›Genie‹ als auch vom Geschlechterverhältnis vornimmt. Clara unterwirft sich Roberts »Kopf«, seinem »Geist«, und der Commandante zeigt sich beeindruckt angesichts dieser »weiblichen Gefühle« (CS 98). Clara selbst affirmiert den polarisierenden Geschlechterdiskurs, der zwischen männlicher Produktivität und weiblicher Reproduktion, zwischen »Potenz« und »Waschpulver« (CS 99) unterscheidet. Sie anerkennt ihre ›weibliche‹ Funktion für das ›Genie‹ ihres Mannes, der ihre eigenen kleinen Kompositionen so umbenannt hat, daß sie als ›weibliche‹ Werke gekennzeichnet waren: »Du hast gesagt, daß meine schöne Komposition nicht Idylle heißen darf. Du hast auf Notturno bestanden, auch Heimweh oder Mädchens Heimweh fandest Du passend« (CS 100). Claras Opposition gegen diese ›Verweiblichung‹ ihrer Kunst ist jedoch erloschen: »Ich will Dein Herzensbrautmädchen sein, sonst nichts!« (CS 100). Den »Geist«, der zur wahren künstlerischen Kreativität nötig sei, spricht sie sich selber ab, d.h. sie restituiert auf der ganzen Linie die traditionelle Polarisierung von männlicher und weiblicher Kreativität.

Die Mythendestruktion in *Clara S.* wird also gleichzeitig auf zwei scheinbar gegenläufigen Ebenen und mit zwei scheinbar entgegengesetzten Verfahrensweisen erreicht. Einerseits werden kulturelle

Muster (mater dolorosa, Salome usw.) durch ihre folkloristische Transformation explizit parodiert (»aber keine katholische Pietà-Stimmung«, CS 97), andererseits aber wird ein parodistischer Effekt gerade dadurch erzielt, daß die Hauptfigur selbst eine Remythisierung aller Klischees vom Genie und von der Weiblichkeit vornimmt. Während das Stück insgesamt eine Dekonstruktion der Mythen vom Genie und von der Geschlechterpolarität vornimmt, betreibt die Hauptfigur selber deren Rekonstruktion. Während auf der Ebene der Fabel des Stücks nicht der geringste Fortschritt zu verzeichnen ist – ganz im Gegenteil werden die Mythen der Genialität und der Weiblichkeit nur fortgeschrieben und zu einem katastrophalen Ende gebracht –, leistet das Stück insgesamt doch durch seine montierenden und collagierenden Verfahrensweisen eine Kritik am Diskurs über das Künstlertum wie über das Geschlechterverhältnis, die aber eben nicht an das Bewußtsein der einzelnen Figuren gebunden ist. Die zahlreichen intertextuellen Bezüge von *Clara S.* weisen als solche bereits darauf hin, daß die Figuren nicht ›eigene‹ Texte sprechen, sondern kulturelle Zitate ›verlautbaren‹. Äußerst verwirrend scheint dieses Verfahren vor allem deshalb zu sein, weil nicht jeweils *eine* Zitatebene an eine Figur gebunden wird; vielmehr scheinen die Intertexte jeweils allen Figuren offenzustehen (Clara S. spricht zum Teil Originaltexte von Robert Schumann; das Buch von Ria Endres wird sowohl von Clara als auch vom Commandante zitiert usw.). Die Einheit der Figuren bricht dadurch auf und diffundiert in die verschiedensten, teils widersprüchlichen Diskurse. Die Figuren selbst versuchen sich in diesem Durcheinander kultureller Muster zu situieren, indem sie sich selbst oder das jeweils andere Geschlecht zu definieren und damit festzulegen versuchen. Beispielhaft dafür ist diese Dialogpassage:

»CLARA *höhnisch*: Auch die Rolle der passiven, fernen Heiligen wird uns oft zugewiesen. Ich bin, wie schon erwähnt, mehr der Typus Elfenkind. Manchmal auch kurz Engelskind genannt. Am Flügel sitzt und auf Lieder sinnt. Und wie es in die Tasten greift, im Zauberringe vorüberschweift, Gestalt an Gestalt und Bild nach Bild, Erlkönig alt und Mignon mild, und trotziger Ritter im Waffenflitter und kniende Nonne in Andachtswonne. Die Menschen, dies hörten, die haben getobt, als wärs eine Sängerin hochbelobt, das Engelskind aber bestürzt und leicht zurück in seine Heimat entweicht. Haben Sie auch das mit der Nonne mitgekriegt, Luisa, meine Liebe?

LUISA: Eher das mit der Sängerin. Ich persönlich habe stets mehr Applaus gekriegt als die Patti, die Melba und die Malibran zusammen.

COMMANDANTE *hustend*: Wahrscheinlich ist die Frau doch eher das Nichts. Das Nichts! Man kann sie im Grunde nicht berühren. Lieber die reine Flamme stundenlang anschauen als sich in die Frau hineinarbeiten. Die Frau hat nämlich eine unersättliche Gier, die der Mann nie befriedigen kann. Die Folge: Angst! Man muß das Weib deshalb zu etwas Ekelhaftem, womöglich gar Verwesendem machen, damit es einem graust« (CS 84).

Zitiert werden hier die ›Heilige‹, das »Elfenkind«, das »Engelskind«, »Mignon«, die »knieende Nonne« – und zwar in Reime gebracht und zum ›Gedicht‹ zusammengepreßt. Die kulturellen Weiblichkeitsmythen werden collagiert zu einem »künstlichen Mythos« im Sinn vom Roland Barthes. In *Mythen des Alltags* heißt es: »Es erscheint als außerordentlich schwierig, den Mythos von innen her zu reduzieren, denn die Bewegung, die man ausführt, um sich von ihm zu lösen, wird ihrerseits Opfer des Mythos. Der Mythos kann in letzter Instanz immer auch den Widerstand bedeuten, den man ihm entgegensetzt. Die beste Waffe gegen den Mythos ist in Wirklichkeit vielleicht, ihn selbst zu mythifizieren, das heißt einen *künstlichen Mythos* zu schaffen« (Barthes, 1964, S. 121).

Eine solche Überdrehung des Mythos durch eine Konstruktion, die zugleich ihre eigene Konstruiertheit und Künstlichkeit ausstellt, liegt auch vor in den Äußerungen des Commandante über die Frau als »das Nichts«, die sich als kulturelles Zitat ganz verschiedener Diskurse von Weininger bis Lacan verstehen lassen. Zugleich aber artikuliert der Commandante auch die *Interpretation* der Vorstellung von der Frau als »Nichts«, indem er von der männlichen Angst vor der weiblichen Sexualität spricht und von dem Versuch, die unterstellte weibliche »Gier« durch die Abwertung und Abtötung des ›Weibs‹ zunichte zu machen. Ein kulturelles Stereotyp *und* seine Deutung werden also vom Commandante sozusagen in einem Atemzug vorgebracht, d.h. eine metasprachlich-kommentierende Ebene wird in die Sprache der Figur selber eingelassen. Die Sache selbst und ihre Deutung, Objektsprache und Metasprache changieren also auch hier, und nicht nur in so drastischen Formulierungen wie dort, wo Clara S. von sich behauptet, jetzt ein »phallisches Symbol« (CS 99) zu erklimmen. Hatte Jelinek etwa in *Die Liebhaberinnen*, aber auch in *Was geschah, nachdem Nora ihren Mann verlassen hatte* und *Die Ausgesperrten* ihre Mythendestruktionen noch vorwiegend auf einer inhaltlichen Ebene vorgenommen, so deutet sich in *Clara S.* bereits der Übergang zu Mythendestruktionen an, die ganz in die Sprache selbst eingelassen sind; in *Krankheit oder Moderne Frauen* wird dieses Verfahren dann zum ersten Mal konsequent und radikal durchgeführt. Die Mythendestruktion geht über in semantische Collagen, die sich auf das ›entlarvende‹ Potential der Sprache selber gleichsam verlassen, wobei jedoch trotz veränderter sprachlicher Verfahrensweise die grundlegenden ideologiekritischen Intentionen beibehalten bleiben. Bei allen Sinndestruktionen, die Jelinek in ihrem Oeuvre vornimmt, geht es doch nie um die Destruktion von ›Sinn‹ überhaupt. Vielmehr geht es darum, die historische und politische Funktion von Mythen zu entziffern, so etwa wenn in *Clara S.* der Geniekult des 19. Jahrhunderts in Gestalt von Clara und Robert Schumann bezogen wird auf den Faschismus oder wenn das Kunstgeschwätz um das ›große Werk‹ decouvriert wird als Einverständnis mit dem Markt und der Kulturindustrie: »CLARA *hymnisch*: Bezahlen Sie ... die Symphonie! Erkennen Sie ... die Melodie!« (CS 90).

So wie hier die Collage aus den Zeitebenen des 19. Jahrhunderts und des Präfaschismus erweitert wird um die Dimension der Gegenwart und der TV-Gesellschaft (»Erkennen Sie ... die Melodie!«), bleiben die Desemantisierungen von Sprache, die bei Jelinek im Zuge der sprachlichen Mythendestruktion auftreten, immer gebunden an die politische Intention. Mit Recht hat sie selbst sich daher gegen die Unterstellung gewandt, daß ihr Werk mit seinen Montagen, Collagen und Sinnentleerungen der Postmoderne zuzurechnen sei. Offenbar mit einem Seitenhieb auf das Theater von Robert Wilson heißt es: »Ich wehre mich gegen das gleichberechtigte, gleichgültige, ornamentale Nebeneinanderbestehen von Stilelementen. Wenn alles möglich ist, ist nichts möglich – insofern bin ich keine Anhängerin der Postmoderne. Meine Texte sind engagierte Texte (...) meine Stücke (...) schieben die Zeitebenen ineinander. Sie wollen Gegenwart sichtbar machen in ihrer historischen Dimension, und sie sind vor allem einer politischen Aussage untergeordnet. Das unterscheidet sie entschieden von der Postmoderne« (Interview Roeder, 1989, S. 154).

4. Burgtheater

Wie die meisten Theatertexte Jelineks ist auch das Stück *Burgtheater*, das 1982 zuerst in der Zeitschrift *manuskripte* veröffentlicht wurde, nachdem eine Publikation in der Wiener Halbjahresschrift *Protokolle* verhindert worden war, bisher nicht genauer interpretiert worden. In diesem Fall mag das auch daran liegen, daß sowohl die Sprache – ein künstlicher Wiener Dialekt – als auch die zahlreichen historischen Anspielungen des Stücks eine Vertrautheit mit der Wiener Kultur und Kulturszene voraussetzen, die zumeist nicht gegeben ist. Indessen ist unschwer zu erkennen, daß es sich bei den Figuren des Stücks um eine Transformation des Wessely-Hörbiger-Clans handelt, also um Paula Wessely, ihren Mann Attila Hörbiger und dessen Bruder Paul sowie um die drei Töchter Elisabeth Orth, Christiane und Maresa Hörbiger. Die Verstricktheit von Paula Wessely und den Hörbiger-Brüdern in die Nazi-Propaganda-Kultur hat Jelinek zum Anlaß genommen für ihre »Posse mit Gesang«, so der Untertitel. Dabei hat sie als Quellen Schauspieler-Biographien (z.B. Ibach, 1943), filmgeschichtliche Werke (z.B. Courtade/Cadars [Hg.], 1975), vor allem aber Filme der Nazi-Zeit zugrunde gelegt, und zwar sowohl aus dem ›harmlosen‹ Unterhaltungsgenre etwa mit Marika Rökk, Johannes Heesters, Hans Moser – die, neben vielen anderen, im Stück genannt sind – als auch ausgesprochene Nazi-Propaganda-Filme wie vor allem den berüchtigten Film *Heimkehr* von 1941 mit Paula Wessely und Attila Hörbiger. Die propagandistische Funktion dieses nach dem Anschluß Österreichs an das Deutsche Reich 1938 von der Wien-Film produzierten Streifens war die Rechtfertigung von Hitlers Überfall auf Polen als angeblicher Hilfsaktion für die Wolhynien-Deutschen (vgl. Löffler, 1986, S. 9ff.). Auch weitere Produktionen der Wien-Film werden im Stück genannt, so etwa *Frauen sind keine Engel* (BT 106), *Wen die Götter lieben* (BT 106), *Ein Herz muß schweigen* (BT 104) usw. Diese und andere Filmtitel – wie der Raimund-Film *Brüderlein fein* (BT 106) mit Hans Holt, *La Habanera* (BT 107) mit Zarah Leander oder *Krambambuli* (BT 116) – werden in Jelineks Stück interessanterweise zumeist eingesetzt als bestätigende Abschlußformel eines Dialogparts (vgl. Kerschbaumer, 1989, S. 159f.). Der jeweilige Sprechtext erstarrt sozusagen im Film-Zitat bzw. läßt sich von ihm ›autorisieren‹. Als Worthülsen in autoritär-bekräftigender Funktion der Rede aber liegen die Film-Zitate auf derselben Ebene wie Nazi-Parolen. Dem entspricht, daß z.B. die Figur der Käthe schwülstige Heimatfilm-Reminiszenzen versetzt mit Heldentod-Phantasien und das Ganze besiegelt mit dem ›Deutschen Gruß‹: »Heimatlaut! Heimatklang! Die Gemse brunzt im Morgenrot, der junge Krieger, der ist tot. Ich schenke nach meiner Ankunft in Wean die erste Nacht einem Manne. Heil! Sieg Heil!« (BT 106).

Auf den Anschluß der Filmkultur der fünfziger Jahre an die Trivialästhetik der Nazi-Zeit wird in *Burgtheater* angespielt, wenn z.B. von der »Kaiserin Sisi« (BT 108) die Rede ist oder wenn Käthe »Im weißen Rössl am Wolfgangsee« (BT 120) singt. Die Musik-Zitate in *Burgtheater* entstammen überwiegend bekannten Wienerliedern und Operetten (vgl. Perthold, 1991, S. 109ff.), wie sie heutzutage vor allem in Fernseh-Musik-Shows wie dem ›Musikantenstadl‹ noch präsent sind und immer wieder heimattümelnd aufbereitet werden. Auch die Namen von Operetten-Komponisten wie Johann Strauss-Sohn (BT 104), Lanner, Millöcker usw. (BT 109) werden genannt. Schließlich ist von einem »Mozart-Füm« die Rede, in dem Schorsch mitspielt, während Istvan einen »Beethoven-Füm« (BT 107) dreht. Daß die Nazi-Komponistenfilme wiederum der antisemitischen Propaganda dienten, wird grausig deutlich, wenn die »Menschenbildner« (BT 107) die folgende Film-Szene erinnern oder phantasieren:

»SCHORSCH: Fies flitzelt ein pomadiger Jud pomale durchs Bild, wie der Mozart grad ieber sei neieste Simfonie dischkurieren tut. Wia a Elritzn! Hoit die Pappn!

ISTVAN: Jawoll. Zu Befehl! Wie a Weißfischerl! Gschwind is zertretn. Nur a glitschiges Fleckerl erinnert den Meister Beethoven no dran, daß da amal a Menschenwesen gestonden is und geotmet hat« (BT 107).

Wichtig sind auch die wiederholten Anspielungen auf die von Max Reinhardt ins Leben gerufenen Salzburger *Jedermann*-Inszenierungen von 1935–1937, in denen Attila Hörbiger die Titelrolle gespielt hat. Max Reinhardt, dem Wien nicht zuletzt das berühmte Max-Reinhardt-Seminar verdankt, aus dem viele Burgschauspieler hervorgegangen sind, mußte bekanntlich als Jude in der Nazi-Zeit emigrieren. *Burgtheater* handelt von der prekären Rolle der Schauspieler – der »Menschenbildner«, als die sich selbst immer wieder bezeichnen – in der Nazi-Zeit. Das Stück destruiert den Mythos vom unpolitischen Künstler und denunziert seine Figuren nicht bloß als Mitläufer und Opportunisten, sondern als ideologische Vollstrecker des Holocaust. Die Mythendestruktion bewegt sich auch in diesem Text Jelineks vor allem auf der Ebene der Kritik von Sprache und der trivialen Muster, in die die ›hohe‹ Kunst ganz überführt zu sein scheint. Der Untertitel »Posse mit Gesang« weist schon darauf hin, daß es hier um die Trivialversion des ›großen‹ Theaters bzw. um die triviale Seite seines Schauspielertums geht. Das Stück spielt in der biedermeierlichen Wohnung der Schauspieler-Familie und inszeniert deren bürgerliches Privattheater als den reinen Horror.

Die Figuren treten wie im Bauern- oder Heimatstück in folkloristischer Kleidung auf, aber sie tragen auch ihre Film-Kostüme. Ständig posieren sie und kippen von einer Rolle in die andere. Sprachlich und gestisch wird eine Charge nach der anderen vorgeführt. Operettenhaft und volkstümelnd sind Anfang und Schluß des Stücks: »Grieß enk Gott alle miteinander« (BT 103, 150).

Wie die einzelnen Figuren des Stücks immer wieder in die Film- und Theaterrollen hinübergleiten, die sie gespielt haben oder gerade spielen, schwankt auch ihre Sprache zwischen einem artifiziellen Wienerisch und einem hochtrabenden »Burgtheaterton« (BT 104). Diese Montage verschiedener Sprachebenen, die bis zur Sprachzerstörung fortgetrieben wird, ist wohl der interessanteste Aspekt des Stücks, das mit seinen Sprachzertrümmerungen zugleich auch den immer wieder formulierten Anspruch der Schauspieler, »Menschenbildner« (z.B. BT 136) zu sein, ad absurdum führt.

Das Stück spielt im 1. Teil im Jahr 1941, in seinem 2. Teil vier Jahre später, 1945, kurz »vor der Befreiung Wiens durch die Rote Armee« (BT 127). Der 1. Teil wiederum geht über in ein »Allegorisches Zwischenspiel«, in dem die Raimund-Figur des Alpenkönigs auftritt. Der scheinbar ›gemütliche‹ Operettenton, mit dem das Stück beginnt (»Grieß enk Gott alle miteinander«, BT 103), decouvriert sich sofort als paramilitärische Aggressivität, wenn Istvan über zunächst scheinbar spielerische Sprachformen der experimentellen Literatur à la H. C. Artmann oder Konrad Bayer übergeht zu einem ebenso besoffenen wie sexualisierten sprachlichen Angriff:

»ISTVAN: *(reißt die Tür auf, erscheint, posiert, lacht schallend zwischen den Sätzen, strahlt, fuchtelt herum etc., Reitgerte!!)* Grieß enk Gott alle miteinander, alle miteinander, alle miteinander! Ich hab zwa harbe Rappen, mei Zeugerl steht am Grabn! Ich seh da rare Happen! (...) Ich hab a rare Pappn! Ui jegerl! Schampus! Juchu! Das ungarische Herrengut. Der Leutnantsmut. Das Wurmbuchtel. Das Umfuchtel« (BT 103).

Essen und Trinken (»-buchtel«, »Schampus«) sind hier nur der Anlaß für einen sprachlichen Rundumschlag, ein Sprach-Gefuchtel – eben das »Umfuchtel« – mit deutlich sexuellen Motiven. Auf szenischer Ebene antwortet Istvans Frau Käthe mit einem solchen »Umfuchtel«, indem sie eine Terrine mit Schinkenfleckerl auf dem Tisch ausschüttet, über die sich die Kinder *wie die Schweine* (BT 103) hermachen. Die Eröffnung also ist bereits eine einzige sprachliche und szenische Schweinerei, die sich darin fortsetzt, daß Käthe sich aufgeilt mit Kriegsphantasien vom Fallschirmspringer, auf den »mit brünftelndem Rock« (BT 103) unten eine Bäuerin wartet. Die kriegs-lüstern-sexualisierte Sprache der Käthe setzt sich im ganzen weite-ren Stück fort und verbindet sich mit ständigen Hymnen auf die deutsche Sprache als »Heimatlaut! Heimatklang«, der sich dann er-füllt im »Sieg Heil« (BT 106). Käthe, die jetzt bald ein ›deutsches Mädel‹ in Polen spielen wird – eben in dem Propaganda-Film *Heim-kehr* –, spricht am perfektesten in der ganzen Familie die Nazi-Spra-che (»Heast, schau, wie die Katherl die naichene Sprach vom Reich ko!«, BT 111). Innerhalb der Familie richtet sich die Aggressivität gegen die mittellose Schwester der beiden Brüder, »Anni-Rosar-Typ« (BT 102), genannt Resi, von der Schorsch meint, sie sei zwar etwas zurückgeblieben, aber man schütze sie doch »wacker und ohne viel Federlesen vor dem Eithanasieprogramm« (BT 112). In der Familie wird Resi ausgegrenzt, malträtiert und von Käthe mit Brachialge-walt verfolgt, denn: »Deutsche Wut wacht« (BT 105).

Die Entmenschung der »Menschenbildner« wird vollends deut-lich im »Allegorischen Zwischenspiel«, in das der 1. Teil des Stücks übergeht. Der lädierte Alpenkönig aus dem Altwiener Zauberspiel à la Raimund (*Der Alpenkönig und der Menschenfeind*), der im Zim-mer erscheint, soll nicht eingelassen werden in das ›neue Haus Deutschland‹ (»in unser naiches Haus Daitschlond«, BT 123). Er wird als »rote Pest«, Bolschewik, »Vertreter des Weltjudentums«, »Ausländer«, »A Behm? A Krowot?« (BT 115) verdächtigt. Wie im Altwiener Zauberspiel versucht der Alpenkönig auch hier, in die familiären Geschicke einzugreifen und zu warnen, indem er sich zunächst als Angehöriger des Widerstands zu erkennen gibt und sodann darauf hinweist, daß er an Käthes Biographie arbeite, ja er selbst *sei* ihre Biographie (»Ich *bin* Ihnare Biographie!«, BT 115). Zuletzt stellt er sich – offenbar in einer Anspielung auf Brecht – als Repräsentant der »Nachgeborenen« vor: »Ich bin Österreich! Ich bin die Zukunft!« (BT 116). In einer haltlosen »Hetz« – einem ›Mordsspaß‹ – wird der Alpenkönig, der seinerseits mit Goethe- und Schiller-Zitaten idealistisch-humanistische Ideale hilflos hoch-zuhalten versucht, zusammengeschlagen, massakriert und in Stük-ke gerissen: »A Hetz muaß sein! So glocht hamma nimma seit dem Anschluß!« (BT 116). Die aggressive Seite volkstümelnder ›Gemüt-lichkeit‹ könnte wohl kaum drastischer zum Ausdruck kommen.

Eine grausige Fortsetzung findet die Zerstückelung des Alpenkö-nigs im Sprachduktus vor allem der Käthe, die zunehmend zu stam-meln beginnt und deren Rede sich immer mehr sexualisiert. Sie *will deutlich etwas anderes sagen, kann aber nicht« (BT 123). Ihre sexuellen Obsessionen werden überdeutlich, als sie über die Juden spricht: »Itzig belästigt das daitsche Weib mit seiner abnormen Un- geschschsch... *stammelt* ... itzlichkeit!« (BT 122). Die Sprache wird hier zum oralen Sadismus und zur oralen Selbstbefriedigung; ›stam- melnd‹ unterwirft sich Käthe dem Phantasma der »abnormen« Po- tenz des »Itzig«, des Juden, die sie zugleich denunziert. Die unter- drückten sado-masochistischen Triebregungen, die offenbar die Ursache für ihr Stottern und Stammeln sind, wiederholen sich auch bei ihrer Beschreibung einer Autofahrt mit dem ›Führer‹ in dessen Horch: »Die Haare zogen vom Kopf. Wagen offen. Haut von Schläfe und Schädel. Lampengewimmer. Schirmi. Bravo! Ferne Stiefelbit- te. Der Fiehra sagt zum Schofför, bleiben Sie hier, ich eßgier selber. Mondeswürgen. Die Nocht schwieg Heil. Herrlich das Krickel vom Schschsch...würer! (...) Menschenmatsch! Über Schleim gings da- heim« (BT 122f.).

Schauriger läßt sich wohl eine Perversion, die hier – wie auch am Schluß des Stücks (»Die guate Menschenhaut. Die Lampenstirn.« BT 150) – gleichgesetzt wird mit den Perversionen einer Ilse Koch, der Frau des Kommandanten von Buchenwald, die sich Lampen- schirme anfertigen ließ aus der Haut der Ermordeten, nicht in Worte bringen. Die Sprachdeformationen vor allem der Käthe in *Burg- theater* zeugen immer von einer Sexualisierung der Sprache und von einer sadistischen Aggressivität, so etwa, wenn sie von den Schau- spielerinnen spricht als von »Schschschaupisserinnen« (BT 122) – also Exhibitionistinnen – oder »Schaukillerinnen« (BT 123). Die Versprecher, das Stammeln und Stottern zerstören hier die Sprache nicht nur, sondern verwandeln sie in eine Sprache der sadistischen Gewalt und der Vernichtung. Zugleich aber verdrängt diese Spra- che die reale Vernichtung, etwa wenn Käthe »*ekstatisch, Burgthea- terton*« sagt: »Au! Au! Auschschwww...Schwester! Geh Pepperl, plausch net!« (BT 124). Analerotische Phantasien um den ›Führer‹ (»Adolfs Dung«) gehen hier über in die masochistisch-lustvolle In- terjektion (»Au!«), die wiederum den Namen Auschwitz verdrängt im familiären Parlieren. Auch im abschließenden Wechselgesang von Schorsch und Istvan wird die Sprache – in diesem Fall ein Heimat- Diskurs – verwandelt in einen Vernichtungsdiskurs (»SILBER- BRAND der Donau«, BT 125), der in seinen Versprechern perma- nent sadistische Phantasien und Tötungswünsche zum Ausdruck bringt (»was andere versargen!«, BT 126).

Die Sprache der Vernichtung, zu der der Pseudo-Dialekt der Fi- guren wird – und insofern wäre hier ein Vergleich mit den künstli-

chen Dialekten etwa bei Fleißer und Horváth ganz unangemessen
–, wird auch im 2. Teil des Stücks fortgesetzt, der vier Jahre später,
1945, kurz vor der Befreiung Wiens spielt. Als Allegorie der von
den Nazis Ermordeten tritt hier ein »Burgtheaterzwerg« auf, der
zugleich ein alter Mime des Burgtheaters war, »bis er rein nicht mehr
zum Verwenden wor« (BT 127). Die alte Resi hat ihn versteckt und
will ihn jetzt für sich behalten. Die Schauspieler-Familie aber begreift schnell, daß sie den Zwerg als Alibi benutzen kann: er soll den
»unieberlegten Polenfüm« (BT 137) – also den Film *Heimkehr* –
wettmachen. Auch Käthe will sich jetzt reinwaschen vom Nazitum
(»Wir Wiener Wäschemadl wollen weiße Wäsche waschen wenn
wir nur wüßten wo...«, BT 135; vgl. dagegen: »Wäschermaschel
waasen die Leichen in die neichen Bl...«, BT 121). Während Käthe
ihren Sadismus in halbherzigen Selbstmordversuchen gegen sich
selber kehrt, hat Schorsch sich bereits ein Alibi verschafft, indem er
sich fotografieren ließ beim Unterzeichnen eines Schecks für einen
Widerstandskämpfer. Nichts geändert aber hat sich an der »Mir san
mir«-Mentalität (BT 131), und die Schlußhymne, die alle um die
theatralisch blutende Käthe herum versammelt sprechen, wird zur
grausigen Wiederholung und Fortsetzung einer Sprache der Vernichtung, die sich ganz Österreich und seine Kultur anverwandeln
zu können scheint:

»Der Schlagoberbolzen. Das Riesenrad (...) Der Grillkarzer (...) Der liebe
Herrknoch (...) Die Vergaserin. Die Ringtrosse (...) Das Salzkammerblut.
Motzhart (...) Die silbernen Jahre der Zyklonbette. Die Saubertöte (...)
Das Haus Habswürg (...) Das Judensternderl (...) Das Musikkazett (...) Die
guate Menschenhaut. Die Lampenstirn« (BT 149f.).

In dieser Sprache wird Wien und die ganze österreichische Kultur
zum Vernichtungslager. Das KZ ist in die Sprache selber einge-
wandert. Als das eigentliche Thema von *Burgtheater* erweist sich
damit die Ideologisierung der deutschen Sprache (»Die wunderbare
daitsche Sprache, die Sprache Goethes und Schillers«, BT 106), wie
sie gerade auch in den Klassiker-Inszenierungen auf dem Theater
der Nazi-Zeit betrieben wurde (vor allem von Grillparzer-Inszenie-
rungen ist im Stück immer wieder die Rede), und deren gleichzeitige Transformation in eine Sprache der Vernichtung, die sich auch
nach dem Ende der Nazi-Zeit erhält, ohne daß ihre Sprecher – die
sich ›reinwaschenden‹ Schauspieler – das überhaupt bemerken. In
ihrem halb delirierenden Diskurs scheint Käthe zu dämmern, daß
sie auch in der Gretchen-Rolle und im Kerkermonolog die Sprache

des Holocaust weiter sprechen wird, doch sie münzt das um in ›Kunst‹:

»KÄTHE *sabbernd, mühsam*: Bist du endlich heimgekehrt, Reinhardt! Max Reinhardt! Nach Salzburg! Neige du Schmerzensreiche! Zeige die Krätzenleiche! Die Sprachschiebung des Schauspülas« (BT 130).

Diese »Sprachschiebung« der Schauspieler-Figuren in *Burgtheater* ist das eigentliche Thema des Stücks und wäre im Detail noch zu untersuchen, vor allem auch im Hinblick auf die Transformationen des Wienerischen, die Jelinek vornimmt. Dem Stück ist die Bemerkung vorangestellt: »Sehr wichtig ist die Behandlung der Sprache, sie ist als eine Art Kunstsprache zu verstehen. Nur Anklänge an den echten Wiener Dialekt! Alles wird genauso gesprochen, wie es geschrieben ist. Es ist sogar wünschenswert, wenn ein deutscher Schauspieler den Text wie einen fremdsprachigen Text lernt und spricht« (BT 102).

Das Ausgangsmaterial von *Burgtheater* – die Verstrickung des Wessely-Hörbiger-Clans in den Nationalsozialismus – hat, zumal in Österreich, die Rezeption des Stücks ausschließlich bestimmt und der Autorin nachhaltig den Ruf einer ›Nestbeschmutzerin‹ eingetragen. Paula Wessely selbst, die sich nachweislich in der Nazi-Zeit, wie die Hörbigers, öffentlich zu Hitler bekannt hat, hat in Reaktion auf Jelineks Stück ihre Rolle auf bloßes Mitläufertum zu reduzieren versucht und auch den ›Burgtheaterzwerg‹ bemüht: »Ich will mich nicht mit dem Stück der Frau Jelinek auseinandersetzen, werde es aber sicher nicht verbieten lassen. Wohl aber setze ich mich mit der Rolle auseinander, die ich damals in der NS-Zeit gespielt habe. Ja, es tut mir leid, daß ich damals nicht den Mut gefunden habe, zurückzuweisen, daß sich dieses Regime mit mir brüstet; daß ich nicht den Mut gefunden habe, die Dreharbeiten zu *Heimkehr* einfach abzubrechen. Vielleicht habe ich aber doch einiges von dem wiedergutgemacht, indem ich konkreten Menschen, jüdischen Kollegen und Freunden, in dieser Zeit konkret geholfen habe« (Wessely, zitiert nach: Löffler, 1986, S. 5).

Über dem Skandal um *Burgtheater* ist eher unbemerkt geblieben, daß das Stück das Problem einer faschistischen Politisierung von Sprache aufgreift und behandelt. Die Fülle von historischen Namen, etwa von Schauspielern und Filmen der Nazi-Zeit, die Jelinek mit großer Akribie recherchiert hat, macht aus dem Stück doch kein historisches Zeitstück etwa im Sinn von Hochhuth. Vielmehr werden diese historischen Zitate im Text zum Teil selber zu einer

Art ›fremdsprachigem‹ Material, das die grausig deformierte Sprache der Mimen nur noch absurder erscheinen läßt. Vorrangig zielt das Verfahren darauf ab, durch Verballhornungen und Wortentstellungen die Nazi-Ideologie innerhalb der Sprache kenntlich zu machen. Die so zur Kenntlichkeit entstellte Sprache wird zum Ausdruck dessen, was normalerweise eben *nicht* ausgesprochen wird. Dem entspricht auch die durchaus psychoanalytische Behandlung der Sprache etwa der Käthe-Figur, deren Stottern und Stammeln auf Sexualisierungen und Sadismen hinweist, die sie anfällig machen für Führerkult und Menschenverachtung. In anderem Zusammenhang hat Jelinek selbst darauf hingewiesen, daß ihre Figuren sich nur durch das Sprechen konstituieren: »(...) sie sprechen, was sie sonst nicht sprechen. Es spricht aus ihnen. Sie haben kein Ich, sondern sie sind alle Es – auch im Freudschen Sinn.(...) Es ist das Verbotene. Das, was sie sonst für sich behalten, nicht aussprechen würden, sprechen meine Figuren ständig aus. Es quillt aus ihnen heraus. Deswegen sind sie in einem Vor-Ich oder ›Post-Ich‹-Zustand. Sie sind alles und nichts. Sie sind kein Ich« (Interview Roeder, 1989, S. 151f.).

Auch die Figuren in *Burgtheater* sprechen, wie niemand spricht. Ihre Sprache decouvriert ein Einverständnis nicht nur mit der Nazi-Ideologie, sondern auch mit der Menschenvernichtung, das sie in der Realität so selbstverständlich nicht aussprechen würden, d.h. der Text läßt die Figuren selbst sprechen, was die Deutung und Interpretation ihres Verhaltens ist. Wie fast immer bei Jelinek, wenn auch in unterschiedlichen Ausformungen, ist auch hier die Deutung in die Sprache selbst eingelassen, und die Figuren sind ihre eigenen Interpreten. Ins Extrem geführt wird diese Verfahrensweise in dem folgenden Stück *Krankheit oder Moderne Frauen*, das mit *Burgtheater* nicht nur starke Anklänge an Ernst Jandls Stück *die humanisten* (Jandl, E., 1976) gemeinsam hat, sondern auch die faschistische Sprache der Vernichtung fortsetzt, freilich nun aus der Perspektive der Geschlechterdifferenz und einer aggressiven Selbstverdummung der männlichen Figuren des Stücks.

Erst im Durchgang durch die experimentellen Schreibweisen und vermittelt durch die stärker realistischen Komponenten in *Die Ausgesperrten* scheint Elfriede Jelinek den Roman *Die Klavierspielerin* (1983) gewagt zu haben, der zwar keineswegs einer weiblichen Bekenntnis- und Geständnisliteratur zuzurechnen ist, aber doch autobiographische Momente enthält. Dies und eine Schreibweise, die stärker als in allen anderen Texten Jelineks konventionellen Lesegewohnheiten entgegenzukommen scheint, hat wohl den Erfolg von *Die Klavierspielerin* begründet. Einzigartig in Jelineks Oeuvre steht *Die Klavierspielerin* auch insofern da, als der Roman durchaus psychologische Charaktere kennt, wenn auch der Name der ›Heldin‹, Erika Kohut, als Anspielung auf den Narzißmus-Theoretiker Heinz Kohut, bereits darauf hinweist, daß der Roman *patterns* der Psychoanalyse nicht nur folgt, sondern sie auch inszeniert. Diese *patterns* entstammen vor allem Freuds Theorie der Weiblichkeit (die Frau als Kastrierte und daher narzißtisch Gekränkte) und deren Fortschreibung etwa bei Lacan. Gleich im ersten Teil von *Die Klavierspielerin* werden die klassischen psychoanalytischen Stereotypen der Weiblichkeit ironisch aufgegriffen, wenn es z.B. heißt, daß der Klavierschüler Klemmer sich in Erika dem »Rätsel Frau« (K 67) zuwenden wolle oder daß der Mann beim Anblick des weiblichen Geschlechts »auf das Nichts, (...) den reinen Mangel« (K 54) schaue. Freud wie Lacan sind hier parodiert.

Auf der Folie psychoanalytischer Weiblichkeitstheorien wird im ersten Teil von *Die Klavierspielerin* der Zusammenhang von psychischen und sozialen Motiven in der Entwicklung von Erika Kohut dargestellt. Sie lebt allein mit ihrer Mutter, seitdem der Vater in ein niederösterreichisches Sanatorium und später in das staatliche Irrenhaus Am Steinhof verbracht worden ist. Doch schon seit ihrer Geburt ist Erika für die Mutter an die Stelle des Vaters getreten: »Nach vielen harten Ehejahren erst kam Erika damals auf die Welt. Sofort gab der Vater den Stab an seine Tochter weiter und trat ab. Erika trat auf, der Vater ab« (K 5). Während der Vater »blindwerdenden Auges« (K 95), wie Ödipus, ›kastriert‹ zu sein scheint, erhält also die Tochter »den Stab«: sie wird von der Mutter phallisch besetzt. Erika ist für die Mutter Mann-Ersatz; Mutter und Tochter schlafen im Ehebett. Aber auch umgekehrt ersetzt die Mutter für Erika den Mann und macht ihr die Beziehung zu einem Mann auf vertrackte Weise unmöglich: »nie könnte sie sich einem Mann unterordnen, nachdem sie sich so viele Jahre der Mutter untergeordnet hat« (K 14f.); »Sie hat noch ein Mütterlein und braucht daher keinen Mann zu frei'n« (K 15). Für die Mutter bleibt Erika das »Kind«, ihr »Wirbelwind« (K 5). Sie *ist* der mütterliche Phallus und befriedigt als solcher den mütterlichen Narzißmus: »ein jüngeres Anhängsel (...), auf das sie (die Mutter, MJ) stolz sein kann und das für sie sorgen wird, bis der Tod sie scheidet« (K 32).

Der Text selbst spricht aus, daß Erika der mütterliche Phallus (»Anhängsel«) und zugleich der Ehemann (»bis der Tod sie scheidet«) ist. Die psychoanalytische Deutung dieser Mutter-Tochter-Beziehung muß also nicht erst in der Interpretation geleistet werden, sondern wird vom Text selbst explizit gemacht. Die Pointe des erzählerischen Verfahrens von *Die Klavierspielerin* ist es geradezu, daß der Text gleichsam nichts mehr zu deuten übrig läßt, sondern selber die Psychoanalyse der Figuren ausspricht und sie zu deren Figurationen werden läßt. Die Figuren sind das ganz nach außen gekehrte Innere, sind Personifikationen und Inkarnationen von Phantasien und Phantasmen. Insofern läßt der Text einer psychoanalytischen Interpretation keinen Raum mehr bzw. eine solche Interpretation verdoppelt nur den Text, ohne ihm noch einen latenten Sinn abgewinnen zu können. Die eigentümliche Flächenhaftigkeit der Figuren beruht eben darauf, daß sie die ins Bild gesetzte, ganz zum Außen gewordene *Deutung* sind, bei der es nichts ›dahinter‹, keine ›Tiefe‹ mehr gibt. So wird etwa der Transport des Vaters ins Sanatorium nur scheinbar realistisch dargestellt. In Wahrheit beschreibt der Text die psychoanalytische *Deutung* des Vaterverlusts und kleidet sie in eine pseudo-realistische Szenerie. Es ist ein »Fleischhauer«, der den Transport vornimmt, bei dem Erika und ihrer Mutter »ein Glied der Familie abgeht« (K 98). Mit dem Vater also verliert die Familie den ›Phallus‹, und der Text setzt genau diese psychoanalytische Deutung des Ursprungsproblems von Erika in Szene. Sie muß nicht nur der Mutter den Ehemann, sondern auch sich selbst den Vater ersetzen. Ist sie bereits als »Kind« der mütterliche Phallus, so wird sie phallisch besetzt auch als Ersatz für den Ehemann und muß sie schließlich auch noch sich selber den Vater und sein »blindwerdende(s)« Auge ersetzen: sie wird zur Voyeurin, zum gleichsam wieder sehend gewordenen ›Auge‹ des Vaters, zur ›phallischen‹ Frau.

Der Roman entfaltet die Bedeutung des Vaterverlusts und der Problematik der beiden Frauen auch in ihren sozialen Dimensionen. An die Stelle des Trivialmythos ›Liebe‹, wie er für *Die Liebha-*

berinnen entscheidend war, tritt in *Die Klavierspielerin* die Musik: »Erikas Beruf ist gleich Erikas *Liebhaberei*: die Himmelsmacht Musik« (K 8, Hervorh. MJ). Die Mutter hat sich für die jetzt sechsunddreißigjährige Tochter eine Pianistinnen-Karriere erhofft, das Erklimmen der absoluten »Weltspitze« (K 26) und ihre Anerkennung als »Genie« (K 27). Als eine solche ›Eislaufmutter‹ aber hat sie inzwischen resigniert und sich damit abgefunden, daß die Tochter nur Lehrerin am Konservatorium geworden ist, mit Option auf einen Professorentitel. Für Mutter und Tochter ist die Kunst ein Mittel des sozialen Aufstiegs und der Abgrenzung gegen den »Mob« und »Pöbel« (K 21f.), aber die »Feinheit« muß sich auch lohnen: »Für Erika wählt die Mutter früh einen in irgendeiner Form künstlerischen Beruf, damit sich aus der mühevoll errungenen Feinheit Geld herauspressen läßt, während die Durchschnittsmenschen bewundernd um die Künstlerin herumstehen, applaudieren« (K 25). Auch Erika hat sich den Trivialmythos der Einzigartigkeit und herausragenden »Einzelpersönlichkeit« zu eigen gemacht. Sie tritt entschieden »gegen Vermassung« auf und bezeichnet sich als »Individualistin«: »Wenn etwas besonders unverwechselbar ist, dann nennt man es Erika« (K 14).

Erika also ist gerade in ihrem Anspruch auf Individualismus austauschbar und unpersönlich (»etwas« und »es«). Sie ist ein kleinbürgerlicher Sozialcharakter. Die Mutter hat die Tochter zur Lebensfeindlichkeit und Einzelgängerin erzogen; zugunsten ihrer Karriere soll sie sich die Sehnsucht nach einem Mann abgewöhnen und ihre Weiblichkeit »im Schutt« vergraben (K 87). Die Mutter »bedroht das Kind mit Erschlagen, sobald es mit einem Mann gesichtet werden sollte« (K 83), doch Erika hat diese Todesdrohung durch die Abtötung ihres Körpers und ihrer Weiblichkeit bereits internalisiert. Ihr Masochismus und ihre Körperfeindlichkeit – das Kind bewegt sich, »als stecke es bis zum Hals in einem Sack« (K 82) – kehren sich schon in der Schulzeit auch destruktiv nach außen: »Was sie nicht haben kann, will sie zerstören« (K 84). So denunziert sie in ihrem »Vernichtungswillen« (K 84) eine Mitschülerin, die auf den Baby-Strich gegangen ist und die sie um ihre Kleidung beneidet, und zerstört damit deren Biographie.

Der erste Teil von *Die Klavierspielerin* exponiert Erikas Sadismen als Lehrerin gegen ihre Schüler, ihre masochistischen Phantasmen etwa vom ›bösen Wolf‹, der sie ›zerreißt‹ (K 46), ihre Selbstverletzungen und ihren Voyeurismus. Alle diese Perversionen stehen im Kontext mit der mütterlichen Dominanz und Erikas scheiternden

Versuchen, gegenüber dieser Macht ein Selbst auszubilden. Indem Erika ihre Schüler schikaniert, sie am Anschauen von Porno-Bildern hindert und Tötungsphantasien ihnen gegenüber entwickelt, versetzt sie sich selbst in die machtvolle Position. In ihren masochistischen Phantasien wiederum befindet sie sich in der unterlegenen Tochter-Rolle und überträgt sie sie auf die Beziehung zum Mann: sie sehnt sich nach dem »letzten, endgültigen Gehorsam« (K 104). So wie sie im Unterricht »einen freien Willen nach dem anderen« (K 103) bricht, flüchtet sie sich selbst immer wieder unter die Befehlsgewalt ihrer Mutter. Weil die Mutter – durch die eigenen Lebensbedingungen beeinträchtigt – kein Selbst entwickelt hat, sondern sich selbst in der Tochter zu verwirklichen versucht, kann auch die Tochter kein unabhängiges Selbst entwickeln. Sie verbleibt ganz im Raum der mütterlichen Macht, sei es in ihrer Imitation, sei es im Gehorsam.

Erikas Sadomasochismus resultiert aus der Unfähigkeit, sich gegen die Mutter abzugrenzen. In ihrer Destruktivität wie in ihren Unterwerfungsphantasien reproduziert sie das Mutter-Tochter-Verhältnis. Jessica Benjamin hat dargestellt, daß die neuere Psychoanalyse den ›weiblichen Masochismus‹ Freuds als vermeintlich notwendigen Bestandteil weiblicher Sexualität verabschiedet und ersetzt hat durch ein Verständnis des Masochismus als Abwehrmechanismus des Selbst. Obwohl Benjamins Ausführungen nur bedingt für *Die Klavierspielerin* geltend gemacht werden können, weil sie ausgehen vom Typus der sich aufopfernden und in *diesem* Sinn ›entselbsteten‹ Mutter, als die sich die Masochistin in ihrer Unterwerfung reinszeniere (Benjamin, 1990, S. 74ff.), treffen sie doch insofern auf Jelineks Roman zu, als sie Sadismus und Masochismus auf den Individuationsprozeß beziehen, d.h. auf das Problem der kindlichen Abgrenzung von der Mutter. Während es im ›männlichen‹ Sadismus darum gehe, die Angst gegenüber der Mutter abzuwehren durch die Beherrschung und Entwürdigung des weiblichen Körpers, reproduziere der ›weibliche‹ Masochismus die Erfahrung, daß die Mutter ihre Unabhängigkeit geopfert habe. ›Männlicher‹ Sadismus wie ›weiblicher‹ Masochismus also reagieren auf die »mangelnde Subjektivität« (ebd., S. 81), auf das nur eingeschränkte Subjektsein der Mutter und gelangen nicht zu wünschenswerten Formen von Identifikation wie Desidentifikation.

Läßt sich – wenn auch auf einer etwas anderen Ebene als bei Jessica Benjamin – der Sadomasochismus Erika Kohuts als Ausdruck dessen verstehen, daß sie in falscher Identifikation mit der Mutter verharrt und kein eigenes, unabhängiges Selbst entwickeln kann, so erscheinen ihre Selbstverletzungen wie ihr Voyeurismus als wiederum falsche Formen des Abgrenzungsversuchs von der Mutter. Erika hat die Erfahrung hinter sich, daß sie nicht mehr eine Prinzessin auf dem Kinderball ist: »Plötzlich ist dann der Königinnenschmuck in die Hose gerutscht, und die Frau kennt ihren Platz im Leben. Was zuerst in kindlichem Stolz auf dem Kopf prangte, ist jetzt dort gelandet, wo das weibliche Holz still auf die Axt warten muß« (K 90). Die weibliche Sozialisation also führt vom kindlichen Narzißmus und von kindlicher Machtphantasie hin zur Einübung des bloßen Objektstatus und der Passivität. In einigen flüchtigen sexuellen Affairen der jungen Erika hat sich diese Erfahrung wiederholt und verfestigt. Von vornherein waren diese Affairen mit Demütigungen verbunden, und Erika hat »nichts verspürt« (K 77). Nicht nur die Verbote der Mutter, sondern auch ihre Erfahrungen mit Männern haben Erika an der Entfaltung ihrer Weiblichkeit gehindert und sie blockiert: »Jeder Herr hat Erika bald verlassen, und nun will sie keinen Herrn mehr über sich haben« (K 77). Weil sie Sexualität nur als Herrschaftsverhältnis erfahren hat, sieht sie ihre einzige Chance zur Selbstbehauptung in der Umkehrung und Übernahme einer ›männlichen‹ Position.

Erikas Selbstverletzungen, wie sie im ersten Teil von *Die Klavierspielerin* dargestellt sind, und ihr Voyeurismus sind Aneignungsversuche einer ›phallischen‹ Position und Reaktionen auf die Erfahrung der Geschlechterhierarchie, die sie in diesen Akten – wenn auch wieder auf falsche, deformierte Weise – zu überschreiten versucht. Zugleich sind es aber auch Versuche der Abgrenzung von der Mutter und des Übergangs zum Vater – gewissermaßen also Nachholversuche und Simulationen der psychischen Leistung, die das kleine Mädchen zu vollbringen hat. Indessen richten sich Erikas Aktionen nicht auf den Vater als Liebesobjekt – was nach Freud die Anerkennung der eigenen Weiblichkeit als Kastriertheit voraussetzt –, sondern ganz im Gegenteil darauf, sich den väterlichen Phallus symbolisch anzueignen. Erika wird nicht zur ›Frau‹, sondern zur ›Herrin‹. Es gelingt ihr nicht, sich ›weiblich‹ zu identifizieren, sondern aufgrund ihrer phallischen Besetzung durch die Mutter sowie ihrer eigenen Versuche, sich selbst den fehlenden Vater zu ersetzen, muß sie auf dem Weg zur psychischen ›Weiblichkeit‹ immer auf halber Strecke scheitern.

In ihrer Pubertät bringt sich Erika mit einer Rasierklinge Verletzungen ihres Handrückens bei, nachdem sie fasziniert auf das Geschlecht ihres Cousins Burschi geschaut hat: »Sie schaut und schaut« (K 44). Die Klinge »lacht wie der Bräutigam der Braut entgegen« (K 45), d.h. Erikas Verletzungen sind eine symbolische Selbstdefloration. Wie sie sich hier zum Subjekt ihrer Defloration macht, bringt sie sich auch später mit der Rasierklinge, die die des Vaters ist (»die väterliche Allzweck-Klinge«, K 88), Verletzungen, zumal ihres Geschlechts, bei, mit denen sie selbst das Subjekt und die Akteurin der Öffnung ihres Körpers und der Penetration zu sein scheint: »Sie hat es in der Hand« (K 88). Das Ziel der Selbstverletzungen ist also die Herstellung einer Position, in der Erika selbstbestimmt und autonom – nicht Objekt, sondern Subjekt des sexuellen Akts – zu sein scheint. Zugleich sind die Selbst-Verletzungen auch symbolische Selbstkastrationen, mit denen sie sich selbst zur ›Frau‹, zur ›Kastrierten‹, macht und so ihre ›Weiblichkeit‹ herstellt. Entscheidend aber ist eben, daß sie selbst das Subjekt der symbolischen Selbstkastration ist, also ihre ›Weiblichkeit‹ nicht erleidet, sondern produziert. Auch insofern erweist sie sich als ›Herrin‹ und nicht als ›Frau‹.

Erikas Voyeurismus läßt sich verstehen als Versuch, der eigenen psychischen ›Weiblichkeit‹ zugleich inne zu werden und sie zu verleugnen. In der Peep-Show, die sie besucht, stolziert sie »als Herrin« herum und schreitet sie, »ganz Herrin, in die Venusgrotte hinein« (K 53). Im Schauen realisiert sie die phallische Position und vergewissert sie sich der ›Weiblichkeit‹ als ›Kastriertheit‹: »Der Mann schaut auf das Nichts, er schaut auf den reinen Mangel« (K 54). Auch beim Anschauen harter Porno-Filme (Soft-Pornos genügen ihr nicht) nimmt Erika ›Einblick‹ in die ›Weiblichkeit‹ und fühlt sie sich selbst in der männlichen Position, als »Herr« (K 107). Mit ihren Selbstverletzungen wie mit ihrem Voyeurismus verschafft sie sich Deckerlebnisse, die ihr Sicherheit bieten sollen, indem sie selbst als Kastrierende erscheint. Nach Fenichel sind Voyeure

»an Erlebnisse fixiert, die, wie etwa eine Urszene oder der Anblick der Genitalien Erwachsener, ihre Kastrationsangst hervorgerufen haben. Die Patienten versuchen, die Berechtigung dieser Angst zu verleugnen, indem sie die schreckenerregenden Szenen mit bestimmten Veränderungen wiederholen. Dieser Typus des Voyeurs verfügt über einen Hunger nach Deckerlebnissen, die zwar dem Original so ähnlich sind, daß sie für es eintreten können, aber in einem entscheidenden Punkt von ihm abweichen und damit Sicherheit bieten können, daß keine Gefahr vorliegt (...). Bei weiblichen Voyeuren, denen die Vorstellung, daß andere Mädchen einen Penis haben, keinen ausreichenden Schutz gegen den Kastrationskomplex zu bieten vermochte, kann die Schaulust von Anfang an ein Ersatz sadistischer Handlungen sein« (Fenichel, 1983, S. 219f.).

Auch Erikas Attacke gegen die Mutter im ersten Teil von *Die Klavierspielerin*, bei der sie ihr ein Haarbüschel ausreißt (K 9), läßt sich – analog zur Perversion des Zopfabschneidens (vgl. Fenichel, 1983, S. 220f.) – als Versuch verstehen, selbst Akteurin zu sein und somit die Angst vor der ›weiblichen Kastriertheit‹ zu bewältigen. All das verbleibt zunächst im Schema der klassischen Psychoanalyse der Weiblichkeit, geht aber insofern auch über sie hinaus, als *Die Klavierspielerin* den weiblichen Kastrationskomplex (»Die Frau kann ihre Lust nicht als etwas Materielles vorführen«, K 107) im Zusammenhang mit der Mutterproblematik und der Erfahrung der Geschlechterhierarchie entfaltet. In der phallischen Anmaßung Erikas geht es um den Phallus als Symbol des Subjektseins, der Aktivität und auch der Macht als Gegenwehr sowohl gegen die Mutter als auch gegen die Erfahrung weiblicher Ohnmacht und Passivität. Die sexuelle Problematik ist also auch eine Problematik der Selbstidentität und der Autonomie. Erika simuliert in ihren Aktionen der Selbstverletzung und des Schauens, daß sie sich nicht im ›weiblichen‹ Objektstatus befinde, sondern Subjekt und Akteurin sei; sie versetzt sich in die Position einer Schein-Autonomie. Die Dinge selbst in die Hand zu nehmen ist genau das, was die Mutter Erika verwehren will: »Die Mutter schwört, die Hand soll Erika abfallen, weil sie die Mama geschlagen und gerupft hat« (K 10).

Ist es die »väterliche« Klinge, mit der Erika sich die Selbstverletzungen beibringt, so ist es auch das ›väterliche‹ Auge, das sie sich in ihrem Voyeurismus zu eigen macht. Sie identifiziert sich ›väterlich‹, um sich paradoxerweise gegen Männer wie die Mutter behaupten zu können. Die antagonistische und gewaltsame Form dieser Selbstbehauptung aber ist nur die Kehrseite und Umkehrung ihrer Ohnmacht und ermöglicht keine wirkliche Selbst- und Subjektwerdung. Noch in ihren Ausbruchsversuchen bleibt Erika im Kreislauf der Macht befangen und perpetuiert sie – wenn auch in der Umkehrung – das Geschlechterverhältnis als Machtverhältnis. So ist auch ihre Affaire mit dem Studenten Klemmer von vornherein ein Machtspiel zwischen Lehrerin und Schüler. Klemmer will »ihr Lehrer« sein und sich seine Lehrerin »unterwerfen« (K 67), während Erika sich ihm als vaterloses Geschöpf präsentiert. Sie erzählt, daß »ihr Vater, vollständig umnachtet, in Steinhof gestorben« sei, um Gefühle bei Klemmer herauszuschinden: »Für ihr Leid verdient diese Frau jedes Gramm männlicher Zuneigung, das nur herauszuholen ist« (K 73).

Auf die ›Augenlosigkeit‹ des Vaters, der »blindwerdenden Auges« (K 95) in psychiatrische Verwahrung verbracht worden ist, reagiert die Tochter mit der Vision der »Auslagenscheibe eines Optikers, aus der es von Gläsern herausblitzte. Eine überdimensionale Brille hing, mit violetten Gläsern bestückt, über das Geschäft weit hinaus« (K 99). Im zweiten Teil von *Die Klavierspielerin* scheint der Tod des Vaters die voyeuristische Perversion Erikas endgültig zum Ausbruch gebracht zu haben. Mit dem Fernglas *des Vaters* (K 140) als ihrem ›verlängerten Auge‹ beobachtet Erika ein Liebespaar in den Prateraunen. Die Identifikation mit der väterlichen Position scheint hier vollkommen zu sein. Ist der Vater »vollständig um*nachtet*« in Steinhof gestorben, so scheint Erika sein Leben fortzusetzen, indem sie sich sein »*Nacht*glas« (K 141) zu eigen macht. In ihrem Voyeurismus also verleugnet sie die ›Kastration‹ – die Blindheit – des Vaters wie auch seinen Tod: Sie selbst ist zum Auge des Vaters geworden. Die phallische Besetzung des Kindes Erika durch den mütterlichen Narzißmus wird auf diese Weise potenziert; auch als Kind des *Vaters* befindet sie sich in der ›unweiblichen‹ Position. Soziale Wahrnehmungen wie die, daß in der Sexualität auch deklassierte Männer wie türkische Gastarbeiter noch dominant sind gegenüber der jeweiligen Frau, scheinen für Erika die Bevorzugung der männlichen Position noch zu verstärken. Eine Anerkennung der eigenen Weiblichkeit, der ›Kastration‹, wird damit aber unmöglich (vgl. Mahler-Bungers, 1988, S. 85). Erika vermag kein affirmatives Verhältnis zur eigenen Weiblichkeit zu entwickeln, sondern erfährt Weiblichkeit nur als Mangel und Ohnmacht, gegen die sie sich als »Herrin« zur Wehr setzen muß.

Eine richtige Form der geschlechtlichen Differenzierung gelingt Erika nicht – sie bewegt sich nur hin und her in einem System von falschen ›weiblichen‹ wie ebenso falschen ›männlichen‹ Identifikationen. So wie sie sich in ihrem Voyeurismus in die männliche Position begibt, um die Angst vor der eigenen Weiblichkeit und auch ihre Fixierung an die Urszene zu bewältigen (»Das tut Erika, damit sie nicht ausgeschlossen ist«, K 143), verleugnet sie in sadistischen Aktionen die eigene Angst, sexuell minderwertig zu sein. Sie ›kastriert‹ eine junge und hübsche Flötistin, die sich Klemmer annähern will, indem sie ihr Glasscherben in die Manteltasche steckt, eine Szene, die zugleich das Pendant ist zu ihrer masochistischen Handverletzung nach der Faszination durch den Penis des Burschi in ihrer Pubertät. Und sie ›kastriert‹ unmittelbar daran anschließend Klemmer, indem sie ihn sexuell erregt, mit den Zähnen traktiert und unbefriedigt läßt. Diese symbolische Entmannung, mit der sie sich Klemmer ganz zum Objekt macht und seine Hilflosigkeit genießt, ist für Erika »die absolute Kür in Sachen Zuschauen« (K 189). In ihrer Wahrnehmung und in ihrem Verständnis hat sie Klemmer damit zur ›Frau‹ gemacht.

Die eigene Weiblichkeit kann Erika nur als negativ und ekelhaft wahrnehmen (»Zwischen ihren Beinen Fäulnis«, K 198, »diese poröse, ranzige Frucht«, K 199). Sie hat die männliche Projektion von der Frau als »Loch« und »Nichts« internalisiert: »Entsetzt malt Erika sich aus, wie sie als ein Meter fünfundsiebzig großes Loch im Sarg liegt und sich in der Erde auflöst; das Loch, das sie verachtete, vernachlässigte, hat nun ganz Besitz von ihr ergriffen« (K 199). Eben weil sie einen misogynen Blick auf die eigene Weiblichkeit hat (vgl. dagegen Wright, 1993, S. 54), wird die Angst vor ihr überdimensional und muß sie in symbolischen Kastrationen bewältigt werden. Sie kastriert Klemmer erneut, indem sie ihm einen Brief mit masochistischen Anweisungen und bürokratisch festgelegten ›Strafen‹ schreibt und ihn auch noch zwingt, diesen Brief in ihrer Anwesenheit zu lesen. Klemmer versteht, daß Erika erreichen will, »daß er dadurch, daß er ihr Herr wird, niemals ihr Herr werden kann« (K 217). Die Unterwerfung und Vergewaltigung, oder doch zumindest deren »Ankündigung« (K 227), wird von Erika selbst gefordert und inszeniert und eben damit unterlaufen. Auch indem sie ihm ihre perversen Wünsche nicht sagt, sondern aufschreibt, behauptet sie ihre phallische (›schreibende‹) Position. Schon bei der ›kastrierenden‹ Fellatio im Ab-Ort der Schule hatte sie sich vorgenommen, das Schreiben an die Stelle der physischen Kastration zu setzen: »Erika setzt ihm die Zähne in die Schwanzkrone, der davon noch lange kein Zacken abbricht (...). Erika nimmt das Gerät wieder aus dem Mund und belehrt dessen Besitzer, daß sie ihm in Zukunft alles aufschreiben werde, was er mit ihr anfangen dürfe. Meine Wünsche werden notiert und Ihnen jederzeit zugänglich gemacht« (K 181). In der bürokratischen Verwaltung und Verschriftlichung noch ihrer Phantasmen der Unterwerfung behält Erika die Kontrolle und die Macht.

Das Verhältnis zwischen Lehrerin und Schüler bleibt auch in der masochistischen Vertauschung das »von Mann zu Frau« (K 190), nicht umgekehrt. Erika behält die männliche Position bei, und wie der Roman zunächst in der unendlich ausgedehnten Beschreibung von Erikas voyeuristischem Streifzug durch die Praterauen seine Leserinnen und Leser in die voyeuristische Position einzubeziehen versucht, versetzt er sie jetzt in die Position Klemmers, dessen Lektüre von Erikas Brief minuziös wiedergegeben wird. Nicht nur Klemmer, auch die Roman-Leserinnen und -Leser müssen Erikas Brief in allen seinen Details lesen, womit auf einer wohl eher parodistischen Ebene die Macht der ›Schrift‹ auch durch den Roman selbst reproduziert wird. Der Brief mit seinen masochistischen Arrangements aber stößt bei Klemmer nur auf Verständnislosigkeit und Protest, und Erika selbst ist froh, daß Klemmer sie nicht ausführt. Sie ist erleichtert, als er sie nicht schlägt, und scheint sich eben damit von den masochistischen Phantasmen loszulösen. Doch in Wirklichkeit vermag Erika nicht einmal zu ihren Phantasmen zu stehen, sondern gerät in Panik vor ihrer Realisierung. Die masochistische Lösung, bei der sie selbst die Arrangements trifft für die eigene Unterwerfung und die eigene ›Weiblichkeit‹ inszeniert, scheitert, weil sie selbst Angst bekommt und Klemmer sich weigert. Konsequent flüchtet sie sich nach der Auseinandersetzung mit Klemmer um den Brief in einem »halbherzigen« nächtlichen »Liebesangriff« auf die Mutter in die regressive Einheit mit der Mutter (»als wollte sie gleich noch einmal hineinkriechen, sich darin zu verbergen«, K 235), die wiederum der Angstbewältigung dient und endet mit dem Erschrecken Erikas, als sie das Schamhaar der Mutter erblickt. »Die Tochter schleudert der Mutter ins Gesicht, was sie soeben erblickt hat. Die Mutter schweigt, um es ungeschehen zu machen« (K 237). Beide finden wieder zusammen in der Nicht-Anerkennung der ›weiblichen Kastration‹, die sie jedoch nicht entmystifizieren, sondern verleugnen. Mutter und Tochter verbleiben mit ihrer Verleugnung im Rahmen einer Weiblichkeitskonstruktion, wie sie Freud formuliert hat und die zu dekonstruieren und entmystifizieren wäre:

»Was versteht Freud unter der ›Tatsache‹, die die Kinder erkennen? Die Mutter sei kastriert. Freud, der weiß, daß das nicht der Wirklichkeit entspricht, besteht auf dem ›Körnchen Wahrheit‹, das in der kindlichen Tatsachenverzerrung steckt: tatsächlich habe die Mutter keinen Penis. Mit dieser Feststellung, die, zur Kastriertheit mystifiziert, die Desexualisierung der kindlichen libidinösen Entwicklung (...) signalisiert, gibt Freud sich an diesem Dreh- und Angelpunkt seiner Weiblichkeitstheorie zufrieden, wo doch alles darauf ankäme, die infantilen Konstruktionen zu entmystifizieren und zu fragen, was die Psychoanalyse dazu beitragen könnte, die im Kastrationsmodell der Weiblichkeit ausgedrückte (...) Mystifizierung rückgängig zu machen und die vom phallischen Primat angehaltene Entwicklung weiterzutreiben (...). Statt dessen macht die Freudsche Theorie unkritisch die

Entwertung mit, der die Weiblichkeit für das in den Phallozentrismus gebannte Kind unterliegt« (Schlesier, 1981, S. 154).

Erika Kohut bleibt in der »infantilen Konstruktion« der Weiblichkeitstheorie Freuds befangen, und auch der Roman geht nicht über sie hinaus, sondern zeichnet nur ihre Auswirkungen in der extremen Form der Internalisierung bei der »Klavierspielerin« nach. Zugleich aber entlarvt er das klassische psychoanalytische Kastrationsmodell der Weiblichkeit als Spiegelung der Geschlechterhierarchie und des Gewaltverhältnisses unter den Geschlechtern. Nach einem erneuten Liebesversuch mit Klemmer, bei dem er impotent bleibt und sie beleidigt, spickt sich Erika »mit Haus- und Küchengerät« (K 251), mit Wäscheklammern und Nadeln, um sich so ihrer ›Weiblichkeit‹ vor dem Spiegel zu versichern. Nicht Klavierlehrerin, sondern Hausfrau zu sein, wäre mithin eine der Formen ›weiblicher Kastration‹; als Lehrerin hat Erika bereits den Rahmen der ›Frauenrolle‹ gesprengt. Schließlich erscheinen ihre masochistischen Arrangements, wie sie sie im Brief an Klemmer formuliert hat und mit deren Hilfe Gewalt nicht nur zugelassen, sondern auch kontrolliert wird, rückwirkend als Schutzmaßnahmen gegen die krude Gewalttätigkeit, mit der Klemmer sie am Schluß aus Rache zuhause überfällt. In ihren Perversionen hat Erika eine solche sexuelle Gewalttätigkeit symbolisch in Schach gehalten, und insofern setzt die Realität der Gewalt ihre Phantasien nachträglich ins Recht.

So wie sich die masochistischen Phantasien Erikas als vorwegnehmende Spiegelung ihrer Vergewaltigung erweisen, die sie zu verhindern und zu kontrollieren versucht, spiegelt sich auch in der letzten Szene des Romans eine frühere wider. Hatte Erika zuvor die junge Flötistin für ihre Annäherung an Klemmer ›bestraft‹ mit einem sadistischen Angriff durch Glasscherben in ihrer Manteltasche, so beobachtet sie am Schluß Klemmer mit einem jungen Mädchen (»Sie schaut zu«, K 282) und versucht, sich mit einem Messer umzubringen. Ihr Sadismus richtet sich jetzt gegen sie selber, nachdem sie zuvor schon von ihrer Ermordung durch Klemmer geträumt hat. Aber auch der Selbstmordversuch geht ihr daneben, und nur an der Schulter verletzt geht sie in die einzige Richtung, die ihr offensteht: nach Hause, zu ihrer Mutter zurück.

Jelinek selbst hat in einem Interview, das vor allem auf die zahlreichen autobiographischen Motive in *Die Klavierspielerin* eingeht, darauf hingewiesen, daß der Schluß des Romans ein Zitat von Kafkas *Der Prozeß* enthält (Interview Bei/Wehowski, 1984, S. 42). Bei Kafka heißt es am Schluß:

»Wie ein *Licht* aufzuckt, so fuhren die *Fensterflügel* eines Fensters dort *auseinander*, ein Mensch schwach und dünn in der Ferne und Höhe beugte sich mit einem Ruck weit vor und streckte die Arme noch weiter aus. Wer war es? Ein Freund? Ein *guter Mensch*? Einer der teilnahm? Einer der *helfen* wollte? (...) Aber an K.s Gurgel *legten sich die Hände* des einen Herrn, während der andere *das Messer ihm ins Herz stieß und zweimal dort drehte*« (Kafka, 1993, S. 244, Hervorh. MJ).

Bei Jelinek heißt es dagegen:

»*Fenster* blitzen im *Licht*. Ihre *Flügel öffnen sich dieser Frau nicht*. Sie öffnen sich nicht jedem. *Kein guter Mensch*, obwohl nach ihm gerufen wird. Viele wollen gerne *helfen*, doch sie tun es nicht. (...) *Keiner legt eine Hand an sie*, keiner nimmt etwas von ihr ab. Schwächlich blickt sie über die Schulter zurück. *Das Messer soll ihr ins Herz fahren und sich dort drehen!*« (K 283, Hervorh. MJ).

Während bei Kafka der Mord als Ritual dargestellt ist, das zwei Herren im schwarzen Gehrock an K. ausführen, wird Erika K. nicht einmal die ›Ehre‹ einer solchen Opferung zuteil. Das Schicksal »dieser Frau« ist für niemanden von Interesse. Dem noch in der äußersten Entwürdigung ›großartigen‹ und erhabenen Mord bei Kafka als einer typischen Männerphantasie wird die Gleichgültigkeit gegenüber der »Frau« entgegengesetzt – einer Frau, die weder einer Ermordung für ›würdig‹ befunden wird noch selber die Kraft hat, ernsthaft Hand an sich zu legen. An die Stelle des phallischen Rituals bei Kafka tritt eine harmlose Verwundung, die bei den Passanten auf der Straße allenfalls auf Erstaunen stößt. Der große Abgang, und sei es auch als Opfer, bleibt der »Frau« versagt.

Die Beziehung des Schlusses von *Die Klavierspielerin* auf Kafka wird sich indessen, da dieser intertextuelle Bezug im Text selber nicht markiert ist, kaum einer Leserin oder einem Leser vermitteln. Ohne diesen Bezug aber liest sich die erneute Selbstverletzung Erikas am Schluß des Romans nur als Wiederholung ihrer masochistischen Selbstschlachtungen, in denen sie sich auf aussichtslose Weise immer wieder ihrer Weiblichkeit zu versichern versucht, indem sie die Kastration als selber Kastrierende inszeniert. Die Interpretation, die Jelinek selbst ihrem Text durch den Hinweis auf die Kafka-Paraphrase zu geben versucht hat, ist hier – wie bei manchen der von der Autorin in Interviews vorgenommenen Selbstdeutungen ihrer Texte – eher mit Vorsicht zu behandeln. So hat sie z.B. auch in ihrem Essay *Schamgrenzen? Die gewöhnliche Gewalt der weiblichen Hygiene* der Szene, in der Erika sich mit Wäscheklammern und Stecknadeln malträtiert, eine wohl doch zu kurz greifende Botschaft unterlegt: daß nämlich hier die Frau die Haushaltsinstrumente nicht im Dienste von Männern für die Sauberkeit verwende, sondern mit ihnen die Mißachtung der Frau demonstriere: »Frauen *sind*, indem sie den Schmutz wegputzen, den die Männer ihnen hinterlassen« (Jelinek, *Schamgrenzen*, 1984, S. 139). Diese Interpretation Erikas als Protestlerin gegen ›Hygiene‹ und Hausarbeit blendet den komplexen und spezifischen psycho-sozialen Zusammenhang der Erika-Figur aus und läßt sie zur Repräsentantin ›der Frau‹ überhaupt werden, wie denn der *Schamgrenzen*-Aufsatz insgesamt leidet an allgemeinen Statements über ›die Männer‹ einerseits und ›die Frauen‹ andererseits sowie an vordergründigen Schuldzuweisungen: »Männer wollen den Dreck nicht sehen, den sie anrichten. Sie wollen die Frauen zu Wesen machen, die nicht und nichts sind (...)« (ebd., S. 138).

Die Botschaft, die hier im Zusammenhang mit *Die Klavierspielerin* von Jelinek formuliert wird, fällt deutlich hinter den Roman zurück. Fast scheint es, als reproduziere die Autorin mit ihren dem Roman bloß aufgepfropften, vermeintlich feministischen Interpretationen die Verleugnungsmechanismen der Erika-Figur noch einmal. Denn was diese Figur letztlich ausmacht, ist ihre vollkommene Unfähigkeit, sich selbst als Frau zu definieren und über die misogyne Männerprojektion, daß die Frau »das Nichts« und »den reinen Mangel« (K 54) repräsentiere, hinauszugelangen. Diese Erika bewegt sich immer nur hin und her zwischen den Vorstellungen vom ›Nichts‹ und vom ›Phallus‹, kann also Weiblichkeit nur entwertend und negativ: als Ermangelung des Phallus verstehen. Erika hat psychisch den Schritt zu einer Anerkennung der Kastration, die *nicht* zusammenfallen würde mit ›Penisneid‹, nicht vollzogen; ausdrücklich heißt es denn auch, daß sie »keine Geschichte« (K 15) habe. Ihr psychologisches Geschlecht bildet sich nicht aus. Sie bleibt das ›Kind‹, der Phallus ihrer Mutter, und wird psychisch nicht zur ›Frau‹. In der schrecklichen Inzest-Szene ist sie empört darüber, daß die Mutter keinen Penis hat (und es ist bezeichnend für sie, daß sie unentwegt den Phallus naturalistisch mit dem Penis verwechselt). Sie verachtet eine Weiblichkeit, die sie sich nur als defizitären Status vorstellen kann. So wie sie dafür Kompensationen sucht in der Herrschaft über den ›Mann‹ und in *seiner* symbolischen Kastration, bleibt sie in ihrem Voyeurismus ständig auf der Suche nach einem verborgenen Phallus der Frau:

»Im Billigfilm blickt man tiefer, was die Frau betrifft. Beim Mann kann man nicht so weit vordringen. Doch ein Letztes sieht keiner; selbst wenn man die Frau aufschnitte, sähe man nur Gedärme und Innenorgane. Der aktiv im Leben stehende Mann wächst auch körperlich eher nach außen. (...) Der Mann muß oft das Gefühl haben, denkt Erika, daß die Frau ihm etwas Entscheidendes in dieser Unordnung ihrer Organe verbirgt. Gerade diese allerletzten Verborgenheiten stacheln Erika an, immer Neues, immer Tieferes, immer Verboteneres betrachten zu wollen. Sie ist stets auf der Suche nach einem unerhörten Einblick« (K 109).

Erikas Voyeurismus will in die Frau »vordringen«, um sich dessen zu vergewissern, daß da – wie es entlarvend heißt – »*nur* Gedärme und Innenorgane« sind, und erneuert und reproduziert eben damit ständig die Vorstellung, daß die weibliche Sexualität ein defizitärer Modus der männlichen sei. Eine richtige Vorstellung von der Geschlechterdifferenz vermag Erika nicht zu entwickeln, sondern sie verbleibt völlig in unbewußt misogynen und patriarchalen Mustern und Vorstellungen von der Weiblichkeit. Der ›Geschlechterkampf‹, als den der Roman das Verhältnis zwischen den Geschlechtern nicht nur darstellt, sondern immer wieder auch benennt, läßt sich ebensowenig wie Erikas »phallische Anmaßung« (Jelinek im Interview Bei/Wehowski, 1984, S. 2) einfach auf einer ›feministischen‹ Seite verbuchen. Antagonistisch stehen sich ›Mann‹ und ›Frau‹ in *Die Klavierspielerin* letztlich auch deshalb gegenüber, weil eine richtige Form der Geschlechterdifferenzierung von Erika psychisch nicht vollzogen werden kann und sie permanent am ›Mann‹ die Destruktion der phallischen Mutter zu vollziehen versucht. Im masochistischen Arrangement ist Erika zugleich die ›befehlende‹ Mutter und das ›gehorchende‹ Kind, ist sie ›Sklavin‹ und ›Herrin‹, ›Mann‹ und ›Frau‹, weil sie sich überhaupt nicht differenzieren kann. In der familiären Konstellation der Kohuts ist dieses Durcheinander vorgegeben. Erika ist das ›Kind‹ und der ›Ehemann‹ der Mutter; nicht nur die Unterschiede der Geschlechter, sondern auch der Generationen geraten in Verwirrung bzw. werden verleugnet (vgl. Mahler-Bungers, 1988, S. 84). Erika hat sich psychisch nicht geschlechtet, bleibt geschlechtslos, und inszeniert auf aussichtslose, weil nur *destruktive* Weise ihre eigene ›Frauwerdung‹ in den masochistischen Zerstörungen des eigenen Körpers. Ihr ganzer Haß richtet sich nicht nur gegen das männliche, sondern auch gegen das weibliche Geschlecht. Wo immer sie vermutet, daß andere eine Geschlechtsidentität haben – wie z.B. die junge Flötistin –, agiert sie destruktiv: »Was sie nicht haben kann, will sie zerstören« (K 84).

Annegret Mahler-Bungers hat die interessante These vertreten, daß sich die Destruktivität der Erika-Figur auf der Ebene des Romans und in seiner Schreibweise wiederhole. An der Art und Weise, wie die Texte von Schubert-Liedern als entstellte Zitate etwa in der Voyeurismus-Szene auftauchen, hat sie abzulesen versucht, daß der Roman selbst der Welt der Wahrnehmungen pathographisch zu Leibe rücke und sie in ein »Nichts« zu verwandeln versuche (Mahler-Bungers, 1988, S. 89ff.). Jelinek verwandle die symbolische Geschichte der Kastration in der Psychogenese des Menschen in eine ganz äußerliche und stelle sie zudem unter die Herrschaft des Todestriebs: die Kastration werde zur Schlacht-Szene. Entsprechend zielten auch die sprachlichen Bemühungen des Textes darauf, alles »schlachtermäßig wegzukastrieren« (ebd., S. 91), was sich in der Sprache bzw. in den Liedern Schuberts an Emotionalität und Humanität finde. Der Roman versuche, die Leserinnen und Leser selbst zu Voyeuren einer sadomasochistischen Sexualität zu machen. Er sei gekennzeichnet durch die »vollkommene Abwesenheit von Trauer und damit von Liebe (...), ein Mangel, der ein wesentliches Moment der Pathologie der Erika Kohut darstellt, die nur primärprozeßhaftes Lieben kennt wie in einer nächtlichen Szene, während sie über ihre Mutter liebestoll herfällt (...)« (ebd., S. 93).

Mahler-Bungers versucht dann doch, der im Text *nicht* formulierten Trauer auf die Spur zu kommen. Es sei die Trauer um den verlorenen Vater – eine Interpretation, die freilich nur möglich wird, indem sie verharmlost, daß Erikas Diskurs über den Vater im Roman nicht nur ironisiert, sondern als vollkommener Zynismus dargestellt ist, wenn es heißt:

»Erika sagt in sanfter Musik, daß ihr Vater, vollständig umnachtet, in Steinhof gestorben sei. Daher müsse man im Grunde Rücksicht auf Erika nehmen, denn Schweres habe sie schon durchzumachen gehabt. (...) Erika will bei Klemmer einige Gefühle herausschinden und setzt rücksichtslos den Meißel an. Für ihr Leid verdient diese Frau jedes Gramm männlicher Zuneigung, das nur herauszuholen ist. Das Interesse des jungen Mannes erwacht sofort neu und grell« (K 73).

Der Roman verdrängt und ›verheimlicht‹ keine Trauer oder Liebe Erikas, sondern diagnostiziert ihre Trauer- und Liebesunfähigkeit. Das von Mahler-Bungers als destruktiv empfundene Verfahren, die Dimensionen von Trauer und Liebe etwa in den zitierten Texten der Schubert-Lieder wegzuschneiden, beruht darauf, daß diese Texte (das Verfahren wird in *Lust* übrigens fortgesetzt) unmittelbar in Sexuelles übersetzt werden. So wird aus Schuberts bzw. Wilhelm Müllers Wanderer nach einer verlorenen Liebe aus *Die Winterreise*

(»Was vermeid' ich denn die Wege,/Wo die ander'n Wand'rer geh'n,/ Suche mir versteckte Stege (...)/Habe ja doch nichts begangen,/Daß ich Menschen sollte scheu'n«) bei Jelinek die durch die winterlichen Praterauen streunende Voyeurin:

> »Ihr verlängertes Auge ist das Fernglas. Sie vermeidet die *Stege, wo die anderen Wanderer gehen*. Sie sucht die Punkte, wo die *anderen Wanderer* sich vergnügen – immer zu zweit. Sie hat ja doch *nichts begangen*, daß sie *Menschen scheuen sollte*. Sie späht unter Zuhilfenahme des Sehgeräts nach Paaren aus, vor denen andere *Menschen* zurück*scheuen* würden« (K 140, Hervorh. MJ).

Den Diskurs der Liebe im Schubert-Lied übersetzt Jelinek im entstellenden Zitat in den der Sexualität bzw. des sexuellen Akts. Damit scheint sich das Verfahren der Psychoanalyse anzunähern, die jedoch veräußerlicht, von der symbolischen auf eine naturalistische Ebene gebracht wird. Das Erzählverfahren des Romans ist nicht psychoanalytisch, obwohl er sich weitgehend als Krankengeschichte einer Masochistin lesen läßt. Letztlich bleiben alle Figuren des Romans, auch Erika, fassadenhaft und ganz Oberfläche. Wie in *Die Ausgesperrten* wird auch hier die Dimension des Unbewußten ausgeblendet, aber paradoxerweise gerade dadurch, daß sie ganz nach außen gekehrt und in ›Sexualität‹ übersetzt ist. Erika hat keine Kastrationswünsche, sondern kastriert; sie hat keine inzestuösen Phantasien, sondern überfällt die Mutter usw., d.h. sie erscheint als Akteurin dessen, was die Psychoanalyse zu enthüllen versucht. Doch was die Psychoanalyse als *Vorstellung* bzw. *Deutung* behandelt wissen will (den Phallus, die Kastration), nimmt der Roman ganz konkret und ›realistisch‹. Eben damit aber ist die Psyche der Figuren zerstört, bleibt sie ohne Tiefendimension, ohne Trauer und Liebe. So gewiß Mahler-Bungers recht hat mit der These, daß *Die Klavierspielerin* im Grunde ein Roman ist über die Absenz des Vaters und die damit verbundene Unfähigkeit der Tochter, ihr psychisches Geschlecht als ›Frau‹ zu entwickeln (vgl. auch Appelt, 1989, S. 117), verbietet sich der Roman doch eben die Trauer um den verlorenen Vater, und genau das wäre vielleicht der Ansatzpunkt für eine adäquate psychoanalytische Interpretation (vgl. auch Jelinek, *Erschwerende Umstände oder Kindlicher Bericht über einen Verwandten*, 1978). Wenn Patricia Jüngers Vertonung des Romans den Zwangscharakter, die Wiederholungen, das Zeremonielle der Selbstzerstörungsakte Erika Kohuts betont, so trifft das wohl den verschwiegenen Gehalt eines Textes, der in seiner Schreibweise noch die Psychoanalyse selber zum masochistischen Ritual erstarren läßt.

IV. Mythen der Frau, Natur und Sexualität

1. Krankheit oder Moderne Frauen

Ihrem Theaterstück *Krankheit oder Moderne Frauen* hat Elfriede Jelinek ein Zitat von Eva Meyer vorangestellt. »In chinesischen Legenden«, so heißt es, »steht geschrieben, daß große Meister in ihre Bilder hineingingen und verschwunden sind. Die Frau ist kein großer Meister. Deshalb wird ihr Verschwinden nie vollkommen sein. Sie taucht wieder auf, beschäftigt wie sie ist, mit dem Verschwinden« (KM 5).

Obwohl hier von Malern die Rede ist, ist mit den »großen Meistern« auf das angespielt, was Lyotard als die »großen Erzählungen«, die *grands récits* der Moderne bezeichnet hat: so etwa die Philosophie der Aufklärung mit ihrem ethisch-politischen Ziel des ewigen Friedens, die Dialektik des Geistes bei Hegel, die Hermeneutik des Sinns bei Schleiermacher und die Emanzipation des arbeitenden Subjekts bei Marx (Lyotard, 1986). Daß die Frau an diesen »großen Erzählungen« nicht als Erzählende beteiligt war, mag gemeint sein, wenn es heißt: »Die Frau ist kein großer Meister.« Beteiligt war aber die Frau – so läßt sich Jelineks Zitat im Hinblick auf ihre eigene literarische Verfahrensweise verstehen – als Teil der Bilderwelt der »großen Meister«, in der sie selbst als Subjekt zu verschwinden schien, aber doch »nie vollkommen«, so sehr sie auch darum bemüht sein mochte. Die Differenz zwischen Bild und weiblicher Realität läßt ein Verschwinden der Frau in den patriarchalen Projektionen der Moderne nicht zu: »Sie taucht wieder auf, beschäftigt wie sie ist, mit dem Verschwinden.«

Doch als was taucht sie auf? Eben als eine, die sich die männlichen Projektionen anzueignen versucht, die also die Möglichkeit, mit ihnen kongruent zu werden, auf die Spitze treibt und damit die Monstrosität von Bildern, die nicht von ihr selbst produziert worden sind, überhaupt erst sichtbar werden läßt. Jelinek begegnet den patriarchalisch geprägten Weiblichkeitsbildern nicht mit der abstrakten Behauptung weiblicher Alterität, sondern mit der Aneignung und Sinnentleerung dieser Bilder. Sie bleiben, absurd geworden, schließlich als leere Hülle zurück.

Das für Jelinek charakteristische Verfahren einer solchen Sinnentleerung ist die Umkehrung vorgegebener Weiblichkeitszuschreibungen. Ihre Schreibweise besteht im Vollzug von Perversionen, bei
denen sich kein neuer Sinn, keine positive Neubestimmung des
Weiblichen und der Frau herstellt. Es bleibt vielmehr bei der Verkehrung eines Falschen, das ins Richtige zu wenden unmöglich zu
sein scheint. Jelineks Perversionen weisen immer nur auf das schon
Verkehrte zurück, d.h. auf das Weibliche als männliche Projektion,
die das Weibliche nur als das andere *des Männlichen* – damit aber
auch als Abhängiges und Sekundäres – zu bestimmen vermag. Und
in eben diesem Zurückweisen auf einen Spiegel, in dem immer nur
die männliche Kopfgeburt der Frau erscheint, ist wohl die Zirkel-
haftigkeit der Jelinekschen Texte begründet, die keineswegs in Übereinstimmung zu bringen ist mit verkitschten Vorstellungen vom
Kreis oder gar vom Runden als Figur einer – natürlich – ›weiblichen‹ Ästhetik.

In extremer Weise ist das Verfahren durchgeführt in dem Stück
Krankheit oder Moderne Frauen, in dem die gängigen kulturellen
Stereotypen, Ideologien, Mythen und Images des Weiblichen und
der Frau in einem grotesken Bildertaumel Revue passieren. Das Stück
steht in der Tradition des *Grand Guignol*, ist ein grausam-monströ-
ses Kasperle-Theater, in dem die äußerste Künstlichkeit umschlägt
in die Darstellung des rohen Naturzustandes, der Barbarei. »Natur
bin ich, erinnere daher oft an Kunst« (KM 8), sagt die Hauptfigur
Emily, eine Reinkarnation der Emily Brontë als »Krankenschwester
und Vampir« (KM 5), und verkehrt damit den Satz von der Nachahmung der Natur in der Kunst zum Nonsens. Als Nonsens erscheint auch die Vorstellung von der Frau als Natur. Denn indem
ein weiblicher Vampir, die Unnatur schlechthin, sich als Natur bezeichnet, ist die Zuordnung von Frau und Natur ins Absurde pervertiert.

Die beiden Hauptfiguren – neben Emily gibt es noch Carmilla,
Titelfigur einer Vampir-Erzählung aus dem 19. Jahrhundert (Le
Fanu, 1979) – haben zunächst nur dieselben Klischees im Kopf, die
die beiden männlichen Figuren – Dr. Heidkliff und Dr. Hundekoffer – pausenlos propagieren. Doch als Vampire verkehren sie die
angeblich natürliche Bestimmung der Frau. Statt Leben zu ›schen-
ken‹, saugen sie die Kinder aus, ›nehmen‹ ihnen das Leben. Das
Gebären zu verweigern wird zur Bedingung des Begehrens. So ka-
lauert Emily gegenüber Carmilla, die gerade ihr sechstes Kind geboren hat: »Ich gebäre nicht. Ich begehre dich« (KM 21). Auf der

Ebene der Objektsprache bezeichnen diese Sätze den Lesbianismus Emilys. Durch das Anagramm des ›Gebärens‹ im ›Begehren‹ aber wird zugleich eine metasprachliche Ebene (Barthes, 1983, S. 77f.) eingeführt, die es nicht mehr erlaubt, den Ausspruch Emilys so zu lesen, als sei hier von einem Begehren im objektsprachlichen Sinn die Rede. Das ›Begehren‹ ist nur die sprachliche Perversion des ›Gebärens‹, ist ein Sprachspiel ohne Objektbezug, ohne Referenz zur Realität. Zugleich aber setzt das Stück eben dieses Sprachspiel in Szene. Es inszeniert die metasprachliche Ebene, indem es die Theaterfigur Emily lesbisch sein läßt und damit scheinbar – auf der Ebene des ästhetischen Scheins – ein objektsprachliches Verstehen der Sätze Emilys zuläßt.

Die Verwandlung von Objektsprache in Metasprache und *deren* Inszenierung ist grundlegend für Jelineks sprachliches Verfahren, dem damit übrigens sein Theater schon so immanent ist, daß eine *mise-en-scène* fast als Tautologie erscheint. Wie diese Verwandlung funktioniert, zeigen die Blasphemien des Stücks. Der Affront richtet sich gegen das christliche Mutterbild der ›reinen Magd‹, und zwar sowohl gegen die Desexualisierung der Frau als auch gegen ihre Inferiorisierung zur ›Magd‹. Die Szene ist, grob skizziert, wie folgt: Emily schenkt durch ihren Vampirbiß der nach der Geburt ihres sechsten Kindes gestorbenen Carmilla das ewige Leben, freilich das eines Vampirs. Daß diese Szene nichts anderes ist als die Inszenierung einer sprachlichen Perversion, wird klar, wenn Emily kommentiert: »Von dem ich esse, der wird ewig leben« (KM 22). Emily also pervertiert die Abendmahlsformel, und eben diese sprachliche Perversion, die als solche metasprachlich – auf eine vorgegebene sprachliche Formel bezogen – ist, wird mit dem Vampirbiß inszeniert.

Der weibliche Vampir also ist zunächst die Verbildlichung der Opposition gegen das christliche Bild der Mutter. In »allem und jedem«, so Emily, sei sie »unerbittliche Opposition« (KM 22). Carmilla wird, das verspricht Emily ihr, nach ihrer Verwandlung zum Vampir nicht mehr die »Magd« ihres irdischen Herrn sein. Als eine, die dann ewig lebt, ist sie der Ökonomie der Fortpflanzung entzogen und scheint sie – wie Emily, wenn diese von sich sagt: »Ich bin der Anfang und das Ende« (KM 22) – Gott gleich geworden zu sein. Und Benno Hundekoffer, Carmillas Mann mit dem sprechenden Namen, bellt aus heller Empörung gegen diese Anmaßung der Frauen, mit der sie sich dem von seiner Partei, der österreichischen »Christel-Union« vertretenen »Gottesgebot« zur dienenden Mutterschaft, entziehen: »Ihr könnt, wenn ihr wollt, die Wundmale Christi aufweisen. Und was macht ihr daraus?« (KM 57).

Auch Bennos Zote ist Metasprache: sie nimmt Bezug auf das psychoanalytische Stereotyp von der weiblichen ›Wunde‹, der angeblich kastrierten Frau. Wenn die Frauen sich aus Bennos Sicht mit Gott vergleichen wollen, so allenfalls mit dem ›weiblich‹ konnotierten, leidenden Christus, mit Blut und Wunden der Kreuzigung. Gottähnlichkeit wird ihnen nur zugestanden, sofern sie sich festschreiben lassen auf den Opferstatus. Als wundenschlagende Vampire – als Subjekte von Aggression und Verletzung – aber werden sie zum leibhaftigen Antichrist.

Daß die Frauen nichts aus der weiblichen ›Wunde‹ machen, also ihre Sexualität nicht der Fortpflanzung unterstellen, ist die äußerste Provokation für die Männerfiguren des Stücks, die darauf mit faschistoiden Ausrottungsplänen gegen das weibliche Geschlecht reagieren, denen Emily und Carmilla am Ende zum Opfer fallen. Es siegt der angeblich gesunde Volks- und Klassenkörper, die Allianz von Arzt und Steuerberater, über die pervertierte weibliche Natur, gegen die im Namen von Umweltschutz, Volksgesundheit und Sozialhygiene zu Felde gezogen wird. In einer auf Schwachsinn regredierenden Sprache, in Dumm-Deutsch, Mann-Deutsch und Goebbels-Deutsch, werden die Frauen als »Risikogruppen«, »K-Gruppen« und »Krupp-Husten« (KM 58) bekämpft. Die Diffamierung grenzt die Frauen als ›Krankheit‹ aus. Sie werden gleichgesetzt mit Schwulen, Kommunisten und Luftverpestung; in nur etwas ›modernisierten‹ Varianten wird das ganze Vokabular des Antisemitismus neu aufgelegt.

In der Sprache der Bürokratie hatten die Männer dagegen am Anfang des Stücks über die Frauen gesprochen. So etwa mit dem Slogan: »Verwalten, nicht vergewaltigen!« (KM 26) oder mit der Bezeichnung des Zeugungsakts als »Gesuch« (KM 21) an den himmlischen Chef. Selbstverständlich spricht kein Mensch so. Das sprachliche Verfahren unterstellt hier jeweils einen Subtext – das Klischee von der Frau als Natur oder die Parteiparole vom »Gottesgebot« (KM 13) der Mutterschaft –, der als Folie, auf der sich die Sprache der Figuren abspielt, mitgelesen werden muß. Die manifeste Sprache des Stücks also basiert auf Stereotypen über das Weibliche und die Frau, die in sie eingelassen sind, ohne jeweils noch explizit gemacht zu werden, so daß sich eine immanente Intertextualität herstellt, die nicht zuletzt den grausigen Witz der im Stück gesprochenen Sprache produziert. Es entsteht ein Verdopplungseffekt. Die manifeste Sprache ist Sprache in der Sprache, Spiegelung und Verdopplung der falschen Sprache und des falschen Denkens, das ihm zugrunde liegt. Die Verdopplung wird so auch zum *double bind*. Weder die manifeste Sprache des Stücks noch ihr Subtext sagen etwas Richtiges aus. Falscher Spiegel eines schon Falschen, bleibt die Sprache des Stücks im Feld der männlichen Projektionen über das Weibliche und die Frau, und auch das Lachen und der Witz treiben nur bis an deren Ränder.

Auf dieser Funktionsweise der Jelinekschen Sprache beruhen auch die Variationen des cartesianischen ›Cogito‹, das den zentralen Subtext für das Stück bereitstellt. Auf höchst intrigante Weise wiederum wird es verbunden mit einem mythologischen Subtext: dem Bild von Medusa, das nur an einer einzigen Stelle explizit wird, wenn Dr. Heidkliff, der »Facharzt für Kiefer- und Frauenheilkunde« (KM 5), gegenüber der Mutter-Figur Carmilla seine Honneurs macht, indem er sagt: »Gnädige Frau. Im besten Fall sind Sie Anlaß für einen Helden, Ihnen den Kopf abzuschneiden« (KM 30). »Kopf ab« und – in der Nazi-Version – »Rübe ab« (KM 62) sind am Schluß die Parolen der Männerfiguren, wenn sie gegen die Frauen ins Feld ziehen. Indem sie mit ihren Geschossen »Leibslöcher« und »Wundhöhlen« (KM 65) schaffen, machen sie aus den Frauen wieder das, was sie immer schon in ihnen sehen wollten: die angeblich Kastrierten, die allenfalls ein Kind als symbolischen Phallus aufbieten können.

Die beiden Männerfiguren erweisen sich damit als gelehrige Freudianer. In ihrem yuppiehaften Heldenleben haben sie selber weder Kopf noch Körper. Das cartesianische ›Cogito‹ hat sich bei ihnen reduziert aufs bloße Funktionieren im kapitalistischen System. Sie sind keine Individuen, sind austauschbar, haben kein Gedächtnis und erinnern sich nicht einmal mehr an ihre »mnemotechnischen Hilfen« (KM 11). Depersonalisiert, wie sie sind, ist ihnen der Körper entfremdet zur sportlichen Hochleistungsmaschine und können sie ihre vermeintliche Lust nur noch registrieren am »Dokument« (KM 50) ihres Geschlechts. Um so monströser muß ihnen die phallische Anmaßung Emilys erscheinen, die sich einen ausfahrbaren Zahn installieren läßt, um Lust »vorzeigen« (KM 33) zu können. Auch Carmilla überschreitet die Grenzen der Geschlechterdichotomie, indem sie zum Vampir wird. »Dadurch, daß meine Frau Carmilla jetzt Blut ißt«, empört sich Benno, »hat sie etwas Männliches bekommen, das mir nicht gefällt« (KM 52).

Die phallische Anmaßung Emilys gipfelt in ihrem Bonmot (Malmot?): »Ich denke, daher bin ich. Ich trinke, daher geht es mir gut« (KM 19). Sie nimmt für sich den ›männlich‹ konnotierten Logos – Denken und Sprache, denn sie ist ja auch Schriftstellerin, ist eine Reinkarnation von Emily Brontë – ebenso in Anspruch wie das gleichfalls ›männlich‹ konnotierte Sich-Ernähren vom Blut anderer, das der Steuerberater Benno etwa in seiner Redewendung formuliert: »Ich nehme es vom Lebendigen« (KM 24). Die übertragene Bedeutung dieser Redewendung, den kapitalistischen Vampirismus, freilich verwirklicht Emily nicht. Sie realisiert ›nur‹ die wörtliche Bedeutung, trennt den *sensus allegoricus* vom *sensus litteralis* und inszeniert als Vampir den buchstäblichen Sinn der Rede. Ein solches Buchstabieren ist für sie als Dichterin, die sich als »der Anfang und das Ende« (KM 22), das A und O auch des Alphabets bezeichnet, Profession. Sie, die mit Sprache Beschäftigte, spricht nicht nur, sondern setzt auch die Sprache in Szene und provoziert mit dieser Anmaßung an ›männlichen‹ Geist und ›männliche‹ Regie den mörderisch-schrillen Rückpfiff auf die ›weibliche‹ Position. »Ihr habt Lippen«, so schreit Heidkliff aufgebracht gegen die Frauen: »Ihr habt Lippen und nutzt sie wofür? Wozu? Zum Sprechen!« (KM 57).

Die Frau also soll sich auf ihre Schamlippen reduzieren. Alles andere erscheint als Affront gegen die angebliche weibliche Natur. »Kopf ab«, »Rübe ab«, heißt es, wenn die Frauen die Grenzen des biologischen Geschlechts überschreiten. Nur als geistig wie körperlich angeblich Kastrierte wird ihnen eine Daseinsberechtigung zugestanden; andernfalls holt Perseus wieder zum Schlag aus. Mit ihrem Satz: »Ich denke, daher bin ich. Ich trinke, daher geht es mir gut«, aber setzt Emily sich sozusagen wieder den Kopf auf die Schultern und zeigt sie die Zähne des Vampirs. Aus der angeblich Kastrierten wird das Bild der Kastrierenden – ein Bild, in dem die männliche Projektion zurückgespiegelt wird, ohne daß diese Variante der Medusa als neuer Mythos Frau, als positive Utopie des Weiblichen geltend gemacht werden könnte. Der Vampir als die kastrierende Medusa bleibt als Perversionsfigur auf die männliche Projektion der kastrierten Medusa (wie Freud sie gesehen hat) bezogen und damit auf ein Falsches, wenn auch umkehrend, fixiert. Die Umkehrung eines Falschen erzeugt noch nichts Richtiges, der Bereich der männlichen Projektionen wird nicht verlassen, nur daß die Frauenfiguren als Akteurinnen des Umkehrens ihren Objektstatus aufgegeben haben und eben diesen Übergang zum Subjekt der Sprache inszenieren.

In anderer Weise als Emily variiert Carmilla Descartes mit ihrem Spruch: »Ich bin krank, daher bin ich« (KM 44). Er erklärt sich auf der Folie, daß Carmilla die männliche Projektion der ›Mutter‹ verkörpert, die sie sich selbst zu eigen gemacht hat. »An dir ist nichts«, sagt ihr Mann Benno zu ihr: »Aber in dir entsteht vieles« (KM 13). Dementsprechend sieht Carmilla sich selbst als ein »Nichts«, das jedoch »dehnbar« ist (»Werde dehnbar!«, KM 27, sagt sie zu Emily): die werdende Mutter erscheint sozusagen als eine Comics-Variante der *res extensa*. Ausdrücklich versteht Carmilla sich selbst als abgenutztes Fernsehserien-Klischee. Indem sie sich zum Medienbild der ›Mutter‹ deklariert, wird implizit auch schon Emily, der Vampir, als Medienbild, als typisch filmische Figur, eingeführt. Der Text setzt nicht nur Sub*texte* voraus, sondern nimmt auch die Bildersprache von Comics, Fernsehen und Film zum Hintergrund, auf dem sich seine eigene Wort- und Bildersprache konstituiert.

Carmilla, die Männerprojektion des ›dehnbaren Nichts‹, das nur der Produktion von Kindern dient und insofern – wie sie selber sagt – nur die »Muttersprache« (KM 13) sprechen kann, kommentiert sich selber mit den Worten: »Ich bin eine Dilettantin des Existierens. Ein Wunder, daß ich spreche. Ich bin restlos gar nichts« (KM 15). Die ›Kunst‹ des Existierens hat sie nicht erlernt. Erst mit der Formel: »Ich bin krank, daher bin ich«, scheint sie einen Beweis für ihre Existenz zu finden. Denn wenn sie krank ist, so erläutert sie Emily höchst sophistisch, wird sie von den anderen gemieden und ausgegrenzt und erhält somit den Beweis dafür, daß sie nicht einfach »Nichts« ist, sondern ein zu vermeidendes Etwas. Nur als Kranke wird sie überhaupt wahrgenommen, und eben deshalb inszeniert sie ihr »Nichts« als »Krankheit«, ohne tatsächlich krank zu sein. Nur »zum Spott« (KM 44), sagt sie, sei sie krank. Sie simuliert in ihrem Alltag die Kranke, um ihre Reduktion auf das »Nichts« zu verspotten, und folgerichtig heißt es: »Ohne Krankheit wäre ich nichts« (KM 44).

Die Krankheit ist der vertrackten, an Becketts Stücke erinnernden Logik dieser Argumentation zufolge Spiel und Schein, ja sie ist – wie Carmilla schwärmerisch beteuert – sogar »schön«, ein Kunstwerk sozusagen, in dem sie, die »Dilettantin des Existierens« (KM 15), aus Opposition gegen ihr »Nichts« sich selbst inszeniert. Das Sprachspiel wird zum Schauspiel. »Ich erzähle meine Krankheiten gern weiter« (KM 44), sagt Carmilla, und: »Wegen meiner Krankheit kann man mich manchmal in einem Spital anschauen« (KM 45). Das Spital wird zum Theater, in dem man sie anschauen kann und in dem sie folglich ihre Existenz beweist. Der Satz: »Ich bin krank, daher bin ich«, wird damit auch zur Interpretation von Jelineks Stück als Versuch, die Frauen aus dem »Nichts«, das sie angeblich sind (Lacan: »*LA femme n'existe pas*«), hervorzuholen und den Einspruch gegen dieses »Nichts« in Szene zu setzen. Die Frauen als Vampire sind realiter schon tot, sind zum »Nichts« geworden, aber sie können sich aus diesem »Nichts« wieder hervorholen und das Scheinleben, das Kunstleben von Vampiren führen; sie werden zur ästhetischen Existenz, die sich in Jelineks Schauspiel realisiert.

Die Opposition der Frauen aber bewegt sich ihrerseits immer schon im Feld patriarchaler Weiblichkeitszuschreibungen. Der Weg hinaus aus dem »Nichts« in die Krankheit führt zugleich wieder hinein in das Netzwerk vorgefertigter Weiblichkeitsmuster, in dem die Frauen sich denn auch hoffnungslos verfangen. Sich über die Krankheit als ›Etwas‹ zu erfahren, wie Carmilla es will, erweist sich als Trugschluß zumindest insofern, als sie mit diesem Ausbruchsversuch eben doch wieder nur dieselbe Ausgrenzung reproduziert, die der Diskurs der Moderne mit dem Weiblichen und der Frau vorgenommen hat. Gleich auf Carmillas Schwärmerei folgt der Gegenschlag, der ihr Krankheitstheater ad absurdum führt. Vor der Tür nämlich, hinter der die beiden weiblichen Vampire in ihren Sargbetten sitzen, brüllt Benno: »Ihr seid eine einzige Geschichte der Krankheit. Ihr gebt es ja zu!« (KM 53).

Die vermeintliche Opposition durch ›Krankheit‹ wird damit als Angleichung an die männliche Ausgrenzungsstrategie decouvriert. Das scheinbar aus der männlichen Weiblichkeitszuschreibung, ein »Nichts« zu sein, befreiende Spiel wird als Bestätigung der Frauen dafür verstanden, daß sie tatsächlich *sind*, was ihnen zugeschrieben worden ist. Das Spiel, das die Frauen spielen zu können glauben, ist schon gespielt. Ihre »Geschichte« sowohl im Sinne von Historie als auch im Sinne der »großen Erzählungen«, der *grands récits*, der Moderne ist schon fertig als Krankheitsgeschichte, d.h. als Geschichte der Ausgrenzung der Frauen aus der ›gesunden‹ Ökonomie der bürgerlichen und kapitalistischen Gesellschaft. Nur sofern sie in dieser Ökonomie funktionieren als Medium der biologischen und familiären Reproduktion, als Mütter und Hausfrauen, sind sie der Schwarzweißmalerei des Stücks zufolge geduldet. Sie sollen die biologische und soziale ›Gesundheit‹ des bürgerlich-kapitalistischen Klassenkörpers garantieren. »Seid hygienisch!«, schreit deshalb Heidkliff die Vampire an: »Folgt eurer Natur! Putzt! Putzt! Putzt! Putzt!« (KM 52).

Die Perversion der angeblichen weiblichen Natur in den Vampiren, die nicht mehr tauglich sind als Mütter und Hausfrauen, wird konsequent von den Männerfiguren mit einem großen Saubermachen, mit der Vernichtung der Vampire geahndet. Als Saubermänner ziehen sie gegen die weibliche Hälfte der Menschheit zu Felde, die sich am Schluß des Stücks in Gestalt von »zwei, drei schönen Frauen in wunderbaren extravaganten Kleidern und Hüten« (KM 64) im Dreck einer Müllhalde wälzt. Die Frauen also inszenieren sich als der Schmutz und die Seuchengefahr, die sie für die Männer eben deshalb geworden sind, weil sie sich ausgeklinkt haben aus der Ökonomie der patriarchalisch-kapitalistischen Gesellschaft, als deren Ärzte sich die beiden Männer verstehen, und zwar nicht nur Dr. Heidkliff, der »Facharzt für Kiefer- und Frauenheilkunde«, sondern auch der Steuerberater Dr. Hundekoffer, der im Hinblick auf seine Tätigkeit als Finanz- und Anlageberater gebetsmühlenhaft von sich selber sagt: »Ich helfe und heile« (KM 13). Als Ersatz für die ›unökonomisch‹ und in diesem Sinn zur »Krankheit« gewordenen Frauen aber stehen schon die Reagenzgläser und Retorten bereit, die keimfreien Mütter der Zukunft. Von ihnen haben die Männer bislang nur deshalb noch keinen Gebrauch gemacht, weil sie die »stille Betrachtung der Frau als Natur« allen »amoureusen Abenteuern« mit einem Reagenzglas vorziehen, die ihnen viel zu »leidenschaftlich« erscheinen (KM 26).

Die leidenschaftslose Betrachtung der Frau als »Natur« wird mit dieser Umkehrungsfigur im Stück als die perverseste aller Perversionen, als die völlige Unterwerfung der Sexualität unter die Gesetze der Ökonomie denunziert. Auf das biologische Geschlecht reduziert, als angebliche »Natur«, wird die Frau zum Rad im Getriebe der Erhaltung patriarchaler Machtstrukturen. Nicht die Frau, sondern nur die Macht ist für die Männer des Stücks libidinös besetzt. »Ich bin gewiß von meiner Macht verführt« (KM 53), faselt Heidkliff, dessen zerstreute und depersonalisierte Rede auch an anderer Stelle erst verständlich wird, wenn sie bezogen wird auf den Subtext einer kaum mehr erinnerten Foucault-Lektüre. So fragt Benno Hundekoffer blöde: »Wo, meinst du, Heidkliff, war das Geschlecht, bevor man darüber gesprochen hat?« Und Heidkliff antwortet in vager Reminiszenz an irgend etwas, das er einmal gelesen hat: »Die Klinik ist geboren. Und das Geschlecht ist dann auch irgendwann einmal geboren« (KM 53).

Was hier wie eine unfreiwillige Foucault-Parodie erscheint (Foucault, 1973 und 1977), zeugt doch zugleich auch von Einsicht, allerdings in Gestalt der Idiotensprache. Zumindest dämmert hier die Einsicht, daß es im Grunde gar nicht geht um das tatsächliche Geschlecht der Frau, sondern um den *Diskurs* über die Frau als Geschlechtswesen, der ihre Ausgrenzung legitimiert und als angebliche weibliche »Natur« festgeschrieben hat. »Sie sind Geschlecht« (KM 32), heißt es an anderer Stelle über die Frauen, und das Stück ist denn auch ein einziger Einspruchsversuch gegen diese Diskursformation und ihre Varianten. Die Strategien biologistischer und antifeministischer Argumentation, sei es in der österreichischen »Christel-Union«, sei es in der Psychoanalyse von Freud bis Lacan, in Medien und Managermagazinen, in der Alltagssprache und in der ›hohen‹ Literatur, werden in Jelineks Stück angegriffen. Das Stück selbst ›liest‹ diese Muster, inszeniert und interpretiert sie, um sie in seinem Sprachspiel – das hier tatsächlich ein ›Spiel‹, eine Inszenierung von Sprache ist – umzukehren, sie zu pervertieren und als monströse Kopfgeburten der Moderne sichtbar zu machen. Es ist ein Zerrspiegel der antifeministischen Diskursformation der Moderne, die es – wie Carmilla ihre »Krankheit« – »zum Spott« durchspielt, ohne daß je im Spiegel der verdrehten Bilder das richtige Bild der Frau sichtbar würde: Vampire haben bekanntlich kein Spiegelbild.

Carmillas »Krankheits«-Spiel erweist sich damit noch einmal als Schlüssel zum Verständnis der Verfahrensweise des Stücks. Diese Carmilla, die schon bei ihrem literarischen Erfinder, dem Iren Joseph Sheridan Le Fanu, einen Namen trägt, der das Anagramm, die Verkehrung ihres ursprünglichen Namens ›Mircalla‹ ist, kehrt den ›modernen‹ Diskurs über die Frau, der mit dem Bild von der Frau als »Natur« ihre Ausgrenzung festgeschrieben hat, um, indem sie die Ausgrenzung zu ihrem Existenzbeweis macht: »Ich bin krank, daher bin ich.« Als ›unökonomisch‹ gewordene, kranke Natur glaubt sie das Bild von der Frau als »Natur« zerstören zu können, aber dieser Modus von Destruktion erweist sich im selben Zug als Bestätigung des vorgegebenen Musters, daß die Frau »krank« sei, wo sie nicht restlos innerhalb der bürgerlich-patriarchalen Ökonomie der biologischen und familiären Reproduktion – als Mutter und Hausfrau – funktioniert. Destruktion und Bestätigung eines falschen Musters fallen also zusammen, und die einzige Freiheit, die Carmilla in diesem *circulus vitiosus* verbleibt, besteht darin, daß sie selbst das Subjekt ihres prekären Spiels ist. Als Subjekt eines Spiels, das der patriarchale Diskurs schon gespielt hat, aber begeht sie eine Grenzverletzung; sie wird ›männlich‹ wie Emily, die mit ihrem Vampirzahn den Männern die Karikatur ihres Geschlechts vorhält. Das

Sprach- und Schauspiel der Frauen überschreitet die Oppositionen der Geschlechterdichotomie und scheint damit das hierarchische Verhältnis unter den Geschlechtern zu gefährden. Doch noch in der Überschreitung bleiben die Frauen den männlichen Projektionen verhaftet, die ihre Maskerade verspotten will. Die Masken der Krankheit und des Vampirismus nämlich werfen den patriarchalischen Weiblichkeitsbildern – der Fixierung der Frau auf ihr biologisches Sein oder ihre angebliche Kastriertheit – nur ihr verzerrtes Spiegelbild zurück. Benno bringt das am Schluß auf die makabre Formel: »Die Nichttoten schauen aus den Spiegeln hervor als das Nichts, das sie sind« (KM 66).

Im Spiegel erscheint also nicht das wahre Bild der Frau, sondern nur die grinsende Maske männlicher Projektionen. Als Subjekte ihres Theaters haben sich die Frauen in den Spiegel gebracht und blicken sie auf die Erzeuger ihrer Bilder zurück. Das verfälschte Bild eines schon falschen Bilds der Frau – der Vampir, die Unnatur, zu der sich die angebliche weibliche »Natur« pervertiert hat – ist am Ende des Stücks doch in den Spiegel getreten und blickt aus ihm hervor auf den Besucher, der das falsche Bild geschaffen hat. Das Theater wendet sich gegen sein Publikum.

Die Figur der Umkehrung ist dem Stück damit auch noch einmal im Hinblick auf seine Realisierung im Theater immanent. Es vertauscht Bühne und Zuschauerraum, läßt die weiblichen Figuren auf die Zuschauer blicken und konterkariert so den voyeuristischen Blick zumal auf ein ›Frauenstück‹. Diese Inversion wird freilich in den abschließenden Sätzen des Stücks abermals pervertiert. Die Männerfiguren nämlich sind es, die sich am Ende ausdrücklich ans Publikum wenden mit dem Geschrei: »Licht im Raum aufdrehn und hinaus! Gleich raus! (...) Verschwinden! Abtauchen! (...) Presto weg! (...) Jetzt Licht und ab!« (KM 76).

Unüberhörbar klingen hier Töne an wie ›Ausländer raus!‹ und ›Volk ohne Raum‹. Die Männerfiguren wollen den Zuschauerraum mit imperialistischem Gestus besetzen. Sie schreien nach Licht, um die Zuschauer zu vertreiben. Bei ihrem Feldzug gegen die Frauen hatten sie in dem barbarischen Pseudo-Dialekt, den Jelinek sie sprechen läßt, schon gebrüllt: »Mir brauchterten Platz! Gebt! Mehr Licht!« (KM 64). Goethes »Mehr Licht« zitierend – denn natürlich ist Goethe hier zitiert –, fallen die Männerfiguren des Stücks am Schluß verbal auch über die Zuschauer her; sie besiegeln das Ende des klassischen Humanismus und wohl auch seines Theaters (vgl. Jandl, E., 1976).

Das Stück setzt seinen Männerfiguren nicht einfach die Frauen als Bewahrerinnen humaner Ideale entgegen – womit die alte Geschlechterdichotomie, zu der ja auch die Idealisierung der Frau zum Refugium der Menschlichkeit gehört, nur aufs neue festgeschrieben würde. Jelinek packt das Problem, daß im Diskurs der Moderne der biologische Geschlechtsunterschied in ein scheinbar »natürlich« begründetes Herrschaftsverhältnis transformiert worden ist, vielmehr bei der Wurzel, indem sie die Perversion von angeblicher »Natur« in ›Unnatur‹ darstellt und ihre Frauenfiguren die geschlechtsspezifischen Oppositionen überschreiten läßt. Das geschieht weder im Sinn egalitärer Vorstellungen vom ›Geschlechtertausch‹ noch im Rahmen üblicher Androgynitätsentwürfe, in denen der reale Status des Männlichen mit der Utopie des Weiblichen scheinbar versöhnt wird. Das »Doppelgeschöpf«, zu dem Emily und Carmilla am Ende ›zusammengenäht‹ sind, steht für die Selbstverdopplung der Frau zum ›phallisch‹ konnotierten Monstrum. Es repräsentiert das Übermäßige, Maßlose und schamlos Anmaßende der Frauen, die als Vampire und als »Krankheit« das Bild von der Frau als »Natur« pervertieren. Als »Landschaftsauswuchs« (KM 74) und Krebsgeschwür der »Natur« wird das Doppelgeschöpf denn auch von den Männern beschimpft. Es hält sich nicht im Rahmen des Bilds von der Frau als gesunder »Natur«, in dem die weibliche Realität aufgehen und verschwinden soll.

Jelinek läßt ihre Frauenfiguren – wie das Motto des Stücks es sagt – »beschäftigt« sein mit dem Verschwinden in den patriarchalen Projektionen, aber eben auf eine solche Art, daß sie überdimensioniert und monströs wieder auftauchen. Als Subjekte einer Inszenierung der vorgefertigten Weiblichkeitsbilder, die deren Sinn verdreht und ad absurdum führt, treten die Frauen aus ihren Bildern wieder hervor. Die Frau bewegt sich also im Spiel männlicher Projektionen, aber sie übernimmt selbst den Part der Spielerin. Sie wird – um es in der Sprache der *Klavierspielerin* zu formulieren (und es ist wohl kein Zufall, daß die ›Spielerin‹ dort im Titel auftaucht) – zur »Herrin« (K 53) und nicht zur ›Frau‹.

Statt das Weibliche als das Andere zum Männlichen, als »Natur« zu verstehen, greift Jelinek diesen Topos auf und inszeniert ihn in ihren Frauenfiguren so, daß das Weibliche zugleich als Negation dieses unterstellten Anderen, als ›Unnatur‹ erscheint. Das literarische Verfahren bringt auf diese Weise sowohl eine Spiegelung der falschen Bilder hervor als auch die Überschreitung und Sinnentleerung der geschlechtsdichotomischen Oppositionen. In dieser Bewegung, die auf die Möglichkeit einer nicht mehr sexistischen Wahrnehmung der Frau zielt und nicht etwa auf neue, wie immer auch wohlgemeinte Definitionen von Weiblichkeit – auch nicht im Sinne einer ›weiblichen Schreibweise‹ oder ›weiblichen Ästhetik‹ –, treffen sich ästhetische Verfahrensweise und frauenpolitische Intention. »Für alle Frauen«, so Elfriede Jelinek in einem Interview, »versuche ich den Kampf gegen die normenbildende Kaste aufzunehmen, denn die schreckliche Ungerechtigkeit ist ja nicht die wirtschaftliche Unterdrückung der Frau, die auch entsetzlich ist und längst behoben werden müßte, sondern das Schlimme ist dieses männliche Wert- und Normensystem, dem die Frau unterliegt, und zwar so weit unterliegt, daß sie eben immer anders sein muß und die ihr zugeschriebenen Eigenschaften wie Sanftmütigkeit, Gefühlsseligkeit und Freundlichkeit ja nur das andere zu dem der Männer sind, daß man gar nicht weiß, was die Frau ist. Freud hat es zugegeben, heute geben sie ja nicht mehr zu, daß sie es nicht wissen« (Interview Presber, 1988, S. 114).

2. Oh Wildnis, oh Schutz vor ihr

Die nach *Die Liebhaberinnen* (1975) entstandenen Romane *Die Ausgesperrten* (1980) und *Die Klavierspielerin* (1983) scheinen zunächst auf eine Abkehr Elfriede Jelineks von der frühen experimentellen Prosa und einen Übergang zu realistischeren Schreibweisen hinzudeuten. Indessen knüpft die 1985 erschienene *Prosa* – explizit handelt es sich hier nicht um einen Roman – mit dem Titel *Oh Wildnis, oh Schutz vor ihr* wieder stärker an die frühe Prosa an. Die Figur des Holzfällers Erich aus *Die Liebhaberinnen* wird wieder aufgenommen, womit auch auf der Ebene der Figuren die Anknüpfung an die frühen Schreibweisen und deren vorläufiges Ende mit *Die Liebhaberinnen* exponiert wird. Aufgeteilt ist *Oh Wildnis, oh Schutz vor ihr* in die Kapitel »1. AUSSENTAG. Gedicht«, »2. INNEN. TAG. Keine Geschichte zum Erzählen« und »3. AUSSEN. NACHT. Herrliche Prosa! Wertvolle Preise!«. Mit den Drehbuch-Anweisungen »AUSSENTAG«, »INNEN. TAG.« und »AUSSEN. NACHT.« wird deutlich gemacht, daß es hier – wie in der frühen experimentellen Prosa – um die Wahrnehmung und Darstellung von ›Welt‹ gleichsam als TV-Serie geht, d.h. um Inszenierungen, Bilder und Reproduktionen von ›Welt‹, ›Realität‹ oder ›Natur‹. Die traditionellen literarischen Gattungen scheinen in dieser Welt der Reproduktionen nur noch ironisch handhabbar zu sein: Die Natur im Szenarium einer steiermärkischen Dorfsituation taugt nicht für ein »Gedicht«, sondern nur als Ware für den Wintersport, und ist im übrigen so marode, daß sie als ›unecht‹ gegenüber ihrer Medienreproduktion erscheint (»Ärmliches Moos, kümmerliche Flechte, nirgends das Echte vom Bildschirm«, W 7). Die Verhöhnung literarischer Naturverherrlichung auch unter zeitgenössischen Autoren wie Peter Handke ist ein durchgehendes Thema der *Prosa* von *Oh Wildnis, oh Schutz vor ihr,* die auch in ihrem zweiten Kapitel keine »Geschichte zum Erzählen« bietet und schließlich das übliche Prosa-Schreiben als Spekulieren auf den literarischen Markt denunziert (»Herrliche Prosa! Wertvolle Preise!«).

Von dem Holzarbeiter Erich, der Hauptfigur in *Oh Wildnis,* heißt es, er sei »kein Original«, sondern stamme »von der Reproduktion einer Nachahmung ab« (W 80). Das heißt auch, daß er die variierende Reproduktion der Figur des Erich aus *Die Liebhaberinnen* ist – das intertextuelle Verfahren Jelineks steht auch hier in engem Zusammenhang mit ihrer Medienkritik. Wie schon in *Die Liebhaberinnen* ist die Figur des Holzfällers zugleich eine Anspielung auf Roland Barthes, der in *Mythen des Alltags* am Beispiel des Holzfällers die Funktionsweise der politischen bzw. revolutionären Sprache expliziert, die nicht *über* ihren Gegenstand – den Baum – verhandelt, sondern mit ihrem Objekt auf transitive Weise verbunden ist, nämlich durch Arbeit und mit dem Ziel der Veränderung. Die Objektsprache des Holzfällers – so Barthes – ist eine politische Sprache, in der Natur nur insoweit repräsentiert wird, als sie verändert werden kann. Demgegenüber verwandelt die Metasprache ihren Gegenstand – den Baum – in ein zur Verfügung stehendes Bild, das nicht mehr veränderbar zu sein scheint und in dem die Verwandlung von Geschichte in ›Natur‹ – eine Mythologisierung – vollzogen wird (Barthes, 1964, S. 134f.).

Ist bei Barthes der Holzfäller die Allegorie des produzierenden Menschen und schließlich des revolutionären Subjekts, so scheint Jelineks Text von dessen Untergang zu handeln. Am Schluß wird Erich von den »Beherrschern der Wildnis« (W 282) wie ein Tier erschossen; er ist nur noch Abfall, Müll in einer Wegwerfgesellschaft. Erich liegt am Ende in einer Lichtung, »flach wie eine Freske« (W 282): er wird transformiert in ein Bild, in Kunst, Unnatur. Die endgültige Verwandlung der Natur in Unnatur bei Menschen, Tieren und Landschaft ist das eigentliche Thema des Buchs, das mit einer minimalen Fabel auskommt und eher als ein Tableau angelegt ist, das mit dem ›Hinaufmarsch‹ Erichs im Hohlweg beginnt. Erich ist auf dem Weg zur Dichterin Aichholz, die ihm ebenso nachstellt wie eine Managerin und Vertreterin eines Konzerns. Das erste Kapitel von *Oh Wildnis* – das schwierigste und wohl auch interessanteste des Buchs – folgt in einem Aufbrechen der Landschaft den Assoziationen und deformierten Wahrnehmungen Erichs, der in einer ununterscheidbaren Mischung aus Realitätspartikeln und TV-Reminiszenzen nachdenkt über seine Frau, die – einen Schlagertext nachahmend – zu einem Förster nach Tirol gezogen ist, und seine krebskranke Schwester, die im Sterben liegt. Dabei wird die Krankheits-Thematik von *Krankheit oder Moderne Frauen* auch in diesem Text exponiert. So geht es immer wieder um einen Hygiene- und Gesundheitsdiskurs, in dem die Krankheit als ›Schmutz‹ ausgegrenzt und dem Ideal der sportiven Fitness gegenübergestellt wird. In den Reminiszenzen Erichs an die sterbende Schwester in der Klinik vermischen sich wiederum Bilder einer Säuglingsstation, in der Kinder als hygienische ›Fertigpackungen‹ zurechtgemacht werden, mit Fernsehbildern von Anneliese Rothenberger und einer ›Eisfee‹ – von der ›Gesangsfrau‹ und der ›Sportsfrau‹, die ihre Körper malträtieren und sich für die Zuschauer prostituieren. In grotesk-barocken Visionen geht es hier um den Konnex von Frau, Körperlichkeit und Natur und die gewalttätigen Phantasien und Medienbilder, die Erich dabei durchs Hirn schießen. In den folgenden beiden Kapiteln hingegen wird Erich selber, der ›Naturbursche‹ aus der Unterschicht, zum Jagdobjekt von Frauen – einer Dichterin und Pseudo-Intellektuellen sowie einer Managerin –, d.h. er wird versetzt in eine ›weibliche‹ Position.

Wenn in der Collage aus Krankenhaus-Reminiszenzen und Fernsehbildern des ersten Kapitels letztlich nicht mehr unterschieden werden kann zwischen dem, was in Erichs Phantasie vorgeht und was erzählerische Beschreibung etwa einer Krankenhaus-Fernsehserie ist, so deutet dies darauf hin, daß die Erzähltechnik in *Oh Wildnis* mit ihrem Fluktuieren zwischen auktorialem Erzählen und einer Art innerem Monolog daraufhin angelegt ist, die Frage nach dem sprechenden Subjekt gegenstandslos werden zu lassen. Stärker als in den frühen experimentellen Texten bis hin zu *Die Liebhaberinnen* wird hier trotz vereinzelter moralisierend-didaktischer Einwürfe des erzählerischen (satirischen) ›Subjekts‹ darauf vertraut, daß die Sprache selbst die Ideologie freilege. Die musikalischen Mittel der Alliteration, Assonanz und Metathese (Buchstabenversetzung,

Lautumstellung) werden in *Oh Wildnis* exzessiv eingesetzt, um gleichsam sprachimmanent die von Medien und Meinungsmonopolen produzierten Klischees aufzusprengen. Das Oszillieren zwischen Objektsprache und Metasprache, in dem Jelineks mythendestruierendes Verfahren zunehmend besteht, wird in *Oh Wildnis* vor allem durch die Verwendung musikalischer Prinzipien wie Improvisation, Variation, Rhythmisierung und Harmonisierung erreicht (vgl. Kerschbaumer, 1989, S. 164). Gegenstand der Prosa ist der Mythos ›Natur‹, der in allen seinen Varianten aufgegriffen und destruiert wird (oft ist mehr als zehn Mal auf einer Seite von der Natur die Rede). Explizit thematisiert der Text schon im ersten Kapitel eine Metasprache über die Natur, in der Natur nicht mehr Objekt der Veränderung ist, sondern sich verwandelt in ein feststehendes Bild, d.h. in einen Mythos im Sinne von Roland Barthes:

»Im Jagdhaus gibt es elektrisches Licht und vieles mehr, was der Mensch selber gemacht hat, sogar Telefon. Die Frau steckt die ganze Welt nebenläufig in einen Satz aus Beschreibung. Reichtum ist der knallende Brocken, aus dem sie schöpft. Einer sagt, daß eine Wolke zu ihm spricht, ein Berggipfel klingt, Wetter tobt, ausgerechnet zu ihm! Das nenne ich Dichtung! Die Frau sagt mit einem Satz, daß in der Nacht ein Fels, groß wie die Welt, in ihr Zimmer hereinzukommen scheine. Er kommt aber nicht wirklich, keine Sorge. Ich könnte den Erdball zerbröseln wie eine trockene Semmel, so wenig kann ich ihn manchmal gebrauchen, sagt die Frau. Wolken brechen zusammen und entladen sich in schwefeligen Eruptionen. Die Natur, der man unbesehen alles andichten darf, schwankt wie ein Kamm aus glühender Lava durch das Innen von einem Zimmer. Sie trägt direkt in sich: die schwächlichen Äste, die dürren Zweige von Beschreibungen und Überschreitungen. (...) Der Knall der Büchse erscheint so lang wie der Hauch eines Satzes. Aus dem erschöpften Kessel der Vergleiche wird etwas in einen Teller gehoben. Dieser Abfallkübel (Sprache) versagt niemals, und zwar wegen Humors. Die Erde versagt nie wegen Humus, aber wie lange noch? Alles darf so bleiben wie schon einmal etwas genauso gewesen ist. Schlagartig überkommt den bereits durch Beschreibungen völlig zerkochten Gegenstand ein Staunen: der Stauraum der Natur! Diese Frau befindet sich soeben im letzten Stadium der Erholung« (W 57f.).

An die Stelle von Natur-Beschreibung und Natur-Vergleich als sprachlichen Verfahrensweisen, die Natur reduzieren auf ein geschichtsloses und immergleiches Bild – sie ›naturalisieren‹ im Sinn von Roland Barthes (»Alles darf so bleiben wie schon einmal etwas genauso gewesen ist«) –, treten hier in der erzählerischen Sprache musikalisch-alliterierende Wendungen (Humor – Humus, Staunen

– Stauraum – Stadium): der Sinn der Sätze wird durch lautliche Deformationen konstituiert. Gegen eine Sprache, die beliebig über Natur verfügt (»Die Natur, der man unbesehen alles andichten darf«), wird die Benennung der historischen Gestalt von Natur gesetzt. Natur fungiert nur noch als »Stauraum« für den Müll der Zivilisation und als Ort für eine »Erholung«, die zum Todeskampf (»im letzten Stadium«) geworden zu sein scheint.

Die extrem dichten und hypertrophen Sprachformen des ersten Kapitels werden im weiteren Verlauf von *Oh Wildnis* nur noch punktuell eingesetzt. Das zweite Kapitel handelt von der alten Dichterin Aichholz, die Erich eine ›Liebesfalle‹ baut, in die sie zuletzt selbst hineinstolpert. Diese Slapstick-Geschichte kontrastiert mit dem sozialen Dünkel der Dichterin, der einstigen Lebensgefährtin eines reaktionären Philosophen, die dessen Schüler nach seinem Tod in Kaffeejausen an sich zu ziehen versucht. Die Verstrickung der Universitäten und Intellektuellen in das Nazitum, der fortlebende Antisemitismus und Fremdenhaß in Österreich (»Deutsch ist die Sprache der Dichtung und der Vernichtung«, W 154) sind die dominanten Themen in diesem zweiten Kapitel, in dem auch didaktische Formen der traditionellen Satire aufgegriffen werden, so etwa in dem Traktat über den Mann aus Mayrhofen im Zillertal, einen ehemaligen SS-Todesbrigadisten, der jetzt ins Fremdenverkehrsgeschäft eingestiegen ist. Auch um den Sport geht es immer wieder als um die österreichische »Weltmeisterschaft im Vergessen« (W 153). Die Erzählung selbst ironisiert diese Ausflüge ins Politische:

»Und damit schließt sich der Kreis schlußendlich wieder fürs reine Erzählen, und wir begeben uns ein letztes Mal in die Natur hinein, solange der Vorrat reicht. Am Himmel stehen Sonne, Mond und Sterne, wenn auch nicht zur gleichen Zeit. Ein herrliches Wunder ist mithin geschehen. Legen Sie die häßlichen Köpfe in den Nacken und schauen Sie genau hin! Sie sehen es jetzt! Haben Sie es auf Ihrem Schirm! Sehen Sie es jetzt sofort! Sehen Sie nichts anderes mehr! Dieser gute Rat stammt von mir. Runzeln Sie nicht die Stirn und bleiben Sie der gelben Mittelstreife fern! Die alte Dichterin, Hauptfigur in dieser allgemeinen Unordnung hier, aber das Gras wächst ja auch wies will, sieht die Wahrheit so wie man sie ihr immer dargeboten hat: soviel zur Politik. Gerade weil das Politische immer recht hat, sollen Bücher darüber schweigen« (W 167).

Auch hier geht es wieder um die Natur als Ware (»solange der Vorrat reicht«) und die durch die Medien vermittelte Wahrnehmung von Natur, die ablenkt vom ›tödlichen Unfall‹, einer Karambolage der Menschheit. Ganz konform damit betrachtet es die alte Dichte-

rin als ihre »ureigenste Aufgabe«, die Natur »naturgetreu« abzubil-
den (W 95). Als »Gedichtbäckerin« pinselt sie »Zucker auf den ru-
hig dahinfließenden Lebkuchen Natur« (W 99). Ihre »bügelfreie
Naturlyrik« (W 121) behandelt Natur als Konsumartikel und Genußmittel, und entsprechend heißt es denn auch über die Künstler
allgemein: »Wer kann die Natur schon so lieb anschauen wie jemand, der sonst nichts zu tun hat oder jemand, dem sie gehört?«
(W 157). Mit einem Seitenhieb auf die Naturidolatrie Peter Hand-
kes heißt es: »Geht über die Dörfer hinweg, denn sie gehören euch
längst!« (W 159). Idyllisierend-›ganzheitliche‹ Naturbeschreibun-
gen in der Kunst also gehen Jelineks Text zufolge Hand in Hand
mit den Interessen der Besitzenden. Die undomestizierte und
›schmutzige‹ Natur, die »Wildnis«, scheint niemandem erträglich
zu sein. Auch die Aichholzerin selber ist bereits zum Opfer ärztli-
cher Hygiene geworden: diese »Putzfrauen ganz in Weiß« haben ihr
den Bauch »ganz ausgeräubert« (W 125). Als Lebensgefährtin des
Philosophen hat die alte Dichterin immer die »Frauenrolle« gespielt,
und sie tut dies auch nach seinem Tod weiter: sie ist »ein einziger
Geschlechtshaufen« (W 170). Wie die Natur also ist sie selber nur
noch Abfall, zugleich aber macht sie sich den sozial unterlegenen
Erich zum Jagdobjekt. Entsprechend behandelt im dritten Kapitel
die Managerin, die zur Treibjagd im Gebiet um den Hohlweg ange-
reist ist, Erich als konsumierbares Stück Natur, das sie ihrer »Tier-
körperverwertung« (W 272) zuführen will. Die Ware Erich ist nicht
mehr zu unterscheiden von der verderblichen »Ware von Tieren«
(W 264), zu deren Abschuß sich die Jagdgesellschaft mit einem
Kaufhauskönig als Jagdherrn eingefunden hat. Konsequent wird
denn auch Erich am Schluß wie ein Wild abgeschossen. Möglicher-
weise hat er »von den Verhandlungen zwischen den Beherrschern
der Wildnis zu viel mitbekommen« (W 282).

Oh Wildnis, oh Schutz vor ihr ist eine Demontage idyllisierender
Naturvorstellungen, sei es bei Umweltschützern, sei es in der Literatur, und insofern ein Plädoyer *für* die »Wildnis«. Zugleich denunziert die Prosa die spätkapitalistische Gesellschaft als »Wildnis«, deren
»Raubtieren« (W 271) der Holzfäller Erich zum Opfer fällt. Warenwelt und Kulturindustrie sind zur ›zweiten Natur‹ geworden, und
so wie Künstliches – eine Plastikwelt – sich als Natur geriert, erscheint umgekehrt die Natur als reines Artefakt, als Ware und Ver-
brauchsgegenstand. Natürlichkeit und Künstlichkeit sind ineinander übergegangen und haben sich vertauscht. Das Original ahmt
seine Reproduktion nach, die Menschen ahmen die Waren nach

(»Schön wie ein Kleid geht sie zum Zaun«, W 216) oder die Medienendarstellung ihrer selbst (»Der Holzknecht, der, schön wie im Film, sein eigener Darsteller ist«, W 216); die Prosa von *Oh Wildnis* ahmt die yellow press nach (»alles weitere lesen Sie bitte wo anders nach, in Heften, die gelb sind vor Neid«, W 234) oder triviale filmische Muster (»Im Sprechen wird ein Maß sichtbar, das ein Film geprägt hat«, W 224). In einem Universum von Nachahmungen bildet sich das Leben seinen Reproduktionen nach und wird die traditionelle Auffassung von Kunst als Mimesis der Natur gegenstandslos, weil es nichts Authentisches, Natürliches, der Nachahmung Vorgängiges mehr zu geben scheint.

Dennoch glaubt die Dichterin Aichholz, Natur authentisch beschreiben zu können, und »noch ist es ihr möglich, Vorbild Natur und Ergebnis Gedicht miteinander zu vergleichen« (W 95). Auch bei den Zeitungsredakteuren, denen sie ihre Gedichte schickt, »wird die Natur im Gedicht mit dem Original verglichen« (W 97). In Wahrheit aber ist das Original gar nicht mehr da und die vermeintliche Reproduktion eine Sinnestäuschung: »Wo sieht man hier noch Natur? Nicht einmal genügend für die Dichtkunst ist vorhanden. Wo ist hier Natur wie die Dichtung sie strengstens verzerrt sieht, aber teuer verkaufen möchte?« (W 121). Was als vermeintlich genuine Naturlyrik auf den Markt gebracht wird, ist bereits Instrumentalisierung von Natur. In falscher Reminiszenz an einen Umweltschutz-Fernsehspot glaubt denn auch die Dichterin Aichholz: »Nicht sie ist für die Natur, die Natur ist für sie da, wo kämen wir sonst hin« (W 93). Während der Holzarbeiter Erich die Natur »nur vom Arbeiten« (W 171) kennt, also als Material und Mittel zur Lebensreproduktion, richten sich die Künstler auf die schöne Natur und auf ein Naturschönes, das doch nur zum Scheinleben erweckt werden kann: »diese Künstler, die Leichenwäscher von der schönen Natur da« (W 97). ›Echte‹, von Kommerz und Konsum vermeintlich verschont gebliebene Natur wird als kulinarische Rohkost auf den literarischen Markt gebracht, »denn alle diese Kulinariker aus der Zeitung möchten jetzt eine zeitlang Suppe aus echt Natur essen« (W 133). Gerade in der Prätention unverfälschter Natur also verfällt Kunst dem Markt und Konsum. Das betrifft auch die ›authentischen‹ Leidensgeschichten, die die Dichterin Aichholz zu verkaufen versucht: »Sie beschreibt ihr Leid, denn das Leid ist die Würze der Kunst. Also ist das Leid in der Kunst wie Maggi« (W 133).

Das zweite Kapitel von *Oh Wildnis* läßt sich damit lesen als Satire auf eine falsch verstandene ästhetische Mimesis. Nicht durch Nachahmung einer vermeintlich originären Natur, sondern nur, indem die Kunst partizipiert an der Verwandlung von Natur in Unnatur und sich selbst als präformiert durch die Warenwirtschaft und Kulturindustrie begreift, kann sie Mimesis sein, aber eben nicht mehr einer als harmonisch gedachten Natur, sondern des Umschlagens von Natur in Unnatur, mit dem – wie es heißt – die Natur in ihre historische »Endform« (W 56) getreten ist. Anders als in der *Ästhetischen Theorie* Adornos, auf die *Oh Wildnis* sich wiederholt bezieht – etwa mit dem Bildungsgeschwätz der Managerin über Naturmalerei (W 43) (vgl. Fliedl, 1991, S. 101f.) –, wird bei Jelinek nicht der strikten Verweigerung der avancierten Kunst gegen die ›Kulturindustrie‹ das Wort geredet. Vielmehr findet bei ihr diese Verweigerung gerade statt, indem die Kunst sich einläßt auf die seriellen, reproduzierenden und stereotypisierenden Verfahrensweisen etwa von Regenbogenpresse und TV-Serien. Die Auseinandersetzung mit der *Ästhetischen Theorie* Adornos wird indessen in *Oh Wildnis* nicht nur an der Oberfläche punktueller Zitate und deren Adaptation oder auch Persiflage geführt. Ohne explizite Bezugnahme auf Adorno findet sie auch insofern statt, als Adornos emphatischer Begriff des Naturschönen demoliert zu werden und ein ›Naturhäßliches‹ an seine Stelle zu treten scheint.

Am konsequentesten wird die Demontage des ›Naturschönen‹ durchgeführt im ersten Kapitel von *Oh Wildnis*. Die Landschaft um das steiermärkische Dorf, von dem die Prosa handelt, ist von Industrie durchsetzt. Natur erscheint nur als Artikel für den Tourismus (»Bald gibts viel Schnee für die Hiergebliebenen, um den Wintersport anzuheizen«, W 7), als Postkarte (»Bäume in Vierfarbenabdruck«, W 39), als Artefakt und Ware (»Herbstvögel, von ihrem Hersteller offenkundig völlig verlassen«, W 35). Die »Konvertierung von Natur in Unnatur« (W 44) – in eine Plastikwelt – scheint perfekt zu sein (»Kinder beißen in Plastikfladen«, W 39). Die Natur hat ihre »Endform« (W 56) angenommen.

Ist in den *Mythen des Alltags* von Roland Barthes, auf die Jelinek sich auch hier wieder bezieht, die »Konvertierung der Natur« (Barthes, 1964, S. 79) im Plastikmaterial noch fasziniert als moderne Alchimie beschrieben, so schaudert in *Oh Wildnis* der Kunststoff vor seiner eigenen Naturähnlichkeit: es »zittert eine Salatschüssel in Orange (und zwar vor ihrer eigenen Farbe), wuchert als Substanz« (W 44). Das Künstliche, das Natur imitiert, hat Angst vor der Natur, deren negative, verderbliche, tödliche Seite das erste Kapitel von *Oh Wildnis* exponiert. Nicht nur geht es um die umweltver-

schmutzte und vergiftete Natur, sondern auch um die Unberechen-
barkeit und Bedrohlichkeit undomestizierter Natur: »Je weniger die
Natur bearbeitet wird, desto unheimlicher bietet sie sich dar« (W 54).
Erich ist verwundet von seiner Arbeit (»Blutende Naturwunden auch
in meinen Handflächen«, W 12) und erfährt die Natur als lebens-
bedrohend: »Schreckliche Schwerkraftgesetze werfen Bäume auf Leute« (W 23). Auf die Undefinierbarkeit von Natur (»Die Natur ist
einmal dunkel, einmal hell, einmal rundherum«, W 50) und ihre
Bedrohlichkeit antworten Plastik-, Hygiene- und Fitness-Kultur als
Reinigungs- und Verdrängungsversuche der ›dreckigen‹ Natur. Vor
allem im Zusammenhang mit der krebskranken Schwester Erichs
handelt das erste Kapitel exzessiv von einer faschistoiden Technolo-
gie der Hygiene und ›Gesundheit‹, einschließlich des Sports als Mittel
der Körperbeherrschung. Ein zentrales Thema von *Oh Wildnis* ist
das Schicksal und die Geschichte des Körpers. Die zugleich bestia-
lischsten und humansten Passagen der Prosa handeln vom Tier: »Das
Mysterium Leben, wie jemand im Fernsehen behauptet, beschäftigt niemand als eine speichelnde Bande von Jagdgecken. Unweit
ihres Aufenthalts schlägt ein Wildbach gegen sein Bett. Weich sak-
ken die Tiere durch Gletscherrinnen, sanft prallen die Köpfe, lieb
hüpfen die Euter. Sie tragen ihre Kopfzier nicht mehr. Weißglü-
hend fressen sich Sägen in Stämme und fressen sich in Knochen.
Fräsen Geweihtes vom Kopf« (W 28).

Das ›entweihte‹, geschändete und zum Abfall gewordene Tier steht
ein für die Utopie von Gewaltlosigkeit, des ›Weichen‹, so auch hier:
»In den Ställen unerhörte Bestialitäten, begangen von total vereinsamten Menschen in Tatgemeinschaft mit Kleintieren, das Vieh hat
eben nie Urlaub. Weiche Tierschnauzen tauchen bei der Nahrungs-
suche in erblassende Papiere, rostige Konservendosen, Plastiktüten«
(W 58).

Die Utopie des ›Weichen‹ – der Gewaltlosigkeit und des kreatür-
lichen Lebens – steht hier gegen die Verdinglichung der Körper,
gegen das gesellschaftliche Gewaltverhältnis zur Natur (vgl. Jelinek,
Der freie Fall der Körper, 1989). Dieses Gewaltverhältnis betrifft die
Landschaft, das Tier und die Frau als Verkörperung von ›Natur‹.
Obwohl die weiblichen Hauptfiguren von *Oh Wildnis*, die Dichterin und die magersüchtige Managerin, selbst Akteurinnen der Instrumentalisierung und Unterdrückung von Natur sind, handelt *Oh
Wildnis* doch auch und ganz drastisch von der Gewalt gegen Frau-
en. In den infernalischen TV-Bildern, in die das erste Kapitel ein-
mündet, wird symbolisch die Tötung des weiblichen Körpers voll-

zogen: »Knackend in ihrer übrigens ganz normalen Gier, werden die Leibsäste der Frauen unter ihnen gespalten, die Axt fährt in sie. Blutig klaffen die Strünke. Holzknecht wie Kavalier vom Opernball werden unter dem Lüsterlicht aus Kristall zu einer einzigen Person (...). Aus dem Volk der Fleischbeschauer wird ohne jede grobe Gewalt ein Teil sorgsam aussortiert (...)« (W 74).

Der Diskurs über Natur, den *Oh Wildnis* führt, erweist sich hier als Diskurs auch über die Frau als traditionelle Repräsentantin von ›Natur‹. Wie etwa im de Sade-Kapitel oder auch im Kapitel *Mensch und Tier* der *Dialektik der Aufklärung* (Adorno/Horkheimer, 1988, S. 88ff. und 262ff.) wird ein Zusammenhang von Naturbeherrschung, Naturzuschreibung und Gewalt gegen die Frau hergestellt. Fast scheint es, als verdanke sich das Szenario von *Oh Wildnis* – das der Jagdgesellschaft – direkt jener berühmten Stelle in der *Dialektik der Aufklärung*, an der es heißt:

»Die Frau ist nicht Subjekt. (...) Ihr war die vom Mann erzwungene Arbeitsteilung wenig günstig. Sie wurde zur Verkörperung der biologischen Funktion, zum Bild der Natur, in deren Unterdrückung der Ruhmestitel dieser Zivilisation bestand. Grenzenlos Natur zu beherrschen, den Kosmos in ein unendliches Jagdgebiet zu verwandeln, war der Wunschtraum der Jahrtausende« (Adorno/Horkheimer, 1988, S. 264).

In Jelineks ironischer Reproduktion und zugleich Überdrehung der kulturellen Gleichsetzung von Frau und Natur wird die Frau zum Bild der todverfallenen Natur, zur Inkarnation von ›Krankheit‹, zur »Krebsin« (W 61). Sie repräsentiert nicht mehr die *schöne* Natur, sondern deren ›schmutzige‹, verdorbene und kulturell verdrängte Seite. Der weibliche Körper wird in Gestalt der sterbenden »Krebsin« zum Symbol des ›Abfalls‹, zu dem Natur insgesamt geworden ist. Die Verwüstung von Natur betrifft also auch den Körper und die Sexualität der Frau. Die Idealisierung von Mutterschaft, die in den mit der Darstellung der »Krebsin« kurzgeschlossenen Bildern einer Säuglingsstation denunziert wird, verleugnet alles, was blutig, ›schmutzig‹, ›unhygienisch‹ ist an der Geburt, und die grotesken Medienbilder der Operettensängerin à la Anneliese Rothenberger und der ›Eisfee‹ propagieren das Ideal der ihren Körper denaturierenden und instrumentalisierenden Frau. Kein Zufall wohl, daß das Szenario des Hohlwegs, in dem Erich sich befindet, verbunden wird mit Vorstellungen vom Körperinneren (»Der Hohlweg zieht sich darmartig zusammen«, W 21; »Nichts sei ihm seit seiner Geburt vertrauter als dieser Hohlweg«, W 35). Es ist die »Wildnis« eines

Körpers, zumal des weiblichen, in der Erich sich aufhält als in einem Hohlraum, einer Leere, einem kulturellen Nichts.

Die grotesk-allegorische, durch barocke Schreibweisen etwa bei Rabelais inspirierte Bildlichkeit vor allem des ersten Kapitels läßt alles Natürliche zur Fratze werden. Kreatürlich-Leibhaftes wird dargestellt nur im Zustand seiner Verdinglichung: als Exkrement, Krankheit und Objekt von Gewalt. Der Gegenstand ist nicht – wie in der Lyrik der Aichholzerin – die ›schöne‹, sondern die ›häßliche‹ Natur. Immer wieder wird die Unterstellung, daß Natur schön sei, ironisiert (»Eine Schwester stirbt eines natürlichen, dennoch bedauerlichen Todes«, W 39). Der Begriff des Naturschönen, wie ihn Kant exponiert und Adorno in der *Ästhetischen Theorie* erneut fokussiert hat, scheint bei Jelinek endgültig verabschiedet zu werden. Indessen übt Jelinek in ihrer Prosa, wie Adorno in seiner *Ästhetischen Theorie*, Kritik an der falsch verstandenen ästhetischen Mimesis als Nachahmung und Abbildung von Natur. Kunst ahmt Adorno zufolge nicht Natur nach, sondern das Natur*schöne*, d.h. Natur als »Erscheinung«, als ›Bild‹, und zwar von »etwas, was es nicht gibt« (Adorno, 1970, S. 127). Heute ist es – so Adorno – »mit den Abdrücken der Ware überzogen« und changiert ins Häßliche (ebd., S. 106). Die rousseauistische Antithese etwa von Natur und Technik sei daher nicht mehr aufrechtzuerhalten:

»Technik, die, nach einem letztlich der bürgerlichen Sexualmoral entlehnten Schema, Natur soll geschändet haben, wäre unter veränderten Produktionsverhältnissen ebenso fähig, ihr beizustehen und auf der armen Erde ihr zu dem zu helfen, wohin sie vielleicht möchte. Bewußtsein ist der Erfahrung von Natur nur dann gewachsen, wenn es, wie die impressionistische Malerei, deren Wundmale in sich einbegreift. Dadurch gerät der fixe Begriff des Naturschönen in Bewegung. Er erweitert sich durch das, was schon nicht mehr Natur ist« (ebd., S. 107).

Jelineks Transformationen des Naturschönen ins Häßliche und ihre Bilder der vergewaltigten »Endform« (W 56) von Natur lassen sich durchaus in Übereinstimmung mit der *Ästhetischen Theorie* sehen, deren Reflexionen über die Natur und das Naturschöne jedoch in *Oh Wildnis* zugespitzt werden auf ihre geschlechtsspezifischen Implikationen. Mit Recht bringt Jelinek das Naturschöne in Verbindung mit den kulturellen Weiblichkeitszuschreibungen und exemplifiziert sie die naturbeherrschende Gewalt am Schicksal des weiblichen Körpers. Die ihm kulturell zugeschriebene ›Naturhaftigkeit‹ blendet die häßliche, ›schmutzige‹, verderbliche Seite der Natur aus.

Der Frau als der angeblich ›schönen‹ Natur wird daher in der »Krebsin« deren Gegenbild als kranke und todverfallene Natur gegenübergestellt, und die deformierte Sexualität der alten Dichterin und der magersüchtigen Managerin zeigt an, wohin es historisch mit der ›weiblichen Natur‹ gekommen ist. Nicht auf ein Naturschönes, sondern auf die häßliche Seite des Natürlichen sowie auf dessen monströse Deformation richtet sich die ästhetische Intention. Das Naturschöne ist in sein Gegenteil übergegangen, und die Häßlichkeit des kranken oder ›blutig‹ gebärenden weiblichen Körpers wie das ›Weiche‹ der Tierkörper wird als letzte Erinnerung an die Natur exponiert.

Oh Wildnis, oh Schutz vor ihr ist eine Demontage des Mythos ›Natur‹, der in seine Teile zerlegt und kontrastiert wird mit einem historischen Status von Natur, der mit ›Unnatur‹ zusammenfällt. Die Denaturierung von Natur wiederum wird auch und vor allem an der Geschichte des weiblichen Körpers und der weiblichen Sexualität exemplifiziert. Insofern ist in *Oh Wildnis* die Thematik des folgenden Prosabuchs *Lust* bereits angelegt. Auf die Frage, ob es einen Zusammenhang gebe zwischen *Oh Wildnis* und *Lust*, hat Jelinek selbst geantwortet:

»Ja, die Naturhaftigkeit der Natur und die scheinbare Naturhaftigkeit der Lust. In *Oh Wildnis* wird die Natur als schuldig entlarvt und in *Lust* eben die Sexualität. Es gibt ja wenig Literatur über die Ideologisierung von Natur. Ich kenne Marx auch nicht so gut, um da weiter forschen zu können, aber die Natur ist eben auch etwas geschichtlich Gewordenes, das die Spuren des menschlichen Gebrauchs trägt. Der Holzfäller, der im Wald arbeitet, spricht von ihr in der Objektsprache, während diejenigen, die im Wald spazieren gehen am Sonntag mit ihren Familien, natürlich einen metasprachlichen Umgang haben können. Und ebenso wird in der *Lust* natürlich auch diese Metasprache, die der Sexualität und ihrer ideologischen Urmutter, der Liebe, zugemessen wird, (...) entmythologisiert. Es wird sozusagen den Dingen ihre Geschichte wiedergegeben und sie werden dadurch politisch gemacht und ihres mystischen und verlogenen Gehalts entkleidet« (Interview Hörmann, 1989, S. 102f.).

3. Lust

Die 1989 erschienene Prosa *Lust* ist nach Jelineks eigenen Äußerungen sowohl ihr wichtigstes Buch als auch das Ergebnis eines ge-
scheiterten Projekts. Ursprünglich nämlich habe sie einen ›weiblichen Porno‹ als Gegenstück zu Batailles *Geschichte des Auges* (1928)
schreiben wollen, also ein Buch, das sich aus weiblicher Perspektive
mit der sexuellen Begierde der Frau befaßt. Was auf diesem Feld
bisher vorliege, etwa die Versuche von Anaïs Nin oder Erika Jong,
sei jedoch literarisch uninteressant mit Ausnahme der *Geschichte
der O,* deren Autorin Pauline Réage den weiblichen Masochismus
ins Extrem weiterschreibe und eben dadurch die Machtverhältnisse
unter den Geschlechtern erhelle. Sie selbst, Jelinek, habe indessen
das Problem nicht lösen können, daß es bisher nur eine männliche
Sprache der Pornographie gebe, und deshalb ihr Projekt eines ›weiblichen Pornos‹ aufgegeben (Interview Lahann, 1988, S. 76ff.; Jelinek, *Der Sinn des Obszönen,* 1988, S. 101ff.; Interview im ›Kultur-
weltspiegel‹, ARD, 28.3.1989).

Der 1986 zuerst veröffentlichte kurze Prosatext *Begierde & Fahrerlaubnis* mit dem Untertitel *eine Pornographie* läßt sich wahrscheinlich als ein Fragment des aufgegebenen Projekts verstehen. Offensichtlich ist dieser Text, den Ulrike Ottinger im ›Steirischen Herbst‹
1986 kongenial als Sprache einer Taubstummen in Szene gesetzt
hat (vgl. von Hoff, 1990, S. 116f.), angelehnt an die sado-masochistischen Muster und den Konversationston der *Geschichte der O,* in
dem die Sprecherin höflich und zugleich ›geschäftsmäßig‹ um die
»Fahrerlaubnis« für ihre »Begierde« bittet. Daß die Frau eben nicht
Subjekt ihrer Begierde ist, sondern das Plazet einzuholen versucht
für ihre Lust, ist die Pointe dieses Textes, der schon zahlreiche Motive enthält, die später in *Lust* wiederkehren, so etwa die triviale
und zotige ›Verkehrs‹-Metapher und die blasphemische Verwendung
der Leib-Symbolik der Kommunion. Der Übergang zu dem ganz
anders gelagerten Projekt von *Lust* ist hier zumindest auf sprachlicher Ebene bereits angelegt, und schon *Begierde & Fahrerlaubnis*
läßt sich allenfalls noch ironisch als ›weibliche‹ Pornographie verstehen, weil der Text eben deren Unmöglichkeit erweist. In *Lust*
dagegen geht es überhaupt nicht mehr um die weibliche Begierde
und deren Darstellung, sondern nurmehr um männliche Lust in
der extremen Variante der alltäglichen häuslichen Vergewaltigung
und der kommerziellen Gewalt-Pornographie. Angespielt ist im Titel
womöglich auch auf d'Annunzios Roman *Lust* (1889), der schon in

Clara S. verwendet und in den Zusammenhang eines faschistoiden Sexismus gestellt ist.

Wie immer bei Jelinek, ist auch in *Lust* Sexualität ausschließlich als Herrschaftsverhältnis – als ›Sexualpolitik‹ im Sinn von Wilhelm Reich, dem der Feminismus diesen Terminus verdankt – thematisch. Neu aber ist die Fokussierung der gewalttätigen und frauenverachtenden Darstellung des Geschlechtsakts in der Porno-Industrie und der Wiederholung dieser Medienbilder von Sexualität im ehelichen Alltag des Fabrikdirektors Hermann. Dieser Hermann praktiziert, was im »Heimkino« (L 125) und »heimlichen Kino« (L 128) der Videos zu sehen ist. Die Macht der Medien und der audiovisuellen Porno-Industrie über das Alltagsverhalten ist das eigentliche Thema von *Lust*, und insofern knüpft das Buch wieder an die frühe medienkritische Prosa an, vor allem an den *Michael*-Roman, dessen Titelfigur denn auch hier in aktualisierter Version wieder auftritt.

Die Geschichte von *Lust* ist klischeehaft – eine Seifenoper – wie alle ›Geschichten‹ Jelineks. Hermann, Direktor einer Papierfabrik in einem auch vom Ski-Tourismus heimgesuchten österreichischen Alpental, meidet aus Angst vor Aids das Bordell und läßt seine Angetraute ihm alle Huren ersetzen. Die alternde und trinkende Gerti, die sich in ihrer ›Mutterliebe‹ ganz verausgabt an den gemeinsamen Sohn, der bereits eine Miniaturausgabe des machtlüsternen Vaters ist, beginnt eine Affaire mit dem Studenten Michael. Sie wird von seinen Sportsfreundinnen und -freunden und ihm selbst sexuell mißbraucht und vergewaltigt. Gerti irrt zwischen Hermann, der sie wieder in Besitz nimmt, und Michael, der sie verrät, hin und her, bis sie zuletzt den vom Vater mit einem Schlafmittel betäubten Sohn erstickt und in einem Bach ›abtreibt‹.

Das Buch erzählt diese ebenso triviale wie melodramatische Provinz-Geschichte, die sich als ironische Version von Flauberts *Madame Bovary* oder auch von Schnitzlers *Frau Berta Garlan* lesen läßt und die beeinflußt ist durch Kindsmordprozesse wie den von Marguerite Duras beschriebenen Fall Villemin (Interview Berka, 1993, S. 147), in fünfzehn Abschnitten, in denen nur die Figur der Gerti aus der völligen Geschichts- und Gesichtslosigkeit der prototypischen Figuren herausgehoben wird. Gerti, deren deformierter und verkleinerter Name (sie scheint eine Fortführung der Brigitte aus *Die Liebhaberinnen* zu sein, vgl. L 251) schon darauf hinweist, daß sie zurechtgestutzt ist auf das ›weibliche‹ Rollenverhalten, ist auch Komplizin ihres Mannes. Konsumgeil und auf ihren Status bedacht, ist sie nicht nur Objekt und Opfer ihres Hermann, sondern sie macht sich ihm gegenüber auch selbst zur ehelichen Hure. Die Empfindungen und Gefühle, die sie bei Michael in Schwingung bringen zu können glaubt, sind nur Reproduktionen der Trivialmuster, die sie Illustrierten entnommen hat; ja dieser Michael selbst ist nur »ein blondes Bild auf einer Kinoleinwand« (L 117). Doch obwohl Gertis Phantasien konform sind mit den falschen Bildern der Waren- und Medienwelt, zeigt sie von Anfang an, wenn auch nur kläglich und negativ, unangepaßte Verhaltensweisen, etwa wenn sie trinkt oder auf Pantoffeln durch den Schnee läuft. Die Hilflosigkeit solcher Widerstandsformen ist angesprochen in dem erzählerischen Kommentar: »so wird der Tod vielleicht die Welt dieser Frau zu Ende denken« (L 61). Gegen das Pathos einer solchen Formulierung wiederum wird nicht nur der ironische Hinweis auf die Fiktionalität und Schablonenhaftigkeit der Gerti-Figur gesetzt (»Wir wollen jetzt aber nicht persönlich werden«, L 61), sondern das Buch insgesamt reflektiert in seiner hochartifiziellen Sprache die Unmöglichkeit, noch gleichsam unschuldig, d.h. jenseits ihrer historischen Deformationen, von Liebe und Sexualität zu sprechen. Alle Diskurse darüber scheinen ideologisiert und falsch zu sein und werden in *Lust* in einem aufwendigen und komplexen sprachlichen Verfahren destruiert.

Das Projekt einer Anti-Pornographie ist in *Lust* eng verschlungen mit dem *sprachlichen* Projekt der Reflexion und Destruktion einer ideologisierten Sprache der Sexualität. Kaum ein Satz, dem nicht die Anstrengung anzumerken wäre, die herkömmlichen Diskurse über Liebe und Sexualität aufzunehmen und zugleich aufzubrechen. Das mythendestruierend-ideologiekritische Verfahren Jelineks wird in *Lust* ganz in die erzählende Sprache selbst eingelassen, die in komplizierten Zitationsverfahren und Diskursüberlagerungen eine Dichte und Komplexität gewinnt, die das Lesen oft zur Tortur werden läßt. Nicht nur, daß ein lineares und bloß ›kulinarisches‹ Lesen unmöglich wird, vielmehr fordert *Lust* ein Rezeptionsverhalten, das permanent die aufwendigsten Interpretationsleistungen vollbringt, um die ›ungenießbaren‹ Zitationsknäuel im Text zu entwirren, in denen die Sprache sich zu verheddern scheint. Das Lesen wird so zur Einübung in die Mythendestruktion. An einigen wenigen Beispielen sei das gezeigt.

In ›mythenkritischer‹ Absicht verwendet Jelinek in *Lust* eine Fülle von Zitaten aus der ›hohen‹ Literatur, besonders Lyrikzitate etwa von Matthias Claudius, Goethe, Schiller und Rilke, vor allem aber Hölderlins, deren Funktion zunächst nur die einer ironischen Trivialisierung zu sein scheint. Doch schon angefangen mit Hölderlins »Strahl« des »Vaters«, der im ganzen Buch seine zotigen Spuren hinterläßt, erschöpfen sich die Zitate nicht in der bloßen Travestie. Es geht hier und anderenorts nicht primär um eine Hölderlin-Kritik, sondern um die Denunziation und Entmystifikation der ›Heiligung‹ des männlichen Geschlechts und der männlichen Sexualität im kulturellen Diskurs mit Hilfe solcher ganz für diesen Zweck funtionalisierten Zitate. Über das Zitat wird eine Entmystifikation sozialer und sexueller Herrschaftsstrukturen vorgenommen. So etwa, wenn die Fabrikarbeiter, die ja tatsächlich ökonomisch und sozial inferior sind, in Hölderlinscher Terminologie als die »Armen« und »Geringen« bezeichnet werden, die freilich gegenüber ihren Frauen zu »Himmlischen« werden (L 9). Hermann, der schon in seinem Namen sich verdoppelnde und vergrößernde ›Mann‹, wiederum versucht, sich als »ewiger Vater« seiner Omnipotenz zu vergewissern. Er hat die Gewalt sowohl über den Körper seiner Frau als auch über die Körper der Arbeiter in seiner Fabrik. Gerti, so heißt es, »gilt allein schon mehr als die Hälfte von allen Körpern hier, die andere Hälfte arbeitet in der Papierfabrik unter dem Mann« (L 7). Die sozialen und sexuellen Hierarchien werden also zunächst ganz im Sinn der marxistischen ›einfachen‹ und ›doppelten‹ Unterdrückung expliziert, zugleich aber wird sowohl die soziale Vormacht Gertis als auch der Grad ihrer sexuellen Ausbeutung drastisch hervorgehoben. Als »ewiger Vater« ist Hermann Herr über die Körper der Arbeiter wie seiner Frau, d.h. das Hölderlin-Zitat fungiert als Denunziation der Mystifikation sozialer und sexueller Gewalt.

Fast immer werden Hölderlin-Zitate in *Lust* dafür eingesetzt, den Konnex von sozialer und sexueller Gewalt und beider Mystifikation zu verdeutlichen. Exemplarisch dafür ist die folgende Stelle, die Hölderlins *Abendphantasie* (Hölderlin, 1969, S. 47f.) so entstellt, daß die einzelnen Partikel als Ideologisierungen von Herrschaftsverhältnissen gelesen werden können: »(...) und es leben die Sterblichen von Lohn und Arbeit, aber, nicht wahr, Musik gehört halt einfach dazu. Der Direktor hält die Frau mit seinem Gewicht nieder. Um die freudig von der Mühe zur Ruh wechselnden Arbeiter niederzuhalten, genügt seine Unterschrift, er muß sich nicht mit seinem Körper drauflegen. Und sein Stachel schläft nie an seinen Hoden. Aber in der Brust schlafen die Freunde, mit denen er einst ins Bordell ging« (L 19f.).

Über das fragmentierte Hölderlin-Zitat wird hier ein Zusammenhang zwischen sexueller und sozialer Gewalt hergestellt und beider

Ideologisierung in der physischen oder administrativen ›Omnipotenz‹ Hermanns kenntlich gemacht. Schon im ersten Absatz von *Lust* wird mit dieser ideologiekritischen Verwendung Hölderlins begonnen. Der Schluß der zweiten Fassung von Hölderlins hymnischem Entwurf *Das Nächste Beste* ist hier verdreht und entstellt. Heißt es bei Hölderlin: »Wahrheit schenkt aber dazu/Den Atmenden der ewige Vater« (Hölderlin, 1969, S. 225), so bei Jelinek: »Dieser Mann, der ihnen die Wahrheit ausschenkt wie seinen Atem« (L 7). Hier also atmet nur noch der »ewige Vater« selber, und er schenkt den »Armen« seine eigene »Wahrheit« *aus* wie Wein, der sie besoffen machen soll. Damit ist zugleich auch auf die Schöpfungsgeschichte angespielt, der zufolge Gott dem Menschen seinen Odem – Leben und Sprache – eingehaucht hat. Bei Jelinek bleibt davon nur der »Atem« des sich selbst verklärenden ›Mannes‹, der eine »Wahrheit ausschenkt«, die die Unwahrheit über die wirklichen Machtverhältnisse ist. Die Sprache dieses ›Mannes‹ also ist Ideologie und Herrschaftsdiskurs, der den Untergebenen weismachen will, daß sie sich selbst nur dem Schöpfertum ihres Direktors verdanken. Er ist der wahre ›Gott‹ in dem »röm. kath. Land« (L 127), von dem *Lust* handelt. Aber nicht nur der Fabrikdirektor, auch der karrieristische Student Michael fühlt sich schon als Schöpfergott gegenüber Gerti. Als er mit ihr schläft, ist er sich dessen sicher: »Er hat all die Pracht geschaffen« und nimmt die Frau »in Pacht« (L 124). Sexuelle und soziale Herrschaft werden also auch über den Schöpfermythos kurzgeschlossen. Zugleich wird im Wortspiel (»Pracht« – »Pacht«) das männliche ›Schöpfertum‹ auf ›Ökonomie‹ reduziert und damit persifliert. Entsprechend heißt es an anderer Stelle in einer Publikumsbeschimpfung der Erzählerin: »So wie Sie ging angeblich auch Jesus, dieser ewig durch Österreich und dessen Vertreter Fernreisende, durch seine Umgebung und blickte nach, ob etwas zu verbessern oder bestrafen oder betreffen war. Und dabei traf er auf Sie, und er liebt Sie wie sich selbst. Und Sie? Nur das Geld lieben, das die andren haben? Ja, Sie schauen dem ähnlich, schreiben Sie daher einen Brief an die ›Presse‹ und schimpfen Sie auf diejenigen, die keinen Gott haben bzw., wenn sie ihn hätten, kein Verhältnis mit ihm anfangen können!« (L 128).

Das ist eine Invektive gegen die Bigotterie und zugleich eine Satire auf die ›christliche Nächstenliebe‹ als Handelsgeschäft. Die religiöse Liebesmetaphysik wird also auch hier, und zwar gleich doppelt, in ›Ökonomie‹ überführt und als Ideologisierung denunziert. Insgesamt wird in *Lust* in einem extrem komprimierten Zitationsverfahren die Verschlungenheit von sozialer und sexueller Gewalt wie auch und vor allem deren Mystifikation und ›Heiligung‹ découvriert. Zerstört werden die Mythen der ›heiligen Liebe‹, sei es Hölderlinscher, sei es christlicher Provenienz, aber auch etwa der Mythos der ›heiligen Mutterliebe‹. Die Mythendestruktion richtet sich gegen den religiösen und literarischen Liebesdiskurs, der im Zusammenhang mit einer katastrophalen ›Selbstheiligung‹ des männlichen Geschlechts gesehen wird: »Das Gewitter, das von unsrem Gott, dem Geschlecht, ausgeht, läßt uns alle auf kürzestem Weg in unser Verderben rennen« (L 203). Über weite Strecken ist *Lust* eine einzige große Schmährede auf den Männlichkeitswahn im kulturellen Diskurs und eine Travestie auf die Selbstvergottung männlicher Sexualität, in der sich wiederum die Gewalt über den weiblichen Körper mystifiziert. Auch Batailles ›heiliger Eros‹ mit seinen Grenzüberschreitungen wird zum Gegenstand der Travestie: »die Grenzen sind im Bad, eine Tür weiter, und heute schon einmal überschritten worden« (L 29). Schließlich scheint auch die pseudoreligiöse Mystifikation männlicher Sexualität bei D. H. Lawrence angesprochen zu sein, wenn am Anfang von *Lust* der berühmte Spaziergang von Mutter und Sohn aus *Söhne und Liebhaber* ›zitiert‹ ist (also dem Buch, das Jelinek schon als ›Vorlage‹ für den Titel *Die Liebhaberinnen* gedient hat). In die »Körpertravestien« (Koch, 1990, S. 137) von *Lust* einbezogen wird schließlich immer wieder die Symbolik der Kommunion und Transsubstantiation. Die ›heilige Wandlung‹ wird zur Metapher für das bloße Konsumieren des weiblichen Leibs und zudem noch enggeführt mit literarischen Liebesdiskursen wie demjenigen Rilkes, dessen »Wolle die Wandlung« aus den *Sonetten an Orpheus* (Rilke, 1951, S. 222) mehrfach parodiert (L 36, L 182) ist, und zwar sowohl als Mystifikation männlicher Sexualität als auch des Waren-Konsums. Die Entmystifikationen in *Lust* bewegen sich zumeist im Rahmen der marxistischen Warenanalyse und bilden sie ab auf Sexualität. Diese ist ausschließlich als Ware, Konsumgut und Genußmittel thematisch und als Fetisch: »Schauen Sie nur irgendwohin, und die nach Ekstase, dieser integrierten, halbgeleiteten Ware Süchtigen glotzen zurück. Wagen Sie doch einmal etwas, das einen Wert hat!« (L 109). Die dem Buch vorangestellten Verse des spanischen Mystikers Johannes vom Kreuz, die von der Ekstase der Seele handeln, weisen bereits darauf hin, daß die Entmystifikation des ›heiligen Eros‹ bzw. der Heiligung von (männlicher) Sexualität das eigentliche Programm von *Lust* ist. Zugleich ist diesem mystischen Text (Theresa von Jesus/Johannes vom Kreuz, 1959) das Motiv der Herde entnommen, das den gesamten Diskurs von *Lust* durchzieht als Metapher für den an der Frau wie an der Natur sich bloß ›weidenden‹ Konsum (vgl. Fliedl, 1991, S. 98f.). Darüber hinaus ist das Motiv der ›Herde‹ in den Zusammenhang der literarischen Tradition des erotischen Hirtengedichts und der Schäferdichtung gestellt, als deren Persiflage das gesamte Szenario des ›Landlebens‹ in *Lust* gelesen werden kann. Aus den Liebeshändeln hochgestellter Personen in freier Natur, die noch die barocke Schäferdichtung dargestellt hat, wird in *Lust* die trostlos-gewalttätige Sexualität eines Fabrikdirektors mit seiner Frau in einem steirischen Alpental, in dem die Natur für die Papierfabrikation kahlgeschlagen wird und an ihre Stelle bereits die ›zweite Natur‹ von Video-Bildern getreten ist:

»In saftiger Ruhe schiebt der Mann das Bild seiner Frau in den Schlitz des Betrachters. Schaudernd greifen die Wälder nach dem Haus, in dem die Bilder der Videos, eine bepackte Herde von Zeugungsfähigen, vor den Augenzeugen über den Schirm ziehen. An ihren Fesseln werden die Frauen ins Bild gezerrt, nur ihre tägl. Gewohnheiten sind erbarmungsloser. Der Blick der Frau überwuchert die Ebene der Bilder, die sie jeden Tag mit ihrem Mann zurückzulegen hat, bis sie sich selbst zurücklegen muß. Gar nicht geknickt von seinem voll für ihn verantwortlichen Beruf, steht der Direktor im Saft und saugt an ihren Zitzen und Ritzen, ruft nach dem Beginn der Nacht und der Nachtvorstellung. So grünen auch an den Berghängen lebende Bilder, und die Kletterer treten mit ihren festen Schuhen hinein« (L 53).

In der in *Lust* beschriebenen Natur gibt es nichts Natürliches mehr, sondern sie ist ganz transformiert in die Bilder der Kulturindustrie (»wo der Bildschirm rauscht«, L 53, »Ewig singt die Stereoanlage«, L 73), und gerade darum wird die Frau zur Projektionsfläche von Natur. Der kulturelle Diskurs über die Zuordnung von Weiblichkeit und Natur wird in *Lust* immer wieder persifliert, so etwa, wenn es – wiederum mit einer eingelassenen Hölderlin-Travestie – heißt: »Das unbeugsame Geschlecht der Frau sieht wie ungeplant aus, und wofür wird es verwendet? Damit der Mann sich mit der Natur herumschlagen kann« (L 108). Auch die Auffassung, daß Sexualität überhaupt »die Natur des Menschen« darstelle, wird verhöhnt: »Ja, und vielleicht ist das Geschlecht die Natur des Menschen, ich meine, die Natur des Menschen besteht darin, dem Geschlecht hinterherzurennen, bis er, im ganzen und in seinen Grenzen gesehen, genauso wichtig geworden ist wie dieses« (L 79). Schließlich wird die vergewaltigte Gerti zum Bild einer depravierten Idylle, eines *locus*

amoenus, über den die »Herden« der Fernsehbilder wie der Natur-
benützer hinweggezogen sind:

»Schwerfällig verlassen im Umkreis die Armen die Ihrigen, um mit schmut-
zigen Händen ausgeschüttet zu werden in den Gasthäusern, wie Quellen
zu rauschen von dem, was sie in sich hineinstopfen. Doch diese Frau soll in
ihr Heim, das Trinken will man sich von ihr nicht bieten lassen, sie soll
lautlos sein, hier wohnt die Herde mitsamt ihren guten Leithirten, das Programm entnehmen Sie bitte der Fernsehseite! Die Frau Direktor ist eine
heitere Wolke, zumindest sieht sie so aus, da sie jetzt vom Sessel zu Boden
sinkt, wo sie wie sie sich bettet so liegt. Die Wirtin greift ihr grundgütig
unter die Achseln. Von Gertis Kinn rinnt ein kleiner Bach hinab und brei-
tet sich aus. Jeden Tag geht das nicht so weiter. Prächtig glänzt die Natur
noch einmal, zum letzten Mal, von draußen herein, und die Herden ihrer
Benützer ziehen mit geduldigen Rücken herein, froh, endlich selbst einen
heben zu dürfen, statt sich unter den Peitschenhieben der Olympiaübertra-
gungen aufbäumen zu müssen und über die Hügel hetzen zu lassen« (L 210).

So wie der Prätext von Idylle bzw. *locus amoenus* (»heitere Wolke«,
»kleiner Bach«) abgebildet wird auf den Körper der Frau – auch
hier also handelt es sich wieder um die Körpertravestie eines kulturell vorgegebenen Musters –, wird auch umgekehrt das Verhältnis
zur Natur noch dort, wo es mit natur- oder umweltschützerischem
Gestus auftritt, als implizit sexistisch denunziert: »doch irgendwo
wird schon in der Natur eine neue Wunde aufbrechen, zu der sie
alle hineilen müssen« (L 99). Die Schaulust an den Wunden der
Natur wird hier kontaminiert mit dem Video-Voyeurismus gegenüber dem weiblichen Geschlecht, der in *Lust* immer wieder thematisch ist und karikiert wird (»Nichts gefunden!«, L 110, »Die Schach-
tel ist längst leer«, L 241). Die Menschheit hat sich reduziert auf
den ›Verkehr‹ und aufs Fernseh- oder Video-Auge: »Jetzt setzen wir
unsren unsteten Weg fort, hinterlassen nur schwache Spuren auf
dem Asphalt der Bundesstraßen und unsren Kindern je einen Farb-
fernseher und einen Videorecorder pro Person« (L 153).

Auf einer anderen Ebene, als Jelinek es ursprünglich mit dem
Projekt einer ›weiblichen Pornographie‹ geplant hat, ist aus *Lust* also
doch ein Pendant zu Batailles *Geschichte des Auges* geworden. Er-
staunlich, daß in der eher aufgeregten Rezeption von *Lust* überhaupt nicht gesehen worden ist, daß das Buch den durch die audio-
visuellen Medien und deren Gewalt-Pornographie geformten Blick
auf die weibliche Sexualität zum Gegenstand hat, also Sexualität in
einer ganz bestimmten historischen Ausprägung und nicht ›die‹
Sexualität überhaupt. *Lust* beschreibt die Geschichte des weiblichen

Körpers im Zeitalter der Video-Kultur. Die Gewalt über die weibliche Sexualität, die im unsäglichen Schund der audiovisuellen Porno-Industrie vorgeführt und eingeübt wird, ist das eigentliche Thema von *Lust*. Um nicht weniger geht es als darum, den Schund dieser Video-›Kultur‹ zu verhöhnen als Selbstvergottung des männlichen Geschlechts und seiner Gewalt und für diese Verhöhnung alle kulturellen Diskurse über den Körper, die Liebe, die Natur usw. auszunutzen. Die Selbstheiligung männlicher Sexualität wird exemplifiziert an den Figuren eines Hermann, eines Michael und selbst des Sohns, dessen Horror-Mutter das Fernsehen ist: Das Kind »spricht ja selbst wie aus dem Fernsehen, von dem es sich ernährt. Jetzt geht es wieder fort, ohne sich zu fürchten, denn es hat heute das Grauen der Videos noch nicht geschaut« (L 12). Gertis Kindsmord ist im Grunde der Mord an einem Apparat, den sie doch nicht umbringen wird. Das Kind und wohl auch sich selbst zu töten (»Mord und Tod!«, L 255), also den eigenen Körper zu destruieren, scheint für die Frau die einzige Möglichkeit zu sein, noch selbst über ihren Körper zu verfügen. Daß die »Herden«, die über den weiblichen Körper wegtrampeln und sich an ihm weiden, zumindest einen Augenblick lang innehalten, ist der Appell, mit dem das Buch endet: »Aber nun rastet eine Weile!« (L 255).

Lust ist wohl der einzige Text Jelineks, der zumindest punktuell eine Ebene der Betroffenheit zuläßt: »Mir ist kalt« (L 209). Partikel einer subjektiven Sprache also werden durchaus in die hochartifizielle Sprachmontage eingesprengt, zugleich aber verbietet der Text sich jede Unmittelbarkeit, etwa wenn es heißt: »Die Sprache selbst will jetzt sprechen gehen!« (L 28). Das bezieht sich im speziellen Kontext darauf, daß Gertis Sohn den Körper der Mutter, wie der Vater, auf die Körperöffnungen – »ihre Tunnels und Röhren« (L 28) – reduziert und in der Sprache des Kindes diese Verdinglichung des weiblichen Körpers zum bloßen ›Verkehrsmittel‹ deutlich wird, die Sprache selbst also die Ideologie freilegt. Darüber hinaus aber kann es grundsätzlich in einem Diskurs, der die Deformation aller Erfahrung durch die kommerzielle Gewaltpornographie zum Gegenstand hat, keine Wahrheitsposition geben, die einfach jenseits davon wäre. Das Verfahren ist denn auch in *Lust*, ähnlich wie in *Krankheit oder Moderne Frauen*, sich auf das Grauen der kommerziell vorgefertigten Bilder von weiblicher Sexualität einzulassen, sie durch Übertreibungen, Verdinglichungen, Brechungen und Zitatmontagen ›auszustellen‹ und eben auf diese Weise zu denunzieren. So reproduziert das ›Auge‹ des erzählenden Subjekts in *Lust* den Video-Blick auf die weibliche Sexualität, macht aber gleichzeitig die Gewalttätigkeit dieses Blicks deutlich und läßt ihn auf diese Weise zerfallen. Die pornographische Darstellung wird sozusagen von innen heraus und durch Nachahmung destruiert. Nichts anderes ist wohl gemeint mit dem Projekt, die »Sprache selbst« sprechen zu lassen, das auf die mythendestruierende Kraft der Sprache selbst zu setzen scheint. Dem entspricht, daß Jelinek in *Lust* die einzelnen Mythen und Ideologien, die der Text kenntlich machen will, nicht mehr an die Figurenperspektive bindet (wie etwa den Mythos des ›Genies‹ und ›freien Individuums‹ in *Die Ausgesperrten*). Vielmehr werden jetzt in die erzählerische Sprache selbst Prätexte wie die Sprache Hölderlins eingelassen, deren Funktion es ist, Ideologien und Mystifizierungen männlicher Sexualität kenntlich zu machen und zu verhöhnen. Die Reproduktion vorgegebener sprachlicher Muster der ›Heiligung‹ männlicher Sexualität im erzählerischen Diskurs impliziert mithin als solche schon deren Entlarvung und bedarf keiner zusätzlichen Kommentierung mehr. Nachahmung und Destruktion fallen in eins, und die sprachliche Anstrengung von *Lust* besteht eben darin, beides kurzzuschließen. Während bei den literarischen Zitaten dieser Kurzschluß relativ leicht herzustellen ist, weil schon der obsolete Duktus sie ironisiert, wird das Verfahren riskant bei den Bild-Zitaten der Porno-Industrie, aus denen die Darstellung des häuslichen ›Geschlechtsverkehrs‹ zusammengesetzt ist. Jelinek löst dieses Problem, indem sie den Kommentar auf diese Bilder selber ins Bild setzt und konkretisiert als den Schmutz und Dreck, den Hermann in seine Gerti hineinschüttet. Die Wertung dieser Art männlicher Sexualität wird also selber visualisiert. Zugleich ist diese Visualisierung wiederum ein Zitat. Batailles Obsession durch die Körpersäfte und -ausscheidungen, durch Blut, Sperma und Kot, scheint hier ›objektsprachlich‹ persifliert zu sein. Wie wenig aber dieses Verfahren der Visualisierung und des Bild gewordenen Kommentars auf den Schmutz-und-Schund der Porno-Industrie oder auch der ›Heiligung‹ noch der männlichen Exkremente im erotischen Diskurs etwa von Bataille in der Rezeption von *Lust* verstanden worden ist, zeigt exemplarisch die naive Reaktion Marcel Reich-Ranickis, der im ›Literarischen Quartett‹ (ZDF, 10.3.1989) sein Erstaunen darüber zum Ausdruck gebracht hat, daß »diese Frau ein Buch geschrieben hat, wo die Sexualität unentwegt mit äußerster Kraft denunziert wird als das Widerlichste auf Erden« (Reich-Ranicki u.a., 1989, S. 41). Daß es in Jelineks Buch nicht um »die Sexualität« geht, sondern um die Selbstheiligung – die Mystifikation – männlicher Sexualität und um die Sexualität der Gewalt-Pornographie, wird also von Reich-Ranicki nicht gesehen. In dieser Verkennung stehen ihm übrigens einige Kritikerinnen nicht nach, die sich verzückt geäußert haben über die Beschreibung der weiblichen Genitalien in *Lust*, die das Buch selbst doch als Blick ins Pornoheft karikiert: »Ihre (Gertis) Möse wird nun auseinandergefaltet und, diese Broschüre kennen wir schon, lachend wieder zusammengeklappt« (L 201). Weder geht es in *Lust* um eine Denunziation von Sexualität überhaupt noch um eine ›weibliche‹ Lust am Obszönen. Das sprachliche Projekt von *Lust* ist die Entmystifikation sexueller Herrschaft durch Körpertravestien und Zitatmontagen, in denen die Geschichte des weiblichen Körpers als Objekt von Gewalt lesbar wird. Die Sprache bietet sozusagen alle Kräfte auf, um der Brachialgewalt gegen den weiblichen Körper und ihrer Mystifikation in den kulturellen Diskursen nicht das Feld zu überlassen, wenn auch oft am Rande der Erschöpfung: »In den Fichten braucht man die Sprache nicht mehr. Schmeißen wir sie halt weg!« (L 238).

Lust steht in Jelineks Werk am Anfang einer Reihe von Werken, die in extremer Weise intertextuelle Verfahrensweisen ausbilden. Sie sind von Werk zu Werk unterschiedlich, aber immer der ideologiekritischen Programmatik zuzuordnen. *Lust* enthält eine Fülle von deformierten Einzelzitaten, etwa auch aus einem Schubert-Lied (L 203) oder des letzten Satzes von Ernst Blochs *Geist der Utopie* (L 151), die im einzelnen noch erst zu ermitteln und zu analysieren wären (generell scheinen sie alle dem Verfahren der Travestie untergeordnet zu sein). Die meisten Zitat-Entstellungen in *Lust* beziehen sich jedoch auf das Christentum und, häufiger noch, auf Hölderlins Lyrik. Der Grund für die Favorisierung dieser Prätexte liegt im sprachlichen Projekt der ›Entmystifikation‹, das in *Lust* ganz wörtlich zu verstehen ist. Ist sonst bei Jelinek – etwa im Essay *Die endlose Unschuldigkeit* – die ›Mystifikation‹ im Anschluß an Marx und Barthes eher als Metapher zu verstehen, die ganz allgemein die Verschleierung von Herrschaftsverhältnissen – vorrangig durch ihre ›Naturalisierung‹ – bezeichnet, so geht es in *Lust* um Ideologisierungsprozesse, die nicht so sehr in der Form der ›Naturalisierung‹ als vielmehr der ›Heiligung‹ auftreten. Der christliche Diskurs wird in *Lust* persifliert als ›Heiligung‹ des Unternehmertums wie der Unterdrückung der Frau in einem »röm. kath. Land«. Das erzählende Subjekt eignet sich diesen Diskurs bzw. einzelne Formeln an, um sie als Ideologisierungen auszustellen und zu destruieren. Dagegen scheint es bei den entstellenden Hölderlin-Zitaten nicht oder jedenfalls nicht primär um eine Kritik an Hölderlin zu gehen. Die Zitate von Hölderlins ›heiliger Sprache‹ sind in *Lust* (anders übrigens als im gleichzeitig geschriebenen Text *Wolken. Heim.*) nicht so sehr Gegenstand als vielmehr Medium der Kritik. Sie sind gleichsam metasprachliche Kommentare des erzählenden Subjekts auf das Erzählte, in der Funktion, aktuelle Ideologisierungen männlicher Sexualität und Herrschaft zu decouvrieren. Das Erzählte wird gebrochen durch den Diskurs Hölderlins und in eben dieser Brechung kritisch kommentiert. Die Erzählweise ›mystifiziert‹ mit Hilfe von Hölderlins Sprache, um zu entmystifizieren (vgl. dagegen Schlich, 1994, S. 253ff.). In der Sprache des Romans also überlagern sich in komplexer Weise die Darstellung der ›Sache selbst‹, ihrer Ideologisierungen und deren Destruktion. Was in den frühen Prosatexten wie *Michael* oder *Die Liebhaberinnen* noch Thema und Sujet des Erzählens war, ist in *Lust* ganz zum sprachlichen Verfahren, zur Schreibweise geworden. Noch stärker als in *Krankheit oder Moderne Frauen*, wo Jelinek ihre neue Schreibweise zum erstenmal erprobt hat, oszillieren in *Lust* in den einzelnen Formulierungen Objekt- und Metasprache und verschieben sich die Sprachebenen collagenhaft so ineinander, daß oft unklar zu werden scheint, ›wovon‹ – d.h. auf welcher Ebene – die Rede ist. Dieses Verfahren der semantischen Überlagerungen, das im Bereich des Einzelworts auch in *Lust* vorrangig durch lautliche Verschiebungen realisiert wird (»Hitlerzimmer« statt ›Hinterzimmer‹, L 13; »Delysium« als Kontraktion aus ›Elysium‹ und ›Delirium‹, L 228), impliziert bei Jelinek keine Auflösung von Sinn überhaupt. So sehr das Verfahren phänomenologisch der Postmoderne ähnelt, gehört es bei Jelinek doch nicht in den Kontext der Postmoderne, sondern der Ideologiekritik. Weder ›das Subjekt‹ noch ›der Sinn‹ wird bei Jelinek destruiert; die Destruktion richtet sich vielmehr gegen die Ideologisierung von ›Sinn‹ und ›Subjekt‹. Das Verfahren der Mythendestruktion bleibt auch in Jelineks späterem Werk erhalten. Aber es wandert jetzt in die einzelnen sprachlichen ›Wendungen‹ (Deformationen) ein und realisiert sich in komplizierten semantischen Überlagerungen, während es in den früheren Werken zumeist auf der Ebene der Komposition und Architektonik (etwa durch Anaphern, Vergleiche, Wiederholungen usw.) praktiziert worden ist. An die Stelle der Linearität des Erzählens tritt damit die Gleichzeitigkeit der verschiedenen sprachlichen und semantischen Ebenen und eine Komprimiertheit des Erzählens, die die Lektüre von *Lust* fast so ›ungenießbar‹ macht wie die Art von ›Lust‹, von der die Prosa handelt.

V. Die »Unschuld« des Denkens

1. Wolken. Heim.

Literarische Zitate sind in *Lust* gebunden an das erzählerische Subjekt, das sie in mythendestruierend-ideologiekritischer Absicht einsetzt. Riskanter und schwieriger ist das Zitationsverfahren in dem gleichzeitig mit *Lust* entstandenen Theatertext *Wolken. Heim.* Dieser Text besteht überwiegend aus teils wörtlichen, teils entstellten Zitaten, die eingelassen sind in den Monolog eines »Wir«. Es gibt also keinen Dialog, keine dramatische Rede und Gegenrede, in der sich die Positionen gegenseitig relativieren könnten, sondern nur einen gleichsam monolithischen Text, der durch keine erzählerische Intervention und durch keinen dialogischen Widerspruch gebrochen ist. Jelineks Projekt, die »Sprache selbst (...) sprechen« (L 28) zu lassen, d.h. der Sprache selbst ihr ideologiekritisches Potential zu entlocken, ist in *Wolken. Heim.* wohl auf die radikalste und auch riskanteste Weise durchgeführt. Denn was schützt einen solchen Text, der von einem offenkundig faschistoiden kollektiven Subjekt gesprochen wird und dessen monologische Form bereits den Ausschluß jedes ›anderen‹ – sei es eines Dialogpartners, sei es eines erzählerischen Subjekts – impliziert, davor, als faschistischer Identifikationstext gelesen zu werden? Welche Elemente also enthält der Text, die ihn nicht konsumierbar machen für eine affirmative Rezeption? Welche Formen der Gegenrede und Kritik sind in ihn eingelassen?

Die »Deutschen«, die in *Wolken. Heim.* ihren regressiven Identitätsdiskurs führen, in dem es immer wieder um den Ausschluß des »anderen« und Fremden geht – und tatsächlich dürfte es kaum einen Text von Jelinek geben, der so ›rein‹ von Fremdwörtern ist wie dieser –, zitieren aus Texten Hölderlins, Hegels, Heideggers, Fichtes, Kleists und aus den Briefen der RAF aus der Zeit der Isolationshaft. Diese ›Quellen‹ werden von der Autorin selbst in einer Nachbemerkung als die »verwendeten Texte« angegeben. In einer vorangestellten Danksagung wird darüber hinaus ein Essay von Leonhard Schmeiser, *Das Gedächtnis des Bodens* (1985), genannt. Dem Text von Schmeiser hat Jelinek neben zahlreichen Einzelheiten vor allem die Erd- und Boden-Symbolik entnommen und damit zusammenhängend auch das Bild der »Untoten«, das zwar bei Jelinek eine eigene Tradition hat, hier aber zunächst in den Zusammenhang der Kyffhäuser-Mystik gestellt ist. (Hitler ließ sich feiern als wiederkehrender Barbarossa aus dem Kyffhäuserberg.) Der Schmeiser-Text hat Jelinek eine Reihe von Materialien und Vorlagen für eine faschistoide Sprache und Metaphorik geliefert, wird aber nicht von dem »Wir«, das den Text von *Wolken. Heim.* spricht, ›zitiert‹. Die in der Schlußbemerkung genannten Autoren bzw. Texte hingegen sind in die Rede von *Wolken. Heim.* eingeschmolzen als vermeintliche Autoritäten, auf die der Diskurs des »Wir« mit seiner deutschen Ideologie und seiner Ideologie des »Deutschen« sich beziehen und berufen zu können glaubt. Dabei werden reaktionäre bzw. rechtsradikale Diskurse wie Heideggers Rektoratsrede und Fichtes *Reden an die deutsche Nation* (schon Jean Paul hat die Verlogenheit dieser *Reden* wahrgenommen) von dem »Wir« ebenso aufgesogen wie die keineswegs so leicht einem faschistoiden Diskurs integrierbaren Texte von Hölderlin und Kleist und die Briefe der RAF. Die Tatsache, daß so heterogene Materialien in den Diskurs des »Wir« eingelassen sind (selbst Benjamins »Engel der Geschichte«, WH 22, wird identifikatorisch integriert), spricht bereits für sich selber. Dieses »Wir« schluckt sozusagen alles, was es an sprachlichem Material bekommen kann, und nimmt es ohne Rücksicht auf seinen historischen und ideengeschichtlichen Status in Besitz. Der gegen Jelinek in einigen Rezeptionen von *Wolken. Heim.* erhobene Vorwurf, daß sie der Historizität des Zitierten nicht gerecht werde, beruht daher auf einem prinzipiellen Mißverständnis. Der Text denunziert nämlich gerade eine Sprache, die sich alles und jedes – vom faschistischen bis zum RAF-Diskurs – einzuverleiben vermag, indem sie es enthistorisiert und damit mystifiziert. Das Zitationsverfahren des »Wir« ist selber Ausdruck der Beseitigung jedes Anderen und Fremden und einer Verfügung über die Sprache, bei der jede Differenz und Differenzierung ausgelöscht ist.

Trotz dieser Vergleichgültigung des Materials, die in der Sprache des »Wir« vorgenommen wird, so daß rechtsradikale und ›linke‹ Diskurse kontaminiert werden können, decouvriert *Wolken. Heim.* auch an Texten wie denjenigen Hölderlins oder der RAF Momente, die einem rechtsradikalen Gebrauch zumindest Vorschub leisten. So hat es sicherlich seinen Grund, daß ausgerechnet die RAF-Briefe aus der Isolationshaft (Bakker Schut, 1987) mit ihrem individualistischen, tötungs- und todessüchtigen Pathos zitiert sind; die politische Programmatik scheint hier für die Zitierenden keinerlei Rolle zu spielen: sie rezipieren die ›Vorlage‹ allein unter den individualistisch-terroristischen Aspekten, die der eigenen Verfassung entsprechen. Jelineks Text parodiert eine rechtsradikale Sprache, deren Auslöschung des Anderen und Fremden so weit geht, daß sie auch noch den Jargon des Linksextremismus zu integrieren vermag. Während die zitierten Texte der Philosophen – auch der atemberaubend rassistischen Passagen aus Hegels *Vorlesungen über die Philosophie der Geschichte* (Hegel, *Werke in zwanzig Bänden*, Bd. 12) – tatsächlich einem rechtsradikalen Diskurs keinerlei Widerstand bieten und daher in der Regel völlig unverändert in die Sprache des »Wir« eingehen, werden bei den dichterischen Texten Hölderlins und Kleists zum Teil signifikante Veränderungen vorgenommen, bis hin zur eindeutigen Verkehrung des Wortlauts im Original. So werden generell Hölderlins Texte der Identität des »Wir« angeglichen und subsumiert, indem die Ich-Form bei Hölderlin überführt wird in »Wir«. Die Beseitigung jeder personalen Identität zugunsten der ausschließenden und jede Differenz zermalmenden Identität des »Wir« wird z.B. deutlich, wenn es nach einem rhythmischen Skandieren des leeren und daher nur in der Entgegensetzung zum Anderen sich konstituierenden »Wir« (»Wir aber wir aber wir aber«) heißt: »Wir Lieben!« (WH 14) statt »ihr Lieben«. Die Adressaten von Hölderlins Gedicht *An die Deutschen* (Hölderlin, 1964, S. 64) werden also in der Sprache des »Wir« ausgelöscht und diesem »Wir« gleichgemacht. Auf der anderen Seite kann die Hölderlinsche Rede etwa über die »Armen«, das Zuhausesein und die Heimat unverändert übernommen werden. Diese Ebene von Hölderlins Diskurs scheint der Ideologisierung von Herrschaft durch die Affirmation von Identität keinerlei Widerstand zu bieten. Fast fünfzig Hölderlin-Gedichte sind in *Wolken. Heim.* ›verwendet‹ (vgl. Burdorf, 1990, S. 26ff.; Stanitzek, 1991, S. 11ff.; Kohlenbach, 1991, S. 121ff.), und die Methoden dieser ›Verwendung‹ – d.h. Deformation – werden im einzelnen von der Forschung noch analysiert werden müssen. Exemplarisch sei hier eine Stelle genannt, bei der es sich um eine gleich mehrfache Verdrehung von Hölderlins *Der Frieden* (Hölderlin, 1964, S. 60ff.) handelt: »Die Hand strecken wir nach dem Nachbarn aus, um seine Wege in die sträubenden Wolken zu lenken und uns an seine Stelle zu setzen und auszuruhn« (WH 16). Nicht nur sinngemäß wird hier Hölderlins Text völlig verdreht in eine ›Volk ohne Raum‹-Ideologie, sondern auch ganz buchstäblich wird das Wortmaterial verfälscht, indem Hölderlins »Wagen« in »Wege« transformiert werden und die »stäubende(n) Wolken« in »die sträubenden Wolken«. Durch scheinbar unerhebliche Eingriffe in die *lautliche* Struktur also wird hier die Sinndeformation erzielt und die Differenz des faschistoiden Diskurses zu Hölderlins Sprache beseitigt. Zugleich aber ›unterläuft‹ den Sprechenden dabei der Fehler, von »sträubenden Wolken« zu sprechen und auf diese Weise unbeabsichtigt den gewalttätigen Charakter ihrer Sprache deutlich werden zu lassen. Das Zitat also entlarvt gerade in seiner Deformation den Diskurs des »Wir« als Herrschafts- und Machtdiskurs, der jedes andere und jeden anderen verdrängt zugunsten einer Selbstheiligung und Selbstmystifikation des »Wir«, wie sie etwa deutlich wird in der Selbstanrede als »Engel der Geschichte«. Sie apostrophieren sich selbst als »Heilige« (WH 9) und beanspruchen für sich, wiederum in Verdrehung Hölderlins (»das Heilige sei mein Wort« in *Hälfte des Lebens*, Hölderlin, 1964, S. 135), eine Sprache des Heiligen: »Das Heilige ist unser Wort« (WH 11). Dieses »Heilige« der Sprache wiederum wird kontaminiert mit Heideggers Vorstellung von der Sprache als ›Haus des Seins‹: »Wir sind hier. Unser Haus, gefüllt mit unserer Sprache (...)« (WH 12). Ihre »Sprachen des Himmels« (WH 53) aber sind nur die Mystifikation für einen chauvinistisch-nationalistischen ›Heimat‹-Diskurs, der das alles Nichtidentische ausschließende Zuhausesein feiert und mit Blut- und Boden-Ideologie die eigene vermeintliche Identität behauptet. Dem »Boden« als ihrem »Heim« (»im Boden sind wir heimisch«, WH 29) korrespondieren die »Wolken«, in die die »Wege« des »Nachbarn« gelenkt worden sind. *Wolken. Heim.* – das ist nicht nur eine Reminiszenz an Wolkenkuckucksheim, sondern auch an das »Grab in den Lüften« (Celan), das den anderen mit den Mitteln der KZ-›Hygiene‹ verschafft wird: »Die andern haben auf eigenem Boden nicht das Sagen. Wir spülen sie fort mit unsren Schläuchen« (WH 16).

Die inhaltlichen Modifikationen der in *Wolken. Heim.* ›verwendeten‹ Zitate durch Entstellungen, Versetzungen oder auch einfache Verkehrungen usw., deren Analyse im einzelnen einen erstaunlichen Variationsreichtum von Jelineks Zitatverfahren an den Tag zu bringen vermag (vgl. Lossin, 1994), sind für das Theaterpublikum – und *Wolken. Heim.* ist ja als Theatertext konzipiert – selbstverständlich kaum nachvollziehbar. Für die theatralische Realisation und die Ideologiekritik, die der Text vornimmt, ist denn auch die Ebene seiner Musikalität entscheidend. Der gesamte Text läßt sich als eine Echoinstallation verstehen (vgl. Stanitzek, 1991,

S. 17ff.), die als solche auch von einem Theaterpublikum rezipiert und in ihrer Bedeutung verstanden werden kann. Anders als die meisten Texte Jelineks leistet *Wolken. Heim.* primär und exzessiv eine *musikalische* Ideologiekritik. Deren wichtigstes Mittel ist in diesem Text die Iteration, die die gesamte Mikro- und Makrostruktur des Textes prägt. Das beginnt bei den Alliterationen (»Wachsen und werden zum Wald«, WH 56) und setzt sich fort in Wortwiederholungen, etwa wenn es beim Zitat aus Heideggers Rektoratsrede (Heidegger, 1983 a) heißt: »wenn wir wenn wir wenn wir dem deutschen Schicksal in seiner äußersten Not standhalten« oder: »Für diesen Zweck muß freilich die natürliche Freiheit des einzelnen auf mancherlei Weise beschränkt beschränkt beschränkt werden« (WH 47). Wird hier durch die Wiederholung der Effekt einer hängengebliebenen Schallplatte erzielt, so bewirken musikalische Schleifen, die den gesamten Text durchziehen – etwa der Satz: »Wir sind zuhaus« –, daß der Eindruck eines Sprechens entsteht, das nicht von der Stelle kommt. Das vermeintliche ›Zuhausesein‹ wird also musikalisch als borniertes Auf-der-Stelle-Treten persifliert. Andere Wiederholungsstrukturen, wie etwa die mehrfache Wiederholung und Variation der Zeilen aus Hölderlins *An die Deutschen* (Hölderlin, 1964, S. 64ff.), in denen vom Übergang der »Gedanken« zur »Tat« die Rede ist (WH 14, 31, 32 usw.), heben in leitmotivischer Funktion die Gefährlichkeit der Rede dieses »Wir« hervor, das noch ›nur‹ Sprache, aber »zur Tat« überzugehen im Begriff ist: »Noch sind wir ein Wort, doch reifen schon zur Tat« (WH 31). Hier werden, wie von der RAF zur Zeit der Isolationshaft und in einem ganz anderen Sinn, als Hölderlin davon gesprochen hat (*Am Quell der Donau*, ebd., S. 143), die »Waffen des Worts« (WH 43) gezückt. Die kämpferisch-›revolutionäre‹ Rede des »Wir« wird wiederum dadurch konterkariert, daß der Text sie permanent in Tautologien einmünden läßt, als Formen der in sich kreisenden Wiederholung, die den gesamten Text durchziehen, etwa mit der Formel: »Wir sind Wir« (WH 13, 19, 22 usw.). Die ›deutsche Identität‹, derer sich das »Wir« zu vergewissern versucht, bleibt leer, ohne Beziehung auf irgendetwas außer sich selbst.

Entscheidend für die musikalische Ideologiekritik, die *Wolken. Heim.* an der Rede des »Wir« übt, ist über die einzelnen Wiederholungsstrukturen hinaus das Prinzip der Wiederholung als solches, mit dem der Text den Anspruch des »Wir« auf Authentizität, Besonderheit und Einzigartigkeit destruiert. Als »einzigartig« (WH 9) bezeichnen sich die Sprechenden von Anfang an, um schließlich in

Zitation von Fichtes 7. Rede an die deutsche Nation zur Selbstapostrophe als »Urvolk« überzugehen: »All diese ursprünglichen Menschen wie wir, ein Urvolk, das Volk schlechtweg. Deutsche! Deutsche! Deutsche!« (WH 28).

Den vermeintlich »ursprünglichen Menschen«, dem »Urvolk« der Deutschen setzt Fichte in seinen atemberaubenden *Reden an die deutsche Nation* die Fremden und Ausländer entgegen als die bloß Abgeleiteten und eben nicht Ursprünglichen (Fichte, Philosophische Bibliothek Bd. 204, S. 121). Dementsprechend expliziert er in seiner 4. Rede die deutsche Sprache als ursprüngliche, authentische und lebendige, die ohne Fremdsprachliches auskomme und der die Sprache sogar der anderen germanischen Völker entgegenstehe, weil sie Fremdes – vor allem das Lateinische – annehme und sich damit vom Ursprung und von schöpferischer Lebendigkeit entferne. Die Sprachen der ›Ausländer‹ sind für Fichte tote Sprachen, die nichts Neues hervorbringen, sondern nur Altes reproduzieren. Eben diese Ideologie einer ›schöpferischen‹ deutschen Sprache, der Sprache des vermeintlichen »Urvolks«, die authentisch, ursprünglich, einmalig, schöpferisch und *lebendig* sei, wird durch das Wiederholungsverfahren von *Wolken. Heim.* ad absurdum geführt. Denn die Sprache dieses »Wir« ist schiere Reproduktion. Sie wiederholt sich in sich selber *und* sie wiederholt nur vorgefertigte Muster vor allem aus der deutschsprachigen Dichtung und Philosophie. Die vermeintlich ursprüngliche ›deutsche Identität‹, die das »Wir« für sich beansprucht, hat nichts Authentisches, sondern ist Zitat und Reproduktion, ist *tote* Sprache« und Sprache von Toten, die sich in der Reproduktion – im sprachlichen Wiedergängertum – zu einem Scheinleben erwecken möchten wie der ›Führer‹ als der angeblich wiederkehrende Barbarossa. Das vermeintliche »Urvolk« also ist in Wahrheit das tote Volk und seine Sprache eine tote Sprache, die sich nur in der vampiristischen Reproduktion zu realisieren vermag. Die Wiederholungsstrukturen von *Wolken. Heim.* führen so die Ideologie des »Wir« musikalisch ad absurdum.

Sicherlich geht es in *Wolken. Heim.* nicht, wie Stanitzek anfangs nahelegt, um die Frage der deutschen Einheit (der Text wurde bereits 1988 in Bonn uraufgeführt). Ebensowenig geht es primär um eine Kritik am idealistischen Identitätsdiskurs. Entscheidend ist vielmehr die trivialmythische Rezeption der zugrunde gelegten und »verwendeten« philosophischen, literarischen und politischen Quellen durch das sprechende »Wir«. Während in *Lust* z.B. die Hölderlin-Zitate eingesetzt werden, um aktuelle Mystifikationen wie die

›Heiligung‹ von männlicher Sexualität aufzuzeigen und zu denunzieren, werden in *Wolken. Heim.* Formulierungen Hölderlins so entstellt, daß sie dem Identitätsdiskurs des »Wir« keinerlei Widerstand mehr bieten. Die »verwendeten« Texte werden von den Sprechenden enthistorisiert; ihr ›Sinn‹ wird überführt in ›Form‹, so wie Roland Barthes es in den *Mythen des Alltags* als Prinzip des Mythos und seiner Überlagerung zweier Sprachsysteme beschrieben hat. Aufs genaueste scheint in *Wolken. Heim.* das realisiert zu sein, was Barthes als das Verfahren der trivialmythischen Stereotypisierung beschrieben hat: »Der Mythos (...) ist eine Sprache, die nicht sterben will, er entreißt dem Sinn, von dem er sich nährt, hinterlistig Dauer, er ruft in ihm einen künstlichen Aufschub hervor, in dem er sich behaglich einrichtet, er macht aus ihm einen sprechenden Kadaver« (Barthes, 1964, S. 117).

In dem hier von Barthes beschriebenen Sinn ist die Sprache des »Wir« in *Wolken. Heim.* eine mythisierende Sprache, die sich von vergangenen Sprachmustern »nährt«, sie deformiert und zugleich künstlich – als Stereotyp – am Leben erhält. Ja die »Untoten« selbst sind offenbar die Allegorie eines sprachlichen Verfahrens, das Barthes als eine Art Vampirismus beschreibt. Sie nähren sich von einer Sprache, die nicht mehr lebt und der sie doch Dauer verschaffen, indem sie sie ins Stereotyp – in einen »sprechenden Kadaver« – verwandeln. Anders als in allen anderen Texten Jelineks werden in *Wolken. Heim.* Mythen nicht nur destruiert, sondern es wird auch umgekehrt der sprachliche Prozeß der Mythisierung selber dargestellt und zum Thema gemacht. In ihrer Deformation und Ideologisierung verlieren die Ausgangstexte ihren ursprünglichen Sinn und werden sie zu leeren »Begriffen« im Sinn von Roland Barthes: »In Wahrheit ist das, was sich in den Begriffen einnistet, weniger das Reale als eine gewisse Kenntnis vom Realen; beim Übergang vom Sinn zur Form verliert das Bild Wissen, und zwar um besser das des Begriffes aufzunehmen. Allerdings ist das im mythischen Begriff enthaltene Wissen konfus, aus unbestimmten, unbegrenzten Assoziationen gebildet (...); es ist eine formlose, unstabile, nebulöse Kondensation, deren Einheitlichkeit und Kohärenz mit ihrer Funktion zusammenhängen« (Barthes, 1964, S. 99).

Geht man davon aus, daß in *Wolken. Heim.* das Verfahren der Stereotypisierung – personifiziert in den »Untoten« – selber zum Thema wird und das sprechende »Wir« die »verwendeten« Texte zugleich aussaugt und künstlich am Leben erhält, so daß sie lediglich in der Form von »sprechenden Kadavern« existieren, wird es fragwürdig, die zitierten und z.T. entstellten Texte im einzelnen noch mit den jeweiligen Ausgangstexten zu vergleichen. Die hervorragende Hörspiel-Fassung von *Wolken. Heim.*, die Peer Raben 1992 komponiert und produziert hat, scheint dem gerecht zu werden, indem sie nicht nur die literarischen und philosophischen Zitate etwa Hölderlins und Hegels drastisch reduziert, sondern auch alles wegläßt, was die Rede des »Wir« deutlich als Zitat markiert (so fehlen z.B. die Hegel entnommenen Stellen, an denen von den »Negern«, vom »Germanischen Reich« oder der »slawischen Nation« die Rede ist). Der Zitatcharakter wird in der Hörspiel-Fassung nicht unterstrichen; ganz im Gegenteil wird die Rede des »Wir« als Alltagsrede von beängstigender ›Normalität‹ präsentiert, indem sie mit Kneipen-, Stadion-, Essens-, Telefonier- und Duschgeräuschen unterlegt wird. Die vollkommene Transformation der ›hohen‹ Diskurse in banales Gerede, das keine Erinnerung mehr hat an den Ursprung der deformierten Texte, wird also vorgeführt und eben damit die Verwandlung des Zitierten ins bloße Klischee zum Ausdruck gebracht. Daß es um eine zum Stereotyp gewordene Sprache geht, wird zudem betont, indem über die ohnehin schon zahlreichen Wiederholungsstrukturen des Textes hinaus zusätzliche Wiederholungen einzelner Wörter, Sätze oder ganzer Passagen vorgenommen und einige Texte in ›falschen Geschwindigkeiten‹ gesprochen werden. Das Automatenhafte und Vorgestanzte der vom »Wir« gesprochenen Sprache wird auch damit betont. Völlig einleuchtend sind darüber hinaus etwa auch Schlagertexte zusätzlich in die Rede einmontiert, die die Verwandlung der ›hohen‹ Diskurse der deutschen Geistesgeschichte in triviale Muster akzentuieren. Insgesamt wird die Hörspiel-Fassung dem Text eben dadurch gerecht, daß sie vor allem die musikalischen Mittel, mit denen die Rede des »Wir« als nichtauthentische und vorgefertigte denunziert wird, aufgreift und potenziert. Statt also, wie Stanitzek es in seinem sonst so verdienstvollen Essay tut, den Text mit weiteren Kultur-Zitaten von der Antike bis zur Gegenwart zu befrachten, käme es vielleicht eher darauf an, den Prozeß der Trivialisierung und Stereotypisierung in der Sprache von *Wolken. Heim.* zu erkennen und gerade in ihm den ideologie- und diskurskritischen Gehalt des Textes zu sehen. Vom Wolkenkuckucksheim der *grands récits*, der großen philosophischen und literarischen Diskurse der Moderne bleibt hier tatsächlich nur deren trivialmythische ›Verwendung‹ übrig: eben die »Wolken« und das »Heim«.

Lassen sich die »Untoten« in *Wolken. Heim.* als Allegorie des sprachlichen Verfahrens der Stereotypisierung verstehen, so sind sie doch zugleich auch diejenigen, die aus dem Blut-und-Boden des Nazitums immer wieder aufsteigen. In zwei später erschienenen Texten hat Jelinek dieses Wiedergängertum des Nazi-Faschismus noch einmal zugespitzt auf aktuelle Entwicklungen in Österreich. Für die Inszenierung von *Wolken. Heim.* am Wiener Volkstheater 1993 schrieb sie einen Epilog, in dem es mit Beziehung auf die Haiders und den Rechtsruck in Österreich heißt:

»Es ertrinkt unser Land im deutschen Beispiel (...). Wir brauchen jetzt kein Vorbild mehr, das uns in die Stiefeln hilft. Wir sind selber groß genug. Und da ist schon einer, ein Vorsitzender, der was uns jetzt aufsammelt, zumindest die, die er brauchen kann. Der was vom Berg gekraxelt ist und sich uns in die Futterkrippe vorlegt, ein guter Bissen für die Nachgebornen, die auch möglichst schnell blutig werden wollen (...) wir Deutschen müssen endlich einmal Laut werden dürfen, der in die Zukunft weist (...). Ja, wenn wir bis zum Äußersten gehen wollen, dann schauen wir in den Spiegel, endlich allein« (Jelinek, *An den, den's angeht*, 1993, S. 35f.).

Schon in dem 1991 geschriebenen politischen Essay *Die Österreicher als Herren der Toten* hatte Jelinek auf die Erfolge der FPÖ auch bei den Wiener Gemeinderatswahlen reagiert in einem Duktus, der unmittelbar an *Wolken. Heim.* anschließt und zugleich zurückgreift auf den frühen Essay *Die endlose Unschuldigkeit*:

»Die letzten Gemeinderatswahlen in Wien sind geschlagen. Sie haben gezeigt, daß wir, wieder einmal, gegen ›die Anderen‹, die Fremden, gewonnen haben. Die rechtsradikale Freiheitliche Partei (FPÖ) hat ihre Stimmen, wie zuletzt auch schon in anderen österreichischen Bundesländern, verdreifachen können. Die Ausgrenzung hat funktioniert. Ein extrem populistischer, fremdenfeindlicher Wahlkampf hat Früchte getragen, die uns seit einiger Zeit schon verlockend vor dem Mund gehangen haben, jetzt dürfen wir sie endlich essen, wir und nur wir: So nah und doch so schwer zu fassen, weil wir auf Nichts gegründet sind, auf das Zunichtemachen von anderen. In den Staub unserer Volksmusik, unserer Mozartbeschwörungen und unserer walzertanzenden weißen Pferde sind wir endlos geworfen. Unsere Identität beruht auf der Anhebung fremder Identität. Und wenn wir nach ihr wühlen, wühlen in unseren beliebten Delikatessen, Sachertorte, Schlagobers, Apfelstrudel, finden wir immer nur: nichts, denn diese schönen Dinge, durch die wir uns von den anderen abzuheben trachten, sind in dem Augenblick in sich aufgehoben, fallen zu Null zusammen, da es den anderen durch unsere Schuld nicht mehr gibt: ›aus Nichts ins Nichts. Hart zwischen Nichts und Nichts‹ (Kleist). Der kollektive Wille zur endlosen Unschuldigkeit der Österreicher führt dazu, daß sie die Schuld – und sie muß, auf Natur und nichts sonst gegründet, eine Erbschuld sein, durch Geburt erworben – immerfort den anderen zuschieben, um sie ausgrenzen, vertreiben, vernichten zu können. Die Fremdenfeindlichkeit und der Antisemitismus, die beide in Österreich auf Natur zu gründen scheinen, mit solcher beinahe organischer Selbstverständlichkeit treten sie zutage, haben ein und dieselbe Wurzel« (Jelinek, *Die Österreicher als Herren der Toten*, 1992, S. 23).

Die Kleist- und Hölderlin-Zitate aus *Wolken. Heim.* werden also auch hier weitergeführt und in Beziehung gesetzt zum Verfahren der Mythologisierung, wie es Barthes beschrieben hat: zur ›Naturalisierung‹ von Historischem und Politischen, die es ermöglicht, sich selbst von jeder Schuld – am Nazi-Faschismus – freizusprechen. Explizit stellt der Schluß des Essays noch einmal einen Zusammenhang her zwischen dem Neofaschismus und der Beschwörung einer deutschen Sprache und eines deutschen Geistes, der ›untot‹ im blutdurchtränkten Boden liegt und seinerseits den ›Untoten‹ über der Erde als lebenspendende Nahrung dient:

»So soll es diese deutsche Sprache sein, die die wenigsten in Österreich korrekt beherrschen (...) je ungelenker sie sich ausdrücken, je gutturaler der ländliche Akzent zwischen den Lippen hervorstößt, um so gieriger krallen sie sich an diesem Deutschtum fest, als suchten sie, die Herren des Ungeists, im deutschen Geist ihre Rettung, auch wenn sie dazu in den Boden steigen müßten, wo die Toten liegen, die sie selber umgebracht haben. Aber es sind die Untoten, die dort liegen, und sie müssen immer wieder hervorgeholt werden, um mit ihnen sich selbst zum Leben zu erwecken. Als könnte diese vergötzte deutsche Sprache, indem man sie berührt, immer wieder ein neues Leben gewähren. ›Die Sprache ist ein großes Totenreich, unauslotbar tief; darum empfangen wir aus ihr das höchste Leben‹ (Hofmannsthal). Und sind es die großen Toten, die eine Nation einigen, so sind es bei uns die Toten, die wir hergestellt haben, ist es die über slawische Felder gewehte Asche, sind es die Knochen der Ermordeten. Uns eint in Wahrheit das Nichts. Daher gehört uns ALLES« (ebd., S. 26).

Nicht nur die Neo-Nazis also sind die ›Untot‹, sondern ›untot‹ ist auch eine deutsche Sprache, die Deutschtum und »deutschen Geist« weiter am Leben erhält und transportiert. Das Zitatverfahren in *Wolken. Heim.* denunziert eben diese Tradition des ›Deutschen‹ in den großen Diskursen der deutschen Geistesgeschichte. Vampiristisch aber ist dieses Verhältnis zur deutschen Sprache auch deshalb, weil es diese Diskurse enthistorisiert und naturalisiert, d.h. in den Diskurs der »endlosen Unschuldigkeit« und der Verleugnung der eigenen Schuld am Nazi-Faschismus und an seinen Greueln verwandelt. Die großen Diskurse der deutschen Geistesgeschichte also werden paradoxerweise enthistorisiert und entpolitisiert – in Stereotypen verwandelt –, um erneut historisiert und politisiert werden zu können. Diese komplexe Problematik des Zusammenhangs von fortlebendem Rechtsradikalismus und einem faschistoiden Diskurs des ›Deutschen‹, in dem die »endlose Unschuldigkeit« behauptet und zugleich die historische Schuld erneuert wird, scheint Jelinek fortzusetzen in ihrem für 1995 geplanten Roman *Die Kinder der Toten*, einer österreichischen Gespenstergeschichte, in der wiederum nur noch ›Untote‹ herumzugeistern scheinen.

2. Totenauberg

Der Titel von Elfriede Jelineks 1991 erschienenem Theatertext *Totenauberg* ist eine Anspielung auf Heideggers Wohnort Todtnauberg und variiert den Ortsnamen so, daß zwei scheinbar konträre Diskurse zusammengezogen werden: der Diskurs über die Natur und Umwelt, für den das Wort ›Au‹ steht, und ein Diskurs der Toten oder genauer: des Tötens und der Leichenberge. Diese zunächst unverständliche Kontamination von Umwelt- und Tötungsdiskurs wiederholt sich im Stück etwa in Formulierungen wie: »Wir Auschützer. Wir Auschützen!« (T 21). Wie sie zustande kommt und wie sie wiederum auf Heidegger zu beziehen ist, wird erst über eine Reihe von intertextuellen Bezügen erkennbar, die Jelineks Stück eingeschrieben sind. Es sind freilich nicht nur intertextuelle, sondern auch biographische Bezüge, deren Kenntnis das Stück vorauszusetzen scheint, etwa wenn es neben der Figur von Heidegger, die – wie es in der Szenenanweisung heißt – »mit einem winzigen Zitat« (T 5) nur ›angedeutet‹ werden soll, die – gleichfalls nur ›anzudeutende‹ – Figur der Hannah Arendt auftreten läßt. Daß tatsächlich Heidegger und Hannah Arendt in den zwanziger Jahren eng liiert waren und daß diese Liaison ihre merkwürdigen Konsequenzen noch Jahrzehnte später hatte, wenn die Emigrantin Hannah Arendt sich mit Heidegger zu seinem 80. Geburtstag versöhnte, ist nachzulesen in der Hannah-Arendt-Biographie von Elisabeth Young-Bruehl (Young-Bruehl, 1986), auf die Elfriede Jelinek etwa am Schluß von *Totenauberg* zu rekurrieren scheint, wenn die Hannah-Arendt-Figur trotz aller vorangegangenen Kritik an Heidegger plötzlich sagt: »Jetzt aber ist es Zeit zu feiern! Wir haben uns wiedergefunden!« (T 89). Die Rede der Hannah-Arendt-Figur wiederum, die u.a. Texte aus dem

Briefwechsel zwischen ihr und Karl Jaspers (Arendt-Jaspers, 1985) und aus dem Essay über Existenz-Philosophie (Arendt, 1948, bes. S. 68ff.) zitiert, erhellt sich in geradezu verblüffender Weise aus einem von Jelinek gar nicht beabsichtigten weiteren intertextuellen Bezug: der Nähe nämlich zu den Schriften von Günther Anders (Stern), den Hannah Arendt 1925 in einem Seminar Heideggers kennengelernt und 1929 geheiratet hat.

Die Heidegger-Figur läßt das Stück *Totenauberg* zunächst auftreten in einem »Gestell«, dem Heideggerschen Terminus für ›Technik‹, den das Stück gleichsam beim Wort nimmt und visualisiert. Zentral für die Heidegger-Zitate ist denn auch Heideggers Diskurs über die ›Heimat‹ sowie über die ›Gesundheit‹ im Zusammenhang mit seinen Reflexionen über die Technik, wie in der polemischen Darstellung von Victor Farías in komprimierter Form nachzulesen ist. So heißt es bei Farías mit Beziehung auf das posthum erschienene *Spiegel*-Interview mit Heidegger:

»Er bezeichnete die Demokratie als ein politisches System, das unfähig sei, mit der Technisierung der Welt fertig zu werden, und behauptete, der frühe Nationalsozialismus sei eben dazu durchaus in der Lage gewesen. Während er auf Seite 206 des Interviews die These vertrat, die Technik sei von menschlicher Kontrolle unabhängig geworden und die Demokratie sei außerstande, eine solche Kontrolle auszuüben, heißt es auf Seite 214 auf die Frage, ob er sich nicht auf Dinge berufe, die ›keinen Bestand‹ hätten, wie zum Beispiel ›Heimat‹: ›Sie nehmen die Technik doch zu absolut. Ich sehe die Lage des Menschen in der Welt der planetarischen Technik nicht als ein unentwirrbares und unentrinnbares Verhängnis, sondern ich sehe gerade die Aufgabe des Denkens darin, in seinen Grenzen mitzuhelfen, daß der Mensch überhaupt erst ein zureichendes Verhältnis zum Wesen der Technik erlangt.‹ Dem fügte er die schwerwiegende Erläuterung hinzu: ›Der Nationalsozialismus ist zwar in die Richtung gegangen‹, aber: ›Die Leute (...) waren zu unbedarft im Denken...‹ Und: ›Alles Wesentliche und Große ist nur daraus entstanden, daß der Mensch eine Heimat hatte und in einer Überlieferung verwurzelt war‹ « (Farías, 1989, S. 390).

Dem *Spiegel*-Interview zufolge also gewährleistet erst die ›Heimat‹-Verwurzelung ein zureichendes Verhältnis zur Technik. Der zentrale Text für diese Denkfigur bei Heidegger aber ist der Aufsatz *Schöpferische Landschaft: Warum bleiben wir in der Provinz?* (Heidegger, 1983 b) von 1934, mit dem er die Ablehnung seines Rufs nach Berlin begründet hat. In diesem Aufsatz hatte Heidegger sein Verbleiben auf der Skihütte von Todtnauberg als Bekenntnis zur ›Bodenständigkeit‹ zu begründen versucht. Ebenso wichtig aber scheint für Jelinek der frühe, 1910 erschienene Aufsatz über Abraham a Sancta Clara gewesen zu sein, in dem Heidegger Abraham a Sancta Clara als Prediger der »Gesundheit des Volkes an Seele und Leib« (zitiert nach Farías, 1989, S. 74) feiert und jenen konservativen Diskurs über ›Gesundheit‹ und ›Krankheit‹ aufgreift, den sich wenig später der Nationalsozialismus zunutze gemacht hat, etwa wenn es in Hitlers *Mein Kampf* heißt: »Ein fester Stock kleiner und mittlerer Bauern war noch zu allen Zeiten der beste Schutz gegen soziale Erkrankungen, wie wir sie heute besitzen. Dies ist aber auch die einzige Lösung, die eine Nation das tägliche Brot im inneren Kreislauf einer Wirtschaft finden läßt. Industrie und Handel treten von ihrer ungesunden führenden Stellung zurück und gliedern sich in den allgemeinen Rahmen einer nationalen Bedarfs- und Ausgleichswirtschaft ein« (zitiert nach Farías, ebd., S. 241).

Die vier Szenen des Stücks *Totenauberg* lassen sich als Abfolge von vier verschiedenen bzw. unterschiedlich akzentuierten Diskursen verstehen, die alle wiederum auf Heidegger bezogen werden können. Die erste Szene heißt »Im Grünen«: Hier wird vorrangig ein Diskurs über Natur und Heimat geführt. Die zweite Szene »Totenauberg (Gesundheit!)« führt primär einen Diskurs der ›Gesundheit‹ und ›Euthanasie‹. Die dritte Szene »Heim Welt« stellt den Diskurs über Fremde, Tourismus und Warenwelt in den Vordergrund, und die vierte Szene mit der Überschrift »Unschuld« führt die bisherigen Diskurse zusammen in der Beteuerung der eigenen vermeintlichen »Unschuld« gegenüber den Greueltaten von Auschwitz, Atombombe und Gentechnologie. Das ganze »Stück« kennt keine Dialoge, sondern besteht aus gegeneinander verschobenen Sprachflächen, in denen die Sprache Heideggers nicht nur mit der Sprache der Nazis, sondern auch mit der Sprache etwa des ›rechten‹ Flügels der Ökologie- und Anti-AKW-Bewegung zusammengeführt wird. Beide Komplexe wiederum werden durchmischt mit der Sprache der Warenwirtschaft und des Konsums. So spricht z.B. in der zweiten Szene eine junge Mutter von der Geburtenplanung als angeblicher Verantwortung gegenüber der ›Natur‹ in einer Weise, die deutlich macht, daß eine aktuelle Erscheinungsform des Faschismus in einem Gesundheits-Diskurs bestehe, der das angeblich ›gesunde‹ Leben mit der Fähigkeit zum Konsum gleichsetzt und die Nicht-Konsumenten nicht nur als ›Kranke‹, sondern letztlich als ›lebensunwertes Leben‹ ausgrenzt. Ausdrücklich redet die junge Mutter der Tötung von »Geburts-Krüppeln« (T 32) das Wort, ja sie selbst würde ein Kind – wie sie sagt – töten, das nicht fähig ist bzw. nicht den

Wunsch hat, »Kunde zu werden« (T 31). Diesen faschistoiden Diskurs, der mit einem tendenziösen Zitat des australischen Philosophen Peter Singer (T 34), der freilich nicht auf die von Jelinek unterstellte Weise für die medizinische Nichtversorgung von schwerstbehinderten Neugeborenen plädiert hat (Singer, 1984), nochmals verstärkt wird, kommentiert das Stück durch die Szenenanweisung, daß gleichzeitig ein alter Dokumentarfilm auf der Bühne gezeigt werden soll, in dem jüdische Menschen sich zum Transport sammeln (T 37).

Die Verbindung zwischen dem rassistischen Gesundheits-Diskurs der Nazis und dem heutigen Gesundheits-Diskurs unter dem Vorzeichen von Vollwertkost und kapitalistischer Warenwirtschaft stellt das Stück her, indem es eine zentrale These von Günther Anders ins Bild zu setzen scheint. Die junge Mutter legt ihr Kind »aufs Tablett« (T 40), d.h. sie gibt es dem kannibalistischen ›Verzehr‹ preis, wie auch unmittelbar darauf zwei Gamsbärtler, die sich auf der Piste niedergelassen haben, von den toten Sportlern »kleine Stücke« abschneiden und »gemütlich« davon essen (T 44). Dazu sprechen sie die Litanei der Konsumgesellschaft: »Die wollen neue Waren, schrankenloser als der Mensch sie früher gekost und gekostet hat« (T 45). Nach Günther Anders gilt seit der dritten industriellen Revolution nicht mehr der Satz: »Alle Menschen sind sterblich«, sondern spätestens seit der Erfindung der Atombombe müsse der Satz gelten: »Alle Menschen sind tötbar«. Analog zu dem nationalsozialistischen »lebensunwerten Leben« gebe es nun ein »existenzunwertes Seiendes«. »Kurz: *Rohstoffsein ist criterium existendi, Sein ist Rohstoffsein* – dies ist die metaphysische Grundthese des Industrialismus« (Anders, 1980, S. 33). Und weiter heißt es bei Anders:

»Die *Verwandlung des Menschen in Rohstoff* hat wohl (wenn wir von Kannibalen-Zeiten absehen) in Auschwitz begonnen. Daß man aus den Leichen der Lagerinsassen (die selbst bereits Produkte waren, denn nicht Menschen wurden getötet, sondern Leichname hergestellt) gewiß die Haare und die Goldzähne, wahrscheinlich auch das Fett entnahm, um diese Stoffe zu verwenden, das ist ja bekannt. Ebenso, daß die amerikanischen Soldaten mit japanischen Goldzähnen aus dem Pazifik heimkehrten: mit eigenen Augen habe ich Beutel voller Zähne gesehen, die GI's zeigten mir diese – ich weiß, wie unglaubhaft das klingt: *arglos*. Arglos eben deshalb, weil es ihnen selbstverständlich war, in der Welt einen Rohstoff zu sehen, und ebenso selbstverständlich, dieser Welt eben auch die japanischen Mitmenschen zuzurechnen (die man freilich vorher durch systematische Diffamierung zu ›Affen‹ degradiert hatte)« (Anders, ebd., S. 22).

Die Menschheit ist nach Anders zur »Wegwerf-Menschheit« geworden, und die Menschen werden als »Rohstoff« behandelt; darin liege die Gemeinsamkeit von moderner Gentechnik, Auschwitz und archaischem Kannibalismus. Eine der aktuellen Formen dieses Kannibalismus besteht Jelineks Stück zufolge im Tourismus, der Fremde nur als Konsumenten duldet und sie insofern als bloße Ware betrachtet (»Ich bin meine Ware«, T 62, sagt eins der Touristen-»Opfer«). Den Diskurs des Fremdenverkehrs als bloßer ›Menschenverwertung‹ spricht auch die Heidegger-Figur des Stücks, etwa wenn es heißt: »Diesen Fremden folgen inzwischen schon Wanderer, die bei uns heimischer zu sein glauben. Sie sind verschlagen wie Bälle. Aber sie werden sich nicht einschmuggeln bei uns! Was Großes aus der Menschenhaut herstellen! Und wo endet das? Beim Schirm aus Arbeitslosenunterstützung« (T 54).

Die Reminiszenz an die Lampenschirme, die in KZs aus Menschenhaut hergestellt worden sind, vermischt sich hier mit Ausfällen dagegen, daß Fremde, wo sie nicht nur Touristen, sondern auch Immigranten (»Wanderer«) und Arbeitskräfte sind, ins ›Netz‹ der Sozialversicherung fallen. Nur als potentielle Leichname, als die die Ski-Touristen auf der Bühne herumliegen, werden Fremde geduldet. In einem kritischen Diskurs, der die Heidegger-Figur des Stücks immer wütender werden läßt, wendet sich im letzten Teil die Hannah-Arendt-Figur gegen das programmatische Vergessen und die angebliche »Unschuld« am Faschismus. Die Heidegger-Figur spielt erneut die »Heimat« und das »Zuhause« aus gegen die historische Reflexion: »Da wir es (ein Zuhause, MJ) haben, müssen wir nie denken, was geschehen ist. Es war nicht! Wir sind da, nehmen uns Aufenthalt und vergessen alles übrige. Unschuldig sind wir, wenn wir zur Hütte hinaufkommen, gesäubert durch die Waschstraße der Natur« (T 78). Die »Natur« also soll die Reinigung von historischer Verstrickung gewährleisten und wird selber als Ort der »Unschuld« angesehen. Demgegenüber polemisiert die Hannah-Arendt-Figur: »Was für ein Glück, daß andre den Tod für euch haben erfahren müssen! Menschenherden habt ihr aus der Behaglichkeit gerissen, während eure Bergbäche rauschten. (...) Wenn alles nichtig ist, wird man seine Verstrickungen in die Mitwelt los und geht in die Heimwelt hinein, wo man einsam auf dem Bankerl sitzen kann und eine Orange schälen« (T 80). Heideggers Philosophie wird von der Hannah-Arendt-Figur denunziert als Unschuldsdiskurs, der sich selber von historischer Verantwortung freispricht: »Sogar das Nichten des Todes, dieser Augenblick, da man seine Schuld noch schnell, wie ein paar Glasmurmeln, dem andern zuschieben kann, ist von Ihnen aufgehoben worden. Denn es waren zu viele in diesem Sterbehaus. Sie haben sie ja direkt hineinstopfen müssen!« (T 81f.).

Heideggers Technik-Begriff wird von der Hannah-Arendt-Figur in eine unmittelbare Beziehung gebracht zur Affirmation der faschistischen Massenvernichtung: »Sie haben mit Ihrer Technik, diesem düsteren Ort, von dem Sie besessen sind, nicht etwas entstehen, sondern Millionen Menschen verschwinden lassen! (...) Ja, es hat sich eindeutig gezeigt, daß Sie diese Technik nicht korrekt beherrschen, denn die Menschen verschwanden tatsächlich! Material wurden sie (...)« (T 83f.). Während die Hannah-Arendt-Figur Heidegger vehement auffordert, sich zu erinnern (»Sie erinnern sich wohl nicht?«, T 86), verweigert die Heidegger-Figur jegliche historische Reflexion: »Nichts war. Ich habe nichts gehört. Ich erinnere mich nicht (...). Und das Gewesene wird wesenlos« (T 86f.). Und der »alte Bauer«, der in Heideggers Essay *Schöpferische Landschaft: Warum bleiben wir in der Provinz?* bemüht wurde um einen Rat, ob Heidegger den Ruf nach Berlin annehmen solle oder nicht, und der damals verneinend mit dem Kopf geschüttelt hat (vgl. Farías, 1989, S. 244), tritt bei Jelinek, »wieder einmal« (T 86) kopfschüttelnd, auf und spricht in »gemütlich ländlichem Tonfall« (T 87) einen Text über Zyklon B und seine Verwandlung von einem Schädlingsbekämpfungsmittel in ein Mittel zur Vernichtung von Menschen. Der »alte Bauer« spricht den Diskurs der Warenwirtschaft und der »Ware« Zyklon B und erweist sich damit in einem ganz anderen Sinn, als Heidegger dies unterstellt hat, als Kenner dieser Welt. Nur Rücksichten auf die eigene Monopolstellung, so weiß der alte Bauer zu berichten, waren es, die die Herstellerfirma von Zyklon B eine Zeitlang haben zögern lassen, das Produkt ohne Warngeruch herzustellen und damit für die Anwendung an Menschen ›geeignet‹ zu machen. Auf die ›wissende‹ Rede des alten Bauern folgt die abschließende Rede der Hannah-Arendt-Figur, in der sie sich mit Heidegger aussöhnt (»Jetzt aber ist es Zeit zu feiern!« T 89), die Toten tot sein läßt und in Indifferenz versinkt: »Sie setzt sich achselzuckend hin, zieht eine Handarbeit aus der Tasche und beginnt zu stricken« (T 89). Aber auch diesen Rückfall in Gleichgültigkeit quittiert die Heidegger-Figur mit wachsender Wut und einem Insistieren auf dem Diskurs der »Natur« und Provinz, der schließlich endet in einer masochistischen Untergangsvision: »Erst dann werden auch wir niemals dagewesen sein« (T 91).

Totenauberg ist ein Stück über den Faschismus und den heutigen

Faschismus in den Diskursen von ›Gesundheit‹, Ökologie, Sport, Tourismus und Fremdenhaß. Eine idyllisierende Naturverherrlichung wird konterkariert durch die gleichzeitige Einsicht, daß Natur und ›Heimat‹ nur noch existiere als Bild oder Reproduktion. So heißt es: »Was Wald war, wird Bild. Was Berg war, wird Bild. Die Natur wird Gegenstand. Sie wird etwas auf der Speisekarte Bestelltes und ist doch das Bestehende. Sie droht nicht mehr, sie wird zu einer Notiz auf dem Block eines Kellners. Hergerichtet, garniert, garantiert, serviert« (T 25). Nach Günther Anders, dessen Auffassungen sich die Heidegger-Figur hier anzunähern scheint, ist an die Stelle des ›Gebrauchs‹ heute der ›Verbrauch‹ getreten, d.h. der ›Verzehr‹ ist die heutige Form des Konsums; die Natur und schließlich auch die Menschen sind reduziert auf ihr »Rohstoffsein«. Während Jelinek ihre Heidegger-Figur an dieser Stelle Einsichten formulieren läßt, die von Günther Anders stammen könnten, hat dieser selber Heidegger scharf kritisiert. So heißt es im ersten Band der *Antiquiertheit des Menschen*:

»Immer wieder kann man unsere heutige apokalyptische Situation als ›*Sein-zum-Ende*‹ bezeichnen hören – worauf dann gewöhnlich die Bemerkung folgt, wie prophetisch doch Heideggers vor dreißig Jahren geprägter Ausdruck gewesen sei: eine völlig gedankenlose Bemerkung. Denn Heidegger hatte mit seinem damaligen Ausdruck nichts weniger gemeint als eine allen Menschen gemeinsame eschatologische Situation oder gar die Möglichkeit eines Kollektiv-Selbstmordes. Das zu meinen, hätte auch in den Jahren der Niederschrift von *Sein und Zeit*, im Jahrzehnt nach dem ersten Weltkrieg, für niemanden ein Anlaß bestanden. So höllisch der erste Weltkrieg auch gewesen war, die Gefährdung des Globus hatte er noch nicht gebracht. Vielmehr war die Erfahrung, aus der heraus Heidegger damals philosophierte, die des einsamen Daseins gewesen, und zwar die des pausenlos mit dem Tode konfrontierten Soldaten. – Aber er hatte auch nicht gemeint, daß jeder von uns sterben müsse: das soll vorher auch schon bekannt gewesen sein. Vielmehr versuchte er, die Konfrontiertheit mit dem Tode in das Leben selbst hineinzunehmen, und zwar als dessen einzigen absoluten Charakter. Das heißt: das ›Halt!‹, das dem zur Zeitlichkeit verdammten Dasein jeden Augenblick zugerufen werden kann, in etwas zu verwandeln, woran es Halt, ja seinen einzigen Halt finden konnte; kurz: als bewußter ›moriturus‹ ›existentiell‹ zu werden. – Das war aber, wie gesagt, ausschließlich für den Hausgebrauch des Einzelnen, nämlich für das sterbliche Individuum gemeint; wie denn Heideggers Philosophie überhaupt die Abschlußversion des Individualismus darstellt; diejenige makabre Abschlußversion, in der sich das Individuum durch nichts anderes mehr konstituiert als durch die übernommene Unvertretbarkeit seines Sterbens.

Daß der Gedanke entstehen konnte, dieses ›Sein zum Ende‹ auf die kollektive Situation des Menschengeschlechts heute anzuwenden, ist freilich zu begreifen: Da Heideggers Konzeption selbst eine Übertragung der apokalyptischen Erwartung in die Sprache des vereinsamten Individuums gewesen war; da er die Apokalypse durch den eigenen Tod ersetzt hatte, lag es nun unter dem Eindruck der Totalgefahr, die die Bombe darstellt, nahe, diese Übersetzung wiederum in eine ›Sprache der Menschheit‹ zurückzuübersetzen. Aber die Tatsache, daß das nahe liegt, bedeutet nicht, daß es berechtigt ist. Daß die Menschheit als ganze im gleichen Sinne und auf gleich unentrinnbare Weise sterblich ist wie der Einzelne, ist ja durch nichts bewiesen. Wer den Heideggerschen Ausdruck auf die heutige Situation anwendet, macht damit die Katastrophe automatisch zu etwas Positivem: zur Chance des ›Eigentlich-Werdens‹ der Menschheit« (Anders, 1968, S. 345f.).

Günther Anders also wirft Heidegger hier vor, daß er in Individualismus und Apokalypse-Blindheit befangen sei, d.h. in Blindheit davor, daß ›alle Menschen tötbar‹ geworden sind. Individuell, wie es Heidegger tut, läßt sich nach Anders das Problem nicht lösen, sondern der Individualismus Heideggers kompensiere lediglich eine gesellschaftliche Entwicklung, die vom Einzelnen nicht ignoriert und nicht überwunden werden kann. Kritisch gegen einen solchen Individualismus ist auch Jelineks Stück gerichtet, wenn es etwa die Figuren von Heidegger und Hannah Arendt nur ›angedeutet‹ sein läßt, d.h. daß sie eben nicht als Personen, nicht als Individuen dargestellt sind. Gleich am Anfang stellt das Stück Heidegger und Hannah Arendt als Figuren vor, die sich beliebig reproduzieren lassen. Von Heidegger heißt es, er sei sozusagen »doppelt vorhanden« (T 9), und Hannah Arendt ›spricht von der Leinwand herab‹ bzw. hört schließlich »ihrem Double auf der Leinwand beim Sprechen zu« (T 9). Und die Hannah-Arendt-Figur hält der Heidegger-Figur vor: »Sie sind auch so ein Bilderl, eine Abbildung!« (T 10). Die Figuren also sind ›Reproduktionen‹ und keine ›Originale‹. Ihnen gebührt nicht die Einmaligkeit jenes Individualismus, den Heidegger aufrechtzuerhalten versuchte. Im Gegenteil decouvriert das Stück diesen Individualismus und auch ihm zugehörige Komponenten wie den Rekurs auf ›Heimat‹ als Trivialmythen, die es zu zerstören gilt. Die Verwandlung von Geschichte in Natur, die nach Roland Barthes eines der wichtigsten Merkmale von Trivialmythen ist, wird indessen von der Heidegger-Figur noch in ihrer abschließenden Untergangs-Vision vollzogen und festgeschrieben, wenn es heißt:»Der Blitz schlägt ein, unser Hof eine einzige Glut. Wir quellen hervor, aber trotzdem möchten wir bleiben, bis der Schnee kommt. Erst dann werden auch wir niemals dagewesen sein« (T 91).

Die Hannah-Arendt-Figur des Stücks nimmt die Kritik an dem zuletzt masochistischen Individualismus der Heidegger-Figur vorweg. Zitiert sind vor allem Texte Hannah Arendts, die sich gegen den Begriff des ›Selbst‹ bei Heidegger richten, d.h. besonders aus dem Briefwechsel mit Jaspers und dem Essay *Was ist Existenz-Philosophie?* Das Konzept einer nicht-selbstischen Existenzphilosophie, das Arendt später gemeinsam mit Jaspers entwickelt hat und für das Begriffe wie Dialog und Pluralität entscheidend waren – in *Elemente totaler Herrschaft* (Arendt, 1958) hat sie es dann umzusetzen versucht –, findet indessen in *Totenauberg* keinen Eingang mehr: die Hannah-Arendt-Figur resigniert. Dem Denken der Heidegger-Figur, das als faschistoider Provinzialismus denunziert wird, wird im Stück keine positive Alternative entgegengesetzt. Zitiert wird aus einer Reihe von Heidegger-Texten, so z.B. aus den literarischen Arbeiten über Hölderlin, Trakl und Hebel; sehr oft aus *Schöpferische Landschaft: Warum bleiben wir in der Provinz?*, seltener aus *Der Feldweg, Unterwegs zur Sprache* und dem Briefwechsel mit Elisabeth Blochmann. Anders aber als bei den Zitaten aus Heideggers Rektoratsrede in *Wolken. Heim.* wird nicht wortwörtlich zitiert. Vielmehr handelt es sich um kryptische Zitate, die aus dem Diskurs Heideggers einzelne Motive, Begriffe und Redewendungen herausschälen, so vor allem die Begriffe des ›Selbst‹, der ›Natur‹ und der ›Heimat‹, die als ungeschichtliche und enthistorisierende ›Mythen‹ – als Orte des Vergessens und Verdrängens – dargestellt sind. Die Hannah-Arendt-Figur widerspricht am Schluß dem Versuch der Heidegger-Figur, sich in den Zustand der »Unschuld« zu versetzen, und erklärt ihn für schuldig am Faschismus und an der Massenvernichtung. Der Rückzug in die »Heimwelt« (T 80) spreche ihn von Schuld nicht frei, und er habe versucht, »das Selbstsein an die Stelle des Menschseins« (T 81) zu setzen. Von dieser expliziten Gegenrede abgesehen aber erweist sich das Verfahren der Ideologiekritik und Mythendestruktion in *Totenauberg* als äußerst kompliziert, wenn nicht gelegentlich verwirrend. So ist etwa in den Heidegger-Diskurs über ›Natur‹ ein Diskurs über ›Natur‹ im Zustand ihrer Transformation in eine bloße Ware bereits eingelassen. Indem Jelinek ihre Figuren nicht nur die ›Ideologie‹, sondern auch die ›Wahrheit‹ aussprechen läßt, verdoppeln sie sich gleichsam in sich selber und wird ihre Sprache ein gleichsam schizoider Diskurs, der sie *auch* sagen läßt, was bereits die kritische Interpretation ihrer Rede ist. Der Eindruck der Schrägheit, des ›Wahn-Sprechens‹, von Jelineks Figuren-Sprache seit *Krankheit oder Moderne Frauen* verdankt sich wohl vor allem dieser immanenten Selbstverdopplung der Sprache. Die Figuren sind immer auch schon ihr eigenes Double und sprechen einen kritischen Text zur eigenen Rede gleich mit aus, die damit von vornherein zur ›unstimmigen‹ Rede wird. Schon in dem frühen *Nora*-Stück, dem ersten Jelineks, sprechen die Figuren ironische Kommentare auf sich selbst mit aus. In den Stücken seit *Krankheit* aber ›unterläuft‹ ihnen gleichsam die Denunziation ihres eigenen Sprechens: sie scheinen sich selbst im Sprechen zu entgleiten. Heißt es etwa bei Heidegger, dessen Sprache in *Totenauberg* nicht nur von der Heidegger-Figur reproduziert wird: »Die innere Zugehörigkeit der eigenen Arbeit zum Schwarzwald und seinen Menschen kommt aus einer jahrhundertelangen, durch nichts ersetzbaren alemannisch-schwäbischen Bodenständigkeit« (Heidegger, 1983 b, S. 10f.), so läßt Jelinek die beiden »Gamsbärtler« sagen: »Aber Bodenständigkeit kann durch nichts als einen neuen Boden ersetzt werden, dessen Teile jetzt noch verlegen im Vorzimmer herumstehen, um frisch verlegt zu werden« (T 49). Die gefeierte »Bodenständigkeit« wird also hier ›objektsprachlich‹ verstanden und transponiert in die Vorstellung von Teppichboden und Auslegeware; sie wird sprachimmanent denunziert als ein Denken, das mit den Kategorien der Warenwirtschaft konform geht. Oder heißt es bei Heidegger: »Über allem steht ein klarer Sommerhimmel, in dessen strahlenden Raum sich zwei Habichte in weiten Kreisen hinaufschrauben« (ebd., S. 9), so läßt Jelinek ihre Heidegger-Figur das ›Schrauben‹ beim Wort nehmen und sagen: »Habichte werden wie Glühbirnen in den Himmel eingeschraubt« (T 90). Die ›Natur‹ Heideggers wird auf diese Weise als technisch hergestellte, als Artefakt, verhöhnt. Die Kritik am Diskurs der »Bodenständigkeit« und einer idyllisierten Natur also wird in den Diskurs derer, die ihn führen, eingelassen. Zitat und kritischer Kommentar überlagern sich in einer Entstellung des jeweiligen Originaltexts, die diesen zugleich denunziert. An ein einheitliches sprechendes Subjekt aber kann das Gesprochene damit nicht mehr gebunden werden. Es dissoziiert sich und scheint sich an mehreren Orten zugleich zu befinden wie die Figuren von *Totenauberg*, die mal auf der Leinwand, mal auf der Bühne erscheinen und so ständig aus sich selbst und aus den Grenzen eines mit sich identischen ›Selbst‹ heraustreten, das die Heidegger-Figur wiederum mit ihrem »Gestell« gewaltsam zur Einheit zusammenzuzwingen scheint.

Dem mythendestruierenden Oszillieren zwischen Objekt- und Metasprache, das auch durch die Zitatentstellungen und die Hereinnahme des Kommentars auf das Gesprochene in das Sprechen selbst wieder erreicht wird, entspricht in *Totenauberg* die Verschiebung und Verdopplung der geographischen und historischen Orte. Der Schwarzwald-Ort Todtnauberg vermischt sich mit einem Ski-Berg in den österreichischen Alpen, die Leichenberge der Vernichtungslager werden enggeführt mit den Leichen abgestürzter Ski-Touristen, die wiederum als Metapher für Fremde und Immigranten zu verstehen sind. Geschrieben wurde *Totenauberg* im Sommer 1990. Nach Jelinek sind damals »viele DDR-Bürger, die endlich reisen durften, als erstes in die bayrischen und österreichischen Alpen gefahren. Als Fremdlinge. Und weil sie nicht hören wollten, daß man zum Bergsteigen besondere Schuhe braucht, sind viele von ihnen gleich abgestürzt (...). Das hat mich in dem Stück unter anderem auf die Metapher von den Fremden nicht als Flüchtlingen, sondern als Touristen gebracht« (Interview Becker, 1992, S. 7).

Jelinek selbst hat das Stück als ein »Requiem« bezeichnet: »Wie der Name (*Totenauberg*) sagt: Wir leben auf einem Berg von Leichen und von Schmerz. Es ist ein Requiem auch für den jüdischen Teil meiner Familie, von denen viele vernichtet worden sind« (ebd., S. 8). Auch die Hannah-Arendt-Figur des Stücks vermag nur mit Resignation sowie einem Rekurs auf die traditionell ›weibliche‹ Position zu reagieren: »Was unter der Walderde begraben wurde, ich konnte mich nicht mehr darum kümmern. Andre haben nach Pilzen gesucht und nichts als Tod gefunden. Jetzt aber ist es Zeit zu feiern! Wir haben uns wiedergefunden! Los! Die Knochen über die Schulter werfen! Die Bäume, sie sollen doch rauschen, von mir aus! (*Sie setzt sich achselzuckend hin, zieht eine Handarbeit aus der Tasche und beginnt zu stricken.*)« (T 89).

Diese Resignation der Hannah-Arendt-Figur – ihr Rekurs aufs Stricken als die, wie Freud meinte, ›genuin weibliche‹ Kulturleistung – entspricht nicht der historischen Hannah Arendt, die im Gegenteil die Erfahrung des Nazi-Faschismus zum Anlaß genommen hat für ihre Arbeiten über den Totalitarismus und die *Banalität des Bösen* (Arendt, 1964). Das Stück also ›verfälscht‹ die historische Hannah Arendt, um eben damit zum Ausdruck zu bringen, daß gegenwärtig das Nazitum auf fast hoffnungslose Weise immer noch präsent zu sein scheint. Nicht nur auf der Ebene der historischen ›Verfälschung‹ der Figuren um der ›Wahrheit‹ willen, sondern auch und vor allem auf der Ebene seiner *sprachlichen* Verfahrensweisen zielt *Totenauberg* darauf, die Präsenz, ja die aktuelle ›Übermacht‹ des Nazitums kenntlich zu machen. Der Mythos der »Natur«, der »Heimat« und insbesondere der »Unschuld« des Denkens gegenüber dem Faschismus, den die Heidegger-Figur repräsentiert, wird in *Totenauberg* destruiert durch zum Teil zunächst verwirrende sprachliche Collagen, die den Text immer wieder in die Nähe zum Zynismus zu bringen scheinen. So sagt die Hannah-Arendt-Figur in der ersten Szene: »Aufs Hochmoor! Sich ins Hüttenbuch einschreiben, Hochmoorsoldaten ohne Spaten, dafür mit Wanderstökken, die grinsenden Totenköpfe auf die Kniebundhosen gesenkt« (T 12). Das scheint zunächst ein sprachlicher Unfall zu sein, denn hier werden die ›Moorsoldaten‹, d.h. die Kommunisten in den KZs, in eins gesetzt mit SS-Leuten (›Totenköpfe‹). Rechtfertigen läßt sich eine solche Kontamination nur als Ausdruck dessen, daß auch der Diskurs über den Kommunismus und seine Geschichte nicht mehr geführt werden kann unabhängig von der ›Präsenz‹ des Nazitums; daß jede historische Erinnerung auch an den Widerstand ›deformiert‹ wird durch diese Präsenz (im Bild der auf die Kniebundhosen ›gesenkten‹ Totenköpfe wird die Bewegung der Deformation geradezu thematisch). Vor allem in der Sprache der Heidegger-Figur wird die Gegenwart des Nazitums drastisch zum Ausdruck gebracht, so etwa, wenn sie sagt: »Was Großes aus der Menschenhaut herstellen! Und wo endet das? Beim Schirm aus Arbeitslosenunterstützung« (T 54). Nicht nur werden hier die pervers-sadistischen Aktionen einer Ilse Koch, der Frau des Kommandanten von Buchenwald, die sich Lampenschirme aus der Haut der Ermordeten herstellen ließ, in polemischer Absicht auf Heidegger und sein ›Einverständnis‹ projiziert. Hochproblematisch scheint das sprachliche Verfahren auch deshalb zu sein, weil es das Nazi-Grauen metaphorisiert (»Schirm aus Arbeitslosenunterstützung«), als wäre es anderen Formen von Diskriminierung wie der aktuellen Fremdenfeindlichkeit unmittelbar gleichzusetzen. Das satirische Verfahren ›übertreibt‹ hier, um die Präsenz des Faschismus in aktuellen Diskursen wie dem der Ausländerfeindlichkeit deutlich zu machen. Indem die Heidegger-Figur in der Gegenwart situiert wird, überlagern sich in ihr die ›authentische‹ Sprache Heideggers und aktuelle Redeweisen sowie Reminiszenzen an das Grauen des Nazitums, das in fast jeder Äußerung dieser Figur wieder präsent wird. In den semantischen Überlagerungen wird der Mythos der »Unschuld« des philosophischen Diskurses gegenüber dem Faschismus demontiert. Die dichterische Sprache übersetzt die Sprache des Denkens so, daß ihre historische Involviertheit und ihre historische Schuld deutlich wird. Es sei ihr darauf angekommen, so Jelinek selbst, Heidegger nicht philosophisch zu entgegnen, sondern »das denkende Sprechen in ein dichterisches Sprechen zu überführen« (Interview in: *Die Philosophin*, 1993, S. 94).

Neben dem Verfahren der semantischen Überlagerung wendet die satirische Mythendestruktion von *Totenauberg* vor allem Verfahren der Desemantisierung an, um den Diskurs der Heidegger-Figur zu denunzieren. So wird die Kritik an Heideggers Begriff vom Menschen als dem »Herrn des Seins«, wie sie Hannah Arendt in ihrem Essay *Was ist Existenz-Philosophie?* formuliert hat (Arendt, 1948, S. 69), umformuliert in die Travestie: »Immer auf der Piste bleiben, Sie Herrchen des Seins, hören Sie, wie es hinter ihnen herhechelt? Es schnappt nach Ihren Waden!« (T 83). Oder es wird der Diskurs der Heidegger-Figur über die eigene historische »Unschuld« und die Verwandlung von Geschichte in Natur transformiert in die Beschreibung einer Kaffee-Fahrt ins Grüne:

»Unschuldig sind wir, wenn wir zur Hütte hinaufkommen, gesäubert durch die Waschstraße der Natur. Ihre rasenden Bürsten haben uns gut bearbeitet: gründlich und rasch dürfen unsre Schwarzwälder Taten und Torten in uns begraben werden. Süßes Nichts! Schlagbolzen aus Obers an der Schläfe. Unschuldig macht die Natur, und der Mai macht alles neu. Es war nicht! Schön ists im Wald, zu allen Wesen kann man Zuneigung haben. Aber was geschehen ist, vergessen wir lieber!« (T 78).

Heideggers Sprache wird hier desemantisiert, indem die Rede über »Natur« überführt wird in die Beschreibung einer Autowaschanlage, in ›Technik‹. Heideggers »Nichts« wird als »Süßes Nichts« parodiert und die Identität von Warenkonsum und sozialer Gewalt herausgestellt, indem der Schlagobers zum »Schlagbolzen« wird. Die Sprache der Heidegger-Figur wird also sozusagen sprachimmanent ad absurdum geführt und lächerlich gemacht als Sprache der Freizeit-Kultur und der latenten Gewalttätigkeit. Jelineks Verfahren scheint in diesen Heidegger-Parodien und -Travestien das zu realisieren, wozu die historische Hannah Arendt aufgefordert hat, nämlich Heidegger nicht so ernst zu nehmen: »Eine (...) durchaus diskussionswürdige Frage ist die, ob Heideggers Philosophie nicht überhaupt nur deshalb, weil sie sich mit sehr ernsten Sachen beschäftigt, ungebührlich ernst genommen worden ist. Heidegger jedenfalls hat in seiner politischen Handlungsweise alles dazu getan, uns davor zu warnen, ihn ernst zu nehmen« (Arendt, 1948, S. 66).

Nicht nur in den thematischen Mythendestruktionen (Mythen von Natur, Heimat, historischer Unschuld usw.), sondern auch in der sprachlichen Verfahrensweise folgt Jelinek in *Totenauberg* weiter dem Konzept, das sie in dem frühen Essay *Die endlose Unschuldigkeit* im Anschluß an Roland Barthes entwickelt hat. Dieses Konzept aber hat sich gegenüber den früheren Verfahrensweisen Jelineks in *Totenauberg* ausdifferenziert und zugespitzt zu Techniken der Desemantisierung. Dabei geht es bei Jelinek nicht – wie etwa im poststrukturalistischen Kontext – um die Öffnung der Sprache für ein unendliches Spiel von Sinnmöglichkeiten, sondern um Desemantisierung als Ideologiekritik. Die Sinnentleerungen, die sie etwa mit Heideggers Sprache vornimmt, fungieren als Denunziation dieser Sprache und sollen sie als bloßen ›Mythos‹ decouvrieren, d.h. als vorgeblich »unschuldiges, *unbestreitbares* Bild« (Barthes, 1964, S. 98). Spätestens mit *Totenauberg* werden die sprachlichen Möglichkeiten des Barthes'schen Modells der Mythendestruktion von Jelinek voll ausgeschöpft, indem in extremer Weise auf den Ebenen sowohl des Einzelworts als auch der Syntax mit semantischen Überlagerungen (Collagen), Deformationen und Sinnentleerungen gearbeitet wird. Das mythenkritische Verfahren saugt jetzt den Mythen, die ihrerseits die Sprache ihres Sinns berauben, abermals den ›Sinn‹ aus: es *reproduziert* das Verfahren der Mythisierung zum Zweck der *Destruktion*. Den Methoden der Sinnentleerung, die das Zeichen zum »sprechenden Kadaver« (Barthes, ebd., S. 117) werden lassen, steht jedoch in *Totenauberg* als weitere Operation gegenüber, die angeblich ›unschuldige‹ Sprache der »Natur«, »Heimat« usw. in eine Sprache zu überführen, der die Schuld am Nazitum eingeschrieben ist. Auf der einen Seite also wird die Sprache ihres vorgeblichen (mythischen) Sinns beraubt und in schieren Nonsens transponiert, auf der anderen Seite aber wird ihr verschwiegener ›Sinn‹ als der des Einverständnisses mit dem Nazitum decouvriert. Die Desemantisierungen und Deformationen schlagen um in die satirische Entlarvung einer ›schuldigen‹ Sprache; die »sprechenden Kadaver« sind die Wiedergänger des Nazi-Faschismus. In dieser Modifikation des Barthes'schen Modells, die Jelinek vornimmt, ist keine Essentialisierung der Sprache mehr möglich. Konnte Barthes noch davon ausgehen, daß in der Poesie der Moderne ein »Mord an der Sprache« (ebd., S. 119) vollzogen werde um eines Schweigens willen, das das ganze Potential des Bedeuteten präsent zu machen versucht, so alterniert Jelineks Sprache lediglich zwischen den Möglichkeiten einer völlig sinnentleerten, toten, kadaverhaft-stereotypen Sprache und einer Sprache, in der der Faschismus ›präsent‹ ist: die Mythen-destruktion verbleibt im Medium der entfremdeten Sprache, die sie kritisiert, und hält ihr den Zerrspiegel vor. Die jüdische Tradition der satirischen Sprachkritik etwa bei Karl Kraus und Walter Serner wird damit bei Jelinek fortgesetzt. Historisches Eingedenken ist ein-gewandert in die Form.

20.10.1946	in Mürzzuschlag/Steiermark geb. als Tochter der kaufm. Angestellten Olga Jelinek, geb. Buchner, und des Diplomchemikers Friedrich Jelinek Kindheit und Jugend in Wien
1952–1964	kath.-französische Volksschule in Wien; Albertgymnasium im 8. Wiener Gemeindebezirk; Matura Ballettunterricht und Unterricht in Klavier, Orgel und Blockflöte am Wiener Konservatorium
1964–1967	sechssemestriges Studium der Theaterwissenschaft und Kunstgeschichte an der Universität Wien
1967	*Lisas Schatten*
1968	*bukolit* (erschienen 1979)
1969	Lyrik- und Prosapreis der österreichischen Jugendkulturwoche; Lyrikpreis der österreichischen Hochschülerschaft Tod des Vaters
1970	*wir sind lockvögel baby!* *Die endlose Unschuldigkeit*
1971	Konservatoriumsabschluß als geprüfte Organistin
1972	*Michael, Ein Jugendbuch für die Infantilgesellschaft* Aufenthalt in Berlin Österreichisches Staatsstipendium für Literatur
1973	Aufenthalt in Rom
1974	Eintritt in die KPÖ (bis 1991) Ehe mit dem Informatiker Gottfried Hüngsberg; lebt seither in Wien und München
1975	*Die Liebhaberinnen*
1977	*Was geschah, nachdem Nora ihren Mann verlassen hatte oder Stützen der Gesellschaften*
1978	Roswitha-Gedenkmedaille der Stadt Gandersheim
1979	Drehbuchpreis des Innenministeriums der BRD
1980	*Die Ausgesperrten*
1981	*Clara S.*
1982	*Burgtheater*

1983	*Die Klavierspielerin*
	Würdigungspreis des (österreichischen) Bundesministeriums für Unterricht und Kunst
1984	*Krankheit oder Moderne Frauen*
1985	*Oh Wildnis, oh Schutz vor ihr*
1986	Heinrich-Böll-Preis der Stadt Köln
1987	Literaturpreis des Landes Steiermark
1988	*Wolken. Heim.* (1990 als Buch erschienen)
1989	*Lust*
	Preis der Stadt Wien für Literatur
1991	*Totenauberg*
1993	*Raststätte* (unpubliziert)
1994	Walter-Hasenclever-Preis der Stadt Aachen; Peter-Weiss-Preis der Stadt Bochum
1995	*Die Kinder der Toten* (Arbeitstitel)

Siglen der zitierten Abdrucke und Ausgaben

B   *bukolit, hörroman* (1968), Mit Bildern von Robert Zeppel-Sperl, Wien 1979

LV   *wir sind lockvögel baby!*, Roman, Reinbek 1970

U   Die endlose Unschuldigkeit (1970), in: *Die endlose Unschuldigkeit*, Prosa – Hörspiel – Essay, Schwifting 1980, S. 49–82

M   *Michael, Ein Jugendbuch für die Infantilgesellschaft*, Hamburg 1987 (rororo 5880)

LH   *Die Liebhaberinnen*, Roman, Reinbek 1975 (Das neue Buch 64)

N   Was geschah, nachdem Nora ihren Mann verlassen hatte oder Stützen der Gesellschaften, in: *Theaterstücke*, hg. und mit einem Nachwort von Ute Nyssen, Köln 1984, S. 6–62

A   *Die Ausgesperrten*, Roman, Reinbek 1985 (rororo 5519)

CS   Clara S., in: *Theaterstücke*, 1984, S. 63–101

BT   Burgtheater, in: *Theaterstücke*, 1984, S. 102–150

K   *Die Klavierspielerin*, Roman, Reinbek 1986 (rororo 5812)

KM   *Krankheit oder Moderne Frauen*, hg. und mit einem Nachwort von Regine Friedrich, Köln 1987

W   *Oh Wildnis, oh Schutz vor ihr*, Prosa, Reinbek 1985

L   *Lust*, Reinbek 1992 (rororo 13042)

WH   *Wolken. Heim.*, Göttingen 1990 (= Ränder 1)

T   *Totenauberg*, Ein Stück, Reinbek 1991

Literaturverzeichnis

I. Bibliographien

Kosler, Hans Christian (weitergeführt von Annette Doll): Werkverzeichnis/Sekundärliteratur, in: Heinz Ludwig Arnold (Hg.): *Kritisches Lexikon zur deutschsprachigen Gegenwartsliteratur*, 31. Nachlieferung, München 1989 (unpag.)

Spanlang, Elisabeth: Bibliographie Elfriede Jelinek, in: Kurt Bartsch/Günther Höfler (Hg.): *Dossier 2: Elfriede Jelinek*, Graz 1991, S. 261–313

Spanlang, Elisabeth: Literaturverzeichnis, in: dies.: *Elfriede Jelinek: Studien zum Frühwerk*, Wien 1992 (Dissertationen der Universität Wien 233, Phil. Diss. Wien 1991), S. 305–357

Riedel, Nicolai: Elfriede Jelinek, Eine Auswahlbibliographie 1967–1992, in: Heinz Ludwig Arnold (Hg.): *Elfriede Jelinek*, Redaktion: Frauke Meyer-Gosau, München 1993 (*Text + Kritik*, Heft 117), S. 104–115

(Alle genannten Bibliographien sind Auswahlbibliographien. Die Primärliteraturverzeichnisse von Spanlang führen – oft mißverständlich – auch Vor-, Teil- und Wiederabdrucke auf, während die Erstdrucke häufig fehlen, so daß eine Orientierung nur schwer möglich ist. Die Sekundärliteraturverzeichnisse in allen Bibliographien favorisieren Rezensionen; Forschungsbeiträge sind dagegen eher unterrepräsentiert.)

II. Primärliteratur

1. Buchausgaben

Lisas Schatten, Gedichte, München – Würzburg – Bern 1967 (= Der Viergroschenbogen 76)

wir sind lockvögel baby!, Roman, Reinbek 1970 (Taschenbuchausgabe Reinbek 1988 = rororo 1234)

Michael, Ein Jugendbuch für die Infantilgesellschaft, Reinbek 1972 (Taschenbuchausgabe Reinbek 1987 = rororo 5880)

Die Liebhaberinnen, Roman, Reinbek 1975 (Lizenzausgabe Berlin/DDR 1978; Taschenbuchausgabe Reinbek 1989 = rororo 12467)

151

bukolit, hörroman (1968), Mit Bildern von Robert Zeppl-Sperl, Wien 1979

Die Ausgesperrten, Roman, Reinbek 1980 (Taschenbuchausgabe Reinbek 1985 = rororo 5519)

ende, gedichte 1966–1968, Mit fünf Zeichnungen von Martha Jungwirth, Schwifting 1980 (enthält u.a. *Lisas Schatten*)

Die endlose Unschuldigkeit, Prosa – Hörspiel – Essay, Schwifting 1980 (enthält: Prosatext »Paula« von 1975, Hörspiel »Ballade von drei wichtigen Männern sowie dem Personenkreis um sie herum« von 1971, Essay »Die endlose Unschuldigkeit« von 1970)

Was geschah, nachdem Nora ihren Mann verlassen hatte oder Stützen der Gesellschaften, Wien – München 1980 (= Der Souffleurkasten)

Die Klavierspielerin, Roman, Reinbek 1983 (Taschenbuchausgabe Reinbek 1986 = rororo 5812)

Theaterstücke. Clara S., Was geschah, nachdem Nora ihren Mann verlassen hatte oder Stützen der Gesellschaften, Burgtheater, hg. und mit einem Nachwort von Ute Nyssen, Köln 1984 (überarbeitete Fassungen der 1977, 1981 und 1982 zuerst veröffentlichten Stücke)

Oh Wildnis, oh Schutz vor ihr, Prosa, Reinbek 1985

Krankheit oder Moderne Frauen, hg. und mit einem Nachwort von Regine Friedrich, Köln 1987 (überarbeitete Fassung des 1984 zuerst veröffentlichten Stücks)

Lust, Reinbek 1989 (Lizenzausgabe Berlin/DDR 1990, Taschenbuchausgabe Reinbek 1992 = rororo 13042)

Wolken. Heim., Göttingen 1990 (= Ränder 1) (Erstveröffentlichung 1988)

Isabelle Huppert in Malina, Ein Filmbuch von Elfriede Jelinek, Nach dem Roman von Ingeborg Bachmann, Frankfurt am Main 1991

Totenauberg, Ein Stück, Reinbek 1991

ende, Gedichte, Holzschnitte von Linde Waber, handgedruckt von Hermann Gail, Wien 1991

Wolken. Heim., Buchgestaltung Klaus Detjen, Göttingen 1993 (Typographische Bibliothek, Band 1) (mit einer CD, gesprochen von Barbara Nüsse)

2. Weitere literarische, essayistische und publizistische Arbeiten in Zeitschriften, Anthologien, Sammelbänden usw.

(chronologische Auswahl; in der Regel keine Vor-, Teil- oder Wiederabdrucke, es sei denn bei Textabweichungen oder Unzugänglichkeit des Erstdrucks)

sweet sweet amaryllis, spiel mit großvater, wettlauf (Gedichte), in: *protokolle* (1968), S. 68–72

unser motorrad (Gedicht), in: *Literatur und Kritik* (1969), H. 32, S. 114–115

Offener Brief an Alfred Kolleritsch und Peter Handke (zusammen mit Wilhelm Zobl), in: *manuskripte* 9 (1969), H. 27, S. 3/4

Der fremde! störenfried der ruhe eines sommerabends der ruhe eines friedhofs, in: Handke, Peter (Hg.): *Der gewöhnliche Schrecken*, Salzburg 1969, S. 146–160

wir stecken einander unter der haut, konzept einer television des innen raums, in: *protokolle* (1970), S. 129–134

Rosie, die weiße Hölle, Aus einem Lese-, und Hörtext, in: *Die Furche*, 15.7.1970, S. 215–218

Statement/untergang eines tauchers, in: Matthaei, Renate (Hg.): *Grenzverschiebung, Neue Tendenzen in der Literatur der 60er Jahre*, Köln 1970, S. 215–218

wie sie sich gegenüberstanden prachtvolle flurwächter die zwei (Gedicht), in: *Literatur und Kritik* (1970), H. 46, S. 324/325

Die endlose Unschuldigkeit, Essay, in: Matthaei, Renate (Hg.): *Trivialmythen*, Frankfurt am Main 1970, S. 40–66

(Die beiden Brüder...,) in: Aue, Walter (Hg.): *Science & Fiction*, Frankfurt am Main 1971, S. 56/57

udo zeigt wie schön diese welt ist wenn wir sie mit kinderaugen sehen, untersuchungen zu udo jürgens liedtexten, in: Jelinek, Elfriede/Zellwekker, Ferdinand/Zobl, Wilhelm: *Materialien zur Musiksoziologie*, München – Wien 1972, S. 7–14

ein schönes erlebnis mit christoph, wenn es auch kurz war, war es doch schön, in: *Kronenzeitung*, 29.10.1972

paula bei der rezeption eines buches, das am lande spielt und in dem sie die hauptrolle spielt, in: *manuskripte* 14 (1975), H. 50, S. 49–51 (in: *Die endlose Unschuldigkeit*, 1980, unter dem Titel »Paula«)

Nachwort zu: Thomas Pynchon: *V.*, Roman, Reinbek 1976, S. 530–549

kein licht am ende des tunnels – nachrichten über thomas pynchon, in: *manuskripte* 15 (1976), H. 52, S. 36–44

Was geschah, nachdem Nora ihren Mann verlassen hatte oder Stützen der Gesellschaften, in: *manuskripte* 17 (1977), H. 58, S. 98–116 (= Erstdruck)

Der brave Franz ist brav, in: Loschütz, Gert/Middelhauve, Gertraud (Hg.): *Das Einhorn sagt zum Zweihorn, Schriftsteller schreiben für Kinder*, München 1977, S. 114–122

Eine Versammlung, in: *Die schwarze Botin* 2 (1977), S. 30/31

Die Bienenkönige, Erzählung, in: Ritter, Roman/Piwitt, Hermann Peter (Hg.): *Die siebente Reise, 14 utopische Erzählungen*, München 1978, S. 141–158

Erschwerende Umstände oder Kindlicher Bericht über einen Verwandten, in: Weyrauch, Wolfgang (Hg.): *Das Lächeln meines Großvaters und andere Familiengeschichten erzählt von 47 deutschen Autoren*, Düsseldorf 1978, S. 106–111

Dankesworte der Preisträgerin (anläßlich der Verleihung der Roswitha-Gedenkmedaille der Stadt Gandersheim), in: *Die schwarze Botin* 9 (1978), S. 6–8

(Elfriede Jelinek antwortet auf die Umfrage »Heimat, das kenn' i net«) in: Baum, Georgina/Links, Roland/Siman, Dietrich (Hg.): *Österreich heute, Ein Lesebuch*, Berlin/DDR 1978, S. 199/200

Emma (Kurzprosa), in: *Die schwarze Botin* 13 (1979), S. 29/30

(ohne Titel) in: *Die Außerirdischen sind da*, Umfrage durch Matthes und Seitz anläßlich einer Landung von Wesen aus dem All, München 1979, S. 175–178

»Ich werde von ganzem Herzen bejahen, Frau zu sein«, Rezension von: Sylvia Plath, *Briefe nach Hause*, in: *Extrablatt* 3 (1979), H. 12, S. 85 (auch in: *Aufschreiben, Texte österreichischer Frauen*, Wien 1981, S. 43–46)

Weil sie heimlich weinen muß, lacht sie über Zeitgenossen, Über Irmgard Keun, in: *die horen* 25 (1980), Band 4, Ausgabe 120, S. 221–225 (leicht verändert unter dem Titel »Irmgard Keun und die Sprache des Kindes« in: *Die schwarze Botin* 26 [1985], S. 9–12)

Das im Prinzip sinnlose Beschreiben von Landschaften (anläßlich eines Jubiläums), in: *manuskripte* 20 (1980), H. 69/70, S. 6–8

Der Turrini Peter, in: *Theater heute* 21 (1980), H. 12, S. 40

Die süße Sprache, in: Irnberger, Harald (Hg.): *Betroffensein, Texte zu Kärnten im Herbst 1980*, Klagenfurt/Celovec 1980, S. 57–64

Clara S., musikalische Tragödie, in: *manuskripte* 21 (1981), H. 72, S. 3–21 (= Erstdruck)

Der ewige Krampf, Zwei Arsenleichen (weibl.) in der Literatur (über Flauberts *Madame Bovary* und Claire Golls *Arsenik oder Jedes Opfer tötet seinen Mörder*), in: *Wespennest* 44 (1981), S. 32–36

variationen über ein vorgegebenes thema, in: Eisendle, Helmut/Hoffer, Klaus (Hg.): *manuskripte*, Für Alfred Kollerisch 1981, Graz 1981, S. 67

Ein Brief, in: Seuter, Harald (Hg.): *Die Feder, ein Schwert? Literatur und Politik in Österreich*, Graz 1981, S. 86–90

(ohne Titel) in: *Literatur – vom Schreiben und Lesen*, Eine Veranstaltung des Kulturamtes der Stadt Wien, Wien – München 1981, S. 167–177 (Österreich-Gespräch 3) (Wiener Schriften 47)

Burgtheater, Posse mit Gesang, in: *manuskripte* 22 (1982), H. 76, S. 49–69 (= Erstdruck)

Vom Schrecken der Nähe (Rezension von: Ria Endres: *Milena antwortet*), in: *Die schwarze Botin* 18 (1983), S. 10–12

(ohne Titel) (über Patricia Jünger) in: *Die schwarze Botin* 21 (1983) (Rücktitel)

Die fünfziger Jahre, Für Elfriede Gerstl, in: *Falter* (1983), H. 19, S. 13

Wir unnützen Idioten, in: *Wiener* 4 (1983), H. 41, S. 66

Minutenbuch, Kein Tod in Berlin, in: *Basta* (1983), H. 1, S. 56

Ich möchte seicht sein (Auszug), in: *Theater 1983, Jahrbuch der Zeitschrift Theater heute*, S. 102 (vollständige Fassung in: Gürtler, Christa [Hg.]: *Gegen den schönen Schein, Texte zu Elfriede Jelinek*, Frankfurt am Main 1990, S. 157–161)

Im Namen des Vaters, in: *profil* 14 (1983), H. 50, S. 52/53

Über Clara S., in: *Programmheft der Bühnen der Stadt Bonn* (zur Uraufführung von *Clara S.*), Spielzeit 1982/83 (unpag.)

Der Krieg mit anderen Mitteln, Über Ingeborg Bachmann, in: *Die schwarze Botin* 21 (1983), S. 149–153 (auch in: Koschel, Christine/Weidenbaum, Inge von [Hg.]: *Kein objektives Urteil – nur ein lebendiges, Texte zum Werk von Ingeborg Bachmann*, München 1989, S. 311–319) (überarbeitete Fassung in: *Emma* 2, 1991, S. 21–24)

Krankheit oder Moderne Frauen, in: *manuskripte* 23 (1984), H. 85, S. 3–22 (= Erstdruck)

Schamgrenzen? Die gewöhnliche Gewalt der weiblichen Hygiene, in: Frauen Macht, *Konkursbuch* 12 (1984), S. 137–139

Ich schlage sozusagen mit der Axt drein, in: *TheaterZeitSchrift* 7 (1984), S. 14–16

Schweizer Dezember (zusammen mit Georg Hauptfeld), in: *materialien zum kärntner frühling, 1984, körper-sinne-kulte*, hg. von Vedernjak, Del und Wetzl, Helga, St.Michael 1984, S. 170/171

»Was lesen Sie gerade, Elfriede Jelinek?« in: *Stern*, 16.2.1984, S. 120

(Elfriede Jelinek beantwortet einen Fragebogen der FAZ) in: *FAZ-Magazin*, 13.7.1984

Der Herr Papst und die Frauen, in: *Die Zeit*, Nr. 47, 16.11.1984

Der Täter, der Opfer sein will, in: *Wiener* 4 (1984), H. 48, S. 34–39

Der Wald, in: *manuskripte* 25 (1985), H. 89/90, S. 43/44

Phallus (H), in: *Die schwarze Botin* 29 (1985/86), S. 23

Begierde & Fahrerlaubnis (eine Pornographie), Erster Text von vielen ähnlichen, in: *manuskripte* 26 (1986), H. 93, S. 74–76

Das wilde Zimmer, in: Wisniewski, Jana (Hg.): *Wohnlust*, Wien – Graz 1986 (unpaginiert)

Begierde (Begleitperson für ein schwarzes Botin hinüber), in: *Die schwarze Botin* 32/33 (1986/87), S. 8

Eiszeit, »Was wählen Sie am 23. November?« fragt Emma sechs Österreicherinnen, in: *Emma* 11 (1986), S. 12/13

Noch keiner hat so oft Mensch gesagt wie die größten Unmenschen..., in: *stimmen zur zeit, Bulletin des Österreichischen Friedensrates* (1986), H. 107, S. 19

(offener Brief an Kurt Waldheim) in: *Die Presse*, 18.9.1986

In den Waldheimen und auf den Haidern, Rede zur Verleihung des Heinrich-Böll-Preises in Köln am 2.12.1986, in: *Die Zeit*, Nr. 50, 5.12.1986

Die Komponistin, Über Patricia Jünger, in: *Emma* 6 (1987), H. 39, S. 12

Über das Sprechen im Film, in: *Falter* 11 (1987), H. 39, S. 12

Wehr spricht? in: *Falter* 12 (1987), S. 8

Berechtigung, in: *taz*, 8.10.1987

Deutsche Panzer, da kamen sie..., in: *taz*, 10.10.1987

Präsident Abendwind, Ein Dramolett, uraufgeführt im Literaturhaus Berlin 1987, in: Wiesner, Herbert (Hg.): *Anthropophagen im Abendwind*, Berlin 1988 (Texte aus dem Literaturhaus Berlin 2), S. 19–35

Der Sinn des Obszönen, in: Gehrke, Claudia (Hg.): *Frauen & Pornographie*, Tübingen 1988, S. 102/103

Im Grünen, in: *manuskripte* 28 (1988), H. 100, S. 85/86

Wolken. Heim. (vollständiger Erstdruck), in: *Programmheft der Bühnen der Stadt Bonn* (zur Uraufführung von *Wolken. Heim.*), Spielzeit 1988/89, S. 4–12

(Prominente zum Anti-Porno-Gesetz) in: *Emma* 1 (1988), S. 40

Der freie Fall der Körper, in: *Zeit-Magazin* 15, 7.4.1989

Das über Lager, in: Gerstl, Elfriede/Wimmer, Herbert J. (Hg.): *Ablagerungen*, Linz 1989, S. 16–20

Atemlos (zum Tod von Thomas Bernhard), in: *Die Zeit*, Nr. 9, 24.2.1989

Der Einzige und wir, sein Eigentum (Nachruf auf Thomas Bernhard), in: *Profil* 20 (1989), H. 8, S. 72/73

Verwüstung, in: *Basta* (1989), H. 5, S. 201–203

Ein schlafender Hund ist der Mann, in: *Falter* 13 (1989), H. 14, S. 10

Rache und Sieg (Stellungnahme zur Frage: Ist der Sozialismus am Ende?), in: *Die Zeit*, Nr. 40, 29.9.1989

Leere Plastiktüten, in: *Profil* 20 (1989), H. 41, Sonderbeilage zur Frankfurter Buchmesse

(Antwort auf eine Umfrage zum Verhältnis der Befragten zur katholischen Religion) in: *Taufschein katholisch*, Frankfurt am Main 1989, S. 25/26

(ohne Titel) in: Bei, Neda/Eisendle, Helmut/Jelinek, Elfriede u.a. (Hg.): *Vokabelmischungen über Walter Serner*, München 1990, S. 41–44

Ein Tag im Leben, Eintrag ins Leben, in: *Sinn und Form* 42 (1990), S. 879–884

Es brennt die Labsal vielleicht nicht mehr ganz so hell wie früher, in: Jochimsen, Margarethe (Hg.): *Elvira Bach* (Ausstellungskatalog), München 1990, S. 17/18

Brief ohne Datum, in: *The Germanic Review*, Vol. LXV, Number 2, Spring 1990, S. 84

Die Komponistin, Wortmaterial in den Kompositionen Patricia Jüngers, in: Henze, Hans Werner (Hg.): *Die Chiffren, Musik und Sprache, Neue Aspekte der musikalischen Ästhetik IV*, Frankfurt am Main 1990, S. 211–218

Das Schöpfergeschöpf, in: *Protokolle* 2 (1990), S. 13–15

Unruhiges Wohnen, in: *manuskripte* 31 (1991), H. 112, S. 7–9

Nebenschauplätze (Texte zu Bildern von Cindy Sherman), in: *Parkett* Nr. 29 (1991), S. 82–90

Wie der Herr, so sein Krieg, Nachbemerkungen einer Unmündigen zu den Vollmundigen, in: *Die Zeit*, Nr. 14, 29.3.1991 (= Stellungnahme zum Golfkrieg)

Ein Irrläufer (zum Tod von Ronald M. Schernikau), in: *Konkret*, H. 12, Dezember 1991, S. 56

Die Österreicher als Herren der Toten, in: *Literaturmagazin* 29 (1992), S. 23–26

Das zweite Gesicht (über Marlene Dietrich), in: *Die Zeit*, Nr. 20, 15.5.1992

Ein Brief an Rushdie, in: *taz*, 10.2.1992

Wir sind hier die Fremden (Rezension von: Michael Scharang: *Auf nach Amerika*), in: *Konkret*, Nr. 6, 1992, S. 50/51

Raststätte oder Sie machens alle, eine Komödie, Köln o.J. (1993), (Theaterverlag Nyssen & Bansemer, unveröffentlichtes Bühnenmanuskript)

An den, dens angeht (Epilog zur Volkstheater-Inszenierung von *Wolken. Heim.*), in: *Wespennest* 91 (1993), S. 35/36

(Text zur Traueranzeige für Branka Wehowski) in: *taz*, 29.5.1993

(Elfriede Jelinek über ihre Arbeitsweise) in: *Stern*, H. 41, 7.10.1993, S. 183

Stunde der Wichtelmänner (zur Entlassung von Sigrid Löffler beim Profil), in: *Der Spiegel*, Nr. 1, 3.1.1994

»Ich bewundere Sie«, Ein offener Brief von Elfriede Jelinek an Taslima Nasrin, die sich in ihrer Heimat Bangladesch verstecken muß, in: *taz*, 16.7.1994

3. Hörspiele

Wien-West, Norddeutscher und Westdeutscher Rundfunk 1972, Regie: Otto Düben

wenn die sonne sinkt, ist für manche auch noch büroschluß, Süddeutscher und Bayerischer Rundfunk 1972, Regie: Otto Düben (Abdruck in: Klöckner, Klaus [Hg.]: *Und wenn du dann noch schreist...*, Deutsche Hörspiele der siebziger Jahre, München 1980, S. 149–176)

Untergang eines Tauchers, Süddeutscher Rundfunk 1973, Regie: Otto Düben

Jelka, Familienserie in acht Folgen, Südwestfunk 1973; Folgen 9–16, Südwestfunk 1977 (Abdrucke: 1. Folge in: *Wespennest* 21 [1975], S. 62–70; 11. Folge in: *Frischfleisch* [1977], H. 12, S. 11–17; 12. Folge in: *Fettfleck* [1978], H. 8, S. 24–32; 13. Folge in: *Die schwarze Botin* [1977], H. 4, S. 28–35)

Kasperl oder die dicke Prinzessin oder Kasperl und die dünnen Bauern, Süddeutscher Rundfunk 1974

Für den Funk dramatisierte Ballade von drei wichtigen Männern sowie dem Personenkreis um sie herum, Norddeutscher Rundfunk und Süddeutscher Rundfunk 1974, Regie: Heinz Hostnig (Abdruck in: E. J.: *Die endlose Unschuldigkeit*, 1980, S. 16–48)

Die Bienenkönige, Süddeutscher Rundfunk und Rias Berlin 1976, Regie: Hartmut Kirste (Abdruck in: Geyer-Ryan, Helga [Hg.]: *Was geschah, nachdem Nora ihren Mann verlassen hatte? Acht Hörspiele von Elfriede Jelinek u.a.*, München 1982, S. 7–48)

Porträt einer verfilmten Landschaft, Norddeutscher Rundfunk, 1977, Regie: Hartmut Kirste

Die Jubilarin, Bayerischer Rundfunk 1978 (Kurzhörspiel)

Die Ausgesperrten, Süddeutscher Rundfunk, Bayerischer Rundfunk, Radio Bremen 1978; Neuproduktion: Süddeutscher Rundfunk 1990 (Abdruck in: Schirmer, Bernd [Hg.]: *Das Wunder von Wien, Sechzehn österreichische Hörspiele*, Leipzig 1987, S. 225–261)

Was geschah, nachdem Nora ihren Mann verlassen hatte oder Stützen der Gesellschaften, Süddeutscher Rundfunk, Hessischer Rundfunk, Radio Bremen 1979 (Teilabdruck in: Geyer-Ryan, Helga [Hg.]: *Was geschah, nachdem Nora ihren Mann verlassen hatte?*, 1982, S. 170–205)

Frauenliebe – Männerleben (= Hörspielfassung von *Clara S.*), Südwestfunk und Hessischer Rundfunk 1982

Erziehung eines Vampirs, Süddeutscher Rundfunk, Norddeutscher Rundfunk, Bayerischer Rundfunk 1986, Regie: Otto Düben, Musik: Patricia Jünger

Burgteatta, Bayerischer Rundfunk und Österreichischer Rundfunk 1991, Regie: Hans Gerd Krogmann

Wolken. Heim.,Hessischer Rundfunk, Bayerischer Rundfunk, Sender Freies Berlin 1992, Komposition und Regie: Peer Raben

4. Drehbücher/Fernsehfilm

Die Ramsau im Dachstein, Fernsehfilm, Regie: Claus Homschack, ORF 1976

Die Ausgesperrten, Drehbuch zusammen mit Franz Novotny, Regie: Franz Novotny, Österreich 1982

Was die Nacht spricht – eine Erzählung, Drehbuch zusammen mit Hans Scheugl, Regie: Hans Scheugl, Österreich 1987

Isabelle Huppert in Malina, Ein Filmbuch von Elfriede Jelinek, Nach dem Roman von Ingeborg Bachmann, Frankfurt am Main 1991 (Regie: Werner Schroeter, Deutschland und Österreich 1991)

5. Libretti/Vertonungen

Robert, der Teufel, Libretto, Musik von Hans Werner Henze (Uraufführung beim 2. Jugendmusikfest im Rahmen des Steirischen Herbst, 27.10.1985)

Muttertagsfeier oder Die Zerstückelung des weiblichen Körpers, Klang-
und Textmontage von Patricia Jünger mit Prosatexten von Elfriede Jelinek, Südwestfunk 1984

Es brennt die Labsal vielleicht nicht mehr ganz so hell wie früher, für Kla-
vier und Tonband nach einem Text von Elfriede Jelinek, Vertonung:
Patricia Jünger, 1986/87 (Textabdruck in: Jochimsen, Margarethe [Hg.]:
Elvira Bach, 1990)

Die Klavierspielerin, Hörstück auf Texte von Elfriede Jelinek mit Musik
von Patricia Jünger, Südwestfunk 1988

Die Klavierspielerin, Libretto, Musik von Patricia Jünger, Uraufführung
Basel 1989

Heller Schein, Ländlervariationen für Mezzosopran, Baßklarinette, Kam-
merorchester und Percussion (Musik von Patricia Jünger, nach Texten
von Elfriede Jelinek), Uraufführung Zürich 1989

Für den Funk dramatisierte Ballade von drei wichtigen Männern sowie
dem Personenkreis um sie herum/Der Wald, Vertonungen von Olga
Neuwirth, uraufgeführt im Rahmen der Wiener Festwochen 1991

6. Übersetzungen

Arenal, Humberto: Schweine oder Hunde auf Trüffeljagd abgerichtet, Erzählung, aus dem Spanischen von Karl August Horst und Elfriede Jelinek, in: *Merkur* 27 (1973), S. 274–285

Pynchon, Thomas: *Die Enden der Parabel*, aus dem Amerikanischen von
Elfriede Jelinek und Thomas Piltz, Reinbek 1976

Blumenthal, P.J., Wer bin ich? Unter Fremden (Gedichte), aus dem Amerikanischen von Elfriede Jelinek, in: *Litfaß* 7 (1982/83), H. 28, S. 47–50

Feydeau, Georges: *Herrenjagd* (1983); *Der Gockel* (1986), *Floh im Ohr*
(1986), *Das Mädel vom Maxim* (1990), aus dem Französischen von Elfriede Jelinek, Bühnenmanuskripte Theaterverlag Nyssen & Bansemer

Silva, Fernando: El Castillo/Rigby, Carlos: Tränen um eine Hure/Pacheco,
Cony: Sandino (Gedichte), aus dem Spanischen von Elfriede Jelinek,
in: *Unter dem Flammenbaum, Gedichte aus Nicaragua, mit einem Vorwort von Ernesto Cardinal*, hg. von der Grazer Autorenversammlung und
vom Verein Slowenischer Autoren Österreichs, Wien – München – Zürich 1986, S. 68/69, 72/73, 107/108

Labiche, Eugène: *Die Affaire Rue Lourcine*, aus dem Französischen von Elfriede Jelinek, hg. von der Schaubühne am Lehniner Platz, Berlin, Spielzeit 1987/88

7. Interviews/Gespräche

Breicha, Otto: »Pop ist gut!«, in: *Kurier*, 17.5.1969

Kerschbaumer, Marie-Thérèse: Portrait einer jungen österreichischen Autorin (1971), in: dies.: *Für mich hat Lesen etwas mit Fließen zu tun... Gedanken zum Lesen und Schreiben von Literatur*, Wien 1989 (= Reihe Frauenforschung, 12), S. 144–147

Roschitz, Karlheinz: Faible fürs Alltägliche, Gespräch mit der Autorin Elfriede Jelinek, in: *Die Furche*, Nr. 30 (25.7.1975), S. 9

N.N.: Das Beste gerade gut genug, in: *Volksstimme*, 3.9.1976

münchner literaturarbeitskreis: gespräch mit elfriede jelinek, in: *mamas pfirsiche – frauen und literatur* 9/10 (1978), S. 170–181

Winter, Riki: »Es ist keiner so niedrig, daß er nicht noch etwas Niedrigeres hätte: seine Frau«, in: *Neue Zeit*, 21.9.1979

Fragen an Elfriede Jelinek, in: *Programmheft der Vereinigten Bühnen Graz zu 'Was geschah, nachdem Nora ihren Mann verlassen hatte oder Stützen der Gesellschaften'*, Graz 1979 (unpag.)

Sauter, Josef-Hermann: Interviews mit Barbara Frischmuth, Elfriede Jelinek, Michael Scharang, in: *Weimarer Beiträge* 27 (1981), H. 6, S. 99–128 (Interview mit Elfriede Jelinek: S. 109–117)

Nicolin, Mechthild: »Frauen sollen sich endlich durch ihren Kopf definieren«, in: *General-Anzeiger*, Bonn, 24.9.1982

Streibel, Robert: Für das Recht der Frau auf Künstlertum, in: *Volksstimme*, 14.10.1982

Honickel, Thomas: Gesellschaft auf dem OP-Tisch, Tip-Interview mit Elfriede Jelinek, in: *Tip* 12 (1983), H. 22, S. 160–163

Klein, Erdmute: Clara S. oder »Die Welt der Männergenies ist eine Todeslandschaft«, Gespräch mit der österreichischen Schriftstellerin Elfriede Jelinek, in: *Wissenschaft und Zärtlichkeit* 13/14 (1983), S. 167–170

Löffler, Sigrid: Jedes Wort von ihr ist eine Provokation, Interview mit Elfriede Jelinek, in: *Bücher*, Brigitte Sonderheft, Hamburg 1983, S. 26–29

Bei, Neda/Wehowski, Branka: Die Klavierspielerin, Ein Gespräch mit Elfriede Jelinek, in: *Die schwarze Botin* 24 (1984), S. 3–9 und 40–46

Rizy, Helmut: ...um den Mann nicht zu stören, in: *Volksstimme*, 12.2.1984

Mayer, Margit J.: Tolle Roben, geknechtete Frauen, in: *Wiener* 4 (1984), H. 47, S. 101

Holzinger, Lutz/Szeiler, Josef: Die Komödiantenställe, Gespräch, in: *M. Das Magazin* (Wien 1984), H. 9, S. 74–77

Kathrein, Karin: Mit Feder und Axt, Die österreichische Schriftstellerin Elfriede Jelinek im Gespräch, in: *Die Presse*, 3./4.3.1984

Biron, Georg: »Wahrscheinlich wäre ich ein Lustmörder«, Ein Gespräch mit der Schriftstellerin Elfriede Jelinek, in: *Die Zeit* 40 (28.9.1984), S. 47/48

Lehmann, Brigitte: Oh Kälte, oh Schutz vor ihr, Ein Gespräch mit Elfriede

Jelinek – »Es geht nur um Sprache, es geht nicht um Erlebnisse«, in: *Lesezirkel* 15 (1985), S. 3

Molden, Hanna: Elfriede Jelinek, Die kultivierte Neurose, in: *Cosmopolitan* 5 (1985), S. 30–35

Trenczak, Heinz/Kehldorfer, Renate: Achtzig Prozent der Filmarbeit sind Geldbeschaffung, Ein Gespräch mit Elfriede Jelinek, in: *Blimp* (1985), H. 2, S. 12–17

Winter, Riki: Mode – die Provinz weiblicher Ästhetik, in: *Sterz* (1985), H. 33, S. 15

Vansant, Jacqueline: Gespräch mit Elfriede Jelinek, in: *Deutsche Bücher* 15 (1985), H. 1, S. 1–9

Honickel, Thomas: »Ich hab mich nie mit Weiblichkeit identifiziert«, in: *Münchner Buch-Magazin* (1985), H. 42, S. 12–16

Molden, Hanna: Schmerzhaft weinrot, H. Molden besuchte Elfriede Jelinek und weiß nun, wie sich Wohnmasochisten einrichten, in: *Wochenpresse*, 11.3.1986

Stadler, Franz: Mit sozialem Blick und scharfer Zunge, in: *Volksstimme*, 24.8.1986

Una storia che somiglia al romanzo: conversazione con Elfriede Jelinek e Franz Novotny, in: *Alia di Vienna*, La Casa Usher, Firenze 1986, S. 145–148

Sucher, C. Bernd: »Was bei mir zu Scheiße wird, wird bei Handke kostbar«, Ein Gespräch mit Elfriede Jelinek, in: *Schauspiel Bonn*, Erste Premieren Spielzeit 1986/87, Bonn 1986, S. 45–52

Moser, Gerhard: Von der nahtlosen Kontinuität, in: *Volksstimme*, 9.2.1986

Janssen, Brita: Ein Porno nur für Frauen?, in: *Mannheimer Morgen*, 8.8.1986

Hüfner, Agnes: Warum ist das Schminken für Sie wichtig, Frau Jelinek?, in: *FAZ-Magazin*, 31.10. 1986, S. 94/95

N.N.: »Unpolitischer Pazifismus ist nicht möglich...«, in: *stimmen zur zeit* (1986), H. 107, S. 18/19

Gross, Roland: Nichts ist möglich zwischen den Geschlechtern, Ein Gespräch mit Elfriede Jelinek, in: *Süddeutsche Zeitung*, 20.1.1987 (Auszug unter dem Titel »Die Lady – ein Vampir« in: *Theater heute* 28 [1987], H. 4, S. 34/35)

Hartmann, Rainer: Schreiben in der Männerwelt, Suche nach Formen für politische Inhalte, in: *Kölner Stadt-Anzeiger*, 2.12.1986

Morché, Pascal: »Eine Frau sollte nie tragen, was Männern gefällt«, in: *Vogue* (1987), H. 1, S. 74

Sucher, Bernd C.: Ich bin eine Buhfrau, Gespräch mit Elfriede Jelinek über ihre Stücke, über Feminismus, weibliche Ästhetik und Claus Peymann, in: *Süddeutsche Zeitung*, 23.9.1987

Egghardt, Hanne: Texte wie im Fernsehen, in: *Trend-Profil-Extra* 1 (1987), S. 26/27

Hoffmeister, Donna: Access Routes into Postmodernism: Interviews with

Innerhofer, Jelinek, Rosei and Wolfgruber, in: *Modern Austrian Literature*, Volume 20 (1987), Number 2, S. 97–130 (Interview mit Elfriede Jelinek: S. 107–117)

Lahann, Birgit: Frauen sind leicht verderbliche Ware, in: *Stern* 8 (12.2.1987), S. 192/193

Palm, Kurt: Elfriede Jelinek, Gespräch, in: ders. (Hg.): *Burgtheater. Zwölfeläuten. Blut. Besuchszeit, Vier österreichische Stücke*, Wien 1987, S. 227–233

N.N.: Über den Wahnsinn der Normalität oder die Unaushaltbarkeit des Kapitalismus, Gespräch mit Böll-Preisträgerin (1986) Elfriede Jelinek, in: *Arbeiterkampf* 1 (1987)

Riedle, Gabriele: »Das Imperium schlägt zurück«, Die österreichische Schriftstellerin Elfriede Jelinek zu taz, Pornographie und ihrer eigenen »Anti Pornographie«, in: *taz*, 12.3.1988

Lahann, Birgit: »Männer sehen in mir die große Domina«, in: *Stern* 37 (8.9.1988), S. 76–85

Reininghaus, Alexandra: Die Lust der Frauen und die kurze Gewalt der Männer, in: *Der Standard*, 17.11.1988

Presber, Gabriele: Elfriede Jelinek: »...das Schlimme ist dieses männliche Wert- und Normensystem, dem die Frau unterliegt...«, in: dies.: *Die Kunst ist weiblich*, München 1988, S. 106–131

Fleischanderl, Karin: Schreiben und/oder Übersetzen, Ein Interview mit Elfriede Jelinek, in: *Wespennest* 73 (1988), S. 24–26

Classen, Brigitte: Das Liebesleben in der zweiten Natur, in: *Anschläge* 7/8 (1989), S. 33–35

Hager, Angelika/Sichrovsky, Heinz: Gipfel der Lust, Elfriede Jelinek und Paulus Manker im Dialog über Sexualität, Pornographie und Kunst, in: *Basta* (1989), H. 2, S. 102–107

Lahann, Birgit: Lust statt Pornographie, in: *Rowohlt Revue* (1989), H. 21, S. 4/5

Löffler, Sigrid: »Ich mag Männer nicht, aber ich bin sexuell auf sie angewiesen«, in: *Profil* 13, 28.3.1989, S. 83–85

Hörmann, Egbert: Das obskure Objekt der Begierde, Tip-Gespräch mit Elfriede Jelinek, in: *Tip* 19 (1989), H. 10, S. 100–104

Schwarzer, Alice: Ich bitte um Gnade, A. Schwarzer interviewt Elfriede Jelinek, in: *Emma* 7 (1989), S. 50–55, auch in: Schwarzer, Alice: *Warum gerade Sie? Weibliche Rebellen, 15 Begegnungen mit berühmten Frauen*, Frankfurt am Main 1989, S. 97–116

Roeder, Anke: Elfriede Jelinek: »Ich will kein Theater – Ich will ein anderes Theater«, in: *Theater heute* 8 (1989), S. 30/31 (= gekürzte Fassung), auch in: dies. (Hg.): *Autorinnen, Herausforderung an das Theater*, Frankfurt am Main 1989, S. 143–160 (vollständige Fassung)

Bartels, Ulrike: totale entäußerung, in: *Klenkes Stadtzeitung für Aachen* (1989), H. 6

Sichrovsky, Heinz: Elfriede Jelinek: Watchlist der Verachtung, in: *Basta* (1989), H. 12, S. 164/165

N.N.: Ob es sie gibt, wird man sehen, Elfriede Jelinek stellte sich einem kurzen Gespräch über ihre Anschauungen zum Erneuerungsprozeß der KPÖ, in: *Grazer Stadtblatt* (1990), Nr. 1

Stadler, Franz: Krankheit und Wärmetod, in: *Volksstimme*, 18./19.2.1990

Stadler, Franz: Schrecken unerfüllter Liebe, in: *Volksstimme*, 23.2.1990, Beilage

Stadler, Franz: Krankheit und Wärmetod, in: *Volksstimme*, 28.2.1990

Raftl, Ro: Lust auf Blut, in: *Arbeiter-Zeitung*, 19.4.1990, AZ-Magazin

Sichrovsky, Heinz/Klein, Gabi: Elfriede Jelinek: »Wir haben verloren, das steht fest«, in: *Basta* (1990), H. 4, S. 176–180

Bandhauer, Dieter: Dieses vampirische Zwischenleben, in: *taz*, 9.5.1990

Bandhauer, Dieter: »Ich bin kein Theaterschwein«, in: *Falter* 12 (1990), H. 16, S. 8/9

Biller, Maxim: Sind Sie lesbisch, Frau Jelinek?, in: *Tempo* (1990), H. 4, S. 42–46

Lachinger, Renate: Kinder, Marsmenschen, Frauen, Ein Gespräch mit Elfriede Jelinek, in: *Salz* 15 (1990), H. 4, S. 40–44

Vogl, Walter: Ich wollte diesen weissen Faschismus, in: *Basler Zeitung*, 16.6.1990

Hirschmann, Christoph: Engel haben keine Genitalien, in: *Arbeiter-Zeitung*, 22.6.1990

Müller, André: Ich lebe nicht, Gespräch mit der Schriftstellerin Elfriede Jelinek, in: *Die Zeit*, Nr. 26, 22.6.1990, S. 55/56

Seibert, Ingrit: Ist jede Frau ein Luxusweib?, in: *Elle* 12 (1990), S. 54–60

Friedl, Harald/Peseckas, Hermann: Elfriede Jelinek, in: Friedl, Harald (Hg.): *Die Tiefe der Tinte*, Wolfgang Bauer, Elfriede Jelinek u.a. im Gespräch, Salzburg 1990, S. 27–51

Schock, Sonja: Irgendwelche Überväter, Gespräch mit der Schriftstellerin Elfriede Jelinek, in: *Freitag*, Nr. 13, 22.3.1991, S. 20

Seiler, Christian: Was man dem Mann als Kühnheit und Mut auslegt, ist bei einer Frau nur ekelhaft, in: *Sonntagszeitung*, 3.9.1991, S. 19–21

Roscher, Achim: Gespräch mit Elfriede Jelinek, in: *neue deutsche literatur* 39 (1991), H. 459, S. 41–56

Cerha, Michael/Horwath, Alexander: Die Bachmann war wohl gerechter zu Männern, in: *Der Standard*, 14.1.1991

Hörmann, Egbert: Interview, in: *Vogue*, Januar 1991, S. 92 und S. 94

Braun, Adrienne: Tarzan, Jane und weiße Wäsche, in: *Stuttgarter Zeitung*, 11.7.1991

Winter, Riki: Gespräch mit Elfriede Jelinek, in: Bartsch, Kurt/Höfler, Günther (Hg.): *Dossier 2: Elfriede Jelinek*, Graz 1991, S. 9–19

Roos, Theo: »Bei der Stange bleiben«, Ein Gespräch mit Elfriede Jelinek über ihr neues Heidegger-Stück, in: *Symptome, Zeitschrift für epistemologische Baustellen* (1991), H. 8, S. 49–51

Roos, Theo: »Die Sprache und das Lassen-Tun« – Über Hannah Arendt, Martin Heidegger, Peter Handke und die deutsche Einheit, in: *Symptome, Zeitschrift für epistemologische Baustellen* (1992), H. 9, S. 45–49

Becker, Peter von: »Wir leben auf einem Berg von Leichen und Schmerz«, in: *Theater heute* (1992), H. 9, S. 1–8

Kathrein, Karin: »Heimat ist das Unheimlichste«, Elfriede Jelinek zu *Totenauberg*, in: *Bühne*, (Wien), 1992, H. 9, S. 26/27

Wendt, Gunna: »Es geht immer alles prekär aus – wie in der Wirklichkeit«, Ein Gespräch mit der Schriftstellerin Elfriede Jelinek über die Unmündigkeit der Gesellschaft und den Autismus des Schreibens, in: *Frankfurter Rundschau*, 14.3.1992, Zeit und Bild, S. 3

Lamb-Faffelberger, Margarete: Interview mit Elfriede Jelinek, in: dies.: *Valie Export und Elfriede Jelinek im Spiegel der Presse, Zur Rezeption der feministischen Avantgarde Österreichs*, New York – San Francisco – Bern – Baltimore – Frankfurt am Main – Paris – London 1992, S. 183–200

Presber, Gabriele: Elfriede Jelinek, in: dies.: *Frauenleben, Frauenpolitik, Rückschläge & Utopien*, Gespräche mit Elfriede Jelinek u.a., Tübingen 1992, S. 7–37

Maresch, Rudolf: Nichts ist verwirklicht, Alles muß jetzt neu definiert werden, in: Maresch, Rudolf (Hg.): *Zukunft oder Ende, Standpunkte, Analysen, Entwürfe*, München 1993, S. 125–143

Berka, Sigrid: Ein Gespräch mit Elfriede Jelinek, in: *Modern Austrian Literature*, Volume 26 (1993), No. 2, S. 127–155

N.N.: »Die Frau ist nur, wenn sie verzichtet zu sein«, Ein Gespräch mit Elfriede Jelinek, in: *Die Philosophin* 8 (1993), S. 94–98

Irnberger, Harald/Seibert, Ingrit: »Wenn Zucker siegt, ist alles klebrig«, in: *Tempo*, August 1993, S. 77–79

Fend, Franz/Huber-Lang, Wolfgang: »Eine lautlose Implosion«, Ein Gespräch mit Elfriede Jelinek über *Wolken. Heim.*, europäische Visionen, österreichische Literatur und deutsche Heimaterde, in: *Zeitung für dramatische Kultur* (1994), Nr. 73, S. 4/5

III. Sekundärliteratur zu Elfriede Jelinek

(Auswahl; nur in Ausnahmefällen Rezensionen; nur Beiträge von gewisser Ausführlichkeit)

Sammelbände

Arnold, Heinz Ludwig (Hg.): *Elfriede Jelinek*, Redaktion: Frauke Meyer-Gosau, München 1993 (*Text + Kritik*, H. 117) (im folgenden als: Arnold)

Bartsch, Kurt/Höfler, Günther (Hg.): *Dossier 2: Elfriede Jelinek*, Graz 1991 (im folgenden als: Bartsch/Höfler)

Gürtler, Christa (Hg.): *Gegen den schönen Schein, Texte zu Elfriede Jelinek*, Mit Beiträgen von Alexander von Bormann u.a., Frankfurt am Main 1990 (im folgenden als: Gürtler)

Zum Werk allgemein und zu einzelnen Werken

Alms, Barbara: Triviale Muster – »hohe« Literatur, Elfriede Jelineks frühe Schriften, in: *Umbruch* 6 (1987), Nr. 1, S. 31–35

Appelt, Hedwig: *Die leibhaftige Literatur, Das Phantasma und die Präsenz der Frau in der Schrift*, Weinheim – Berlin 1989, S. 111–133 und S. 211/212

Arteel, Inge: »*Ich schlage sozusagen mit der Axt drein*«, *Stilistische, wirkungsästhetische und thematische Betrachtungen zu Elfriede Jelineks 'Die Klavierspielerin'*, (Studia Germanica Gandensia 27) Gent 1991

Baier, Lothar: Abgerichtet, sich selbst zu zerstören, Ein Roman, der seine Gesellschaftskritik in seiner Sprache entfaltet, in: Bartsch/Höfler, S. 208–211

Bartsch, Kurt: »Denn die Liebe ist die Fortführung des Krieges mit anderen Mitteln«, Zu Elfriede Jelineks Filmbuch *Malina*, in: Bartsch/Höfler, S. 173–179

Becker, Barbara von: Geschlecht und Charakter, Eine Antwort auf Gerhard Stadelmaiers FAZ-Kritik an E. Jelinek zur Uraufführung von *Totenauberg*, in: *Theater heute* (1992), H. 11, S. 10

Beth, Hanno: Elfriede Jelinek, in: Puknus, Heinz (Hg.): *Neue Literatur der Frauen, Deutschsprachige Autorinnen der Gegenwart*, München 1980, S. 133–138

Beuth, Reinhard: Treffsicher im Giftspritzen, in: Bartsch/Höfler, S. 201/202

Bormann, Alexander von: »Von den Dingen die sich in den Begriffen einnisten«, Zur Stilform Elfriede Jelineks, in: Kleiber, Carine/Tunner, Erika (Hg.): *Frauenliteratur in Österreich von 1945 bis heute*, Bern – Frankfurt am Main – New York 1986, S. 27–54

Bormann, Alexander von: Dialektik ohne Trost, Zur Stilform im Roman *Die Liebhaberinnen*, in: Gürtler, S. 56–74 (= überarbeitete und gekürzte Fassung des früheren Aufsatzes)

Brokoph-Mauch, Gudrun: Die Prosa österreichischer Schriftstellerinnen zwischen 1968 und 1983 (Frischmuth, Jelinek, Schwaiger), in: Zeman, Herbert (Hg.): *Die österreichische Literatur: eine Dokumentation ihrer literarhistorischen Entwicklung, Ihr Profil von der Jahrhundertwende bis zur Gegenwart (1880–1980)*, Graz 1989, Teil 2, S. 1201–1226

Brügmann, Margret: Schonungsloses Mitleid, Elfriede Jelinek: *Die Liebhaberinnen*, in: dies.: *Amazonen der Literatur, Studien zur deutschsprachigen*

Frauenliteratur der 70er Jahre, Amsterdam 1986 (= Amsterdamer Publikationen zur Sprache und Literatur, Bd. 65), S. 146–172

Burdorf, Dieter: »Wohl gehn wir täglich, doch wir bleiben hier«, Zur Funktion von Hölderlin-Zitaten in Texten Elfriede Jelineks, in: *Sprache und Literatur in Wissenschaft und Unterricht* 21 (1990), H. 66, S. 29–36

Burger, Rudolf: Dein böser Blick, Elfriede, in: Gürtler, S. 17–29

Busche, Jürgen: Keine Lust für niemand?, in: *Pflasterstrand*, Nr. 311, 6.4.–19.4.1989

Caduff, Corina: *Ich gedeihe inmitten von Seuchen, Elfriede Jelinek – Theatertexte*, Bern – Berlin – Frankfurt am Main – New York – Paris – Wien 1991

Cejpek, Lucas: *UND SIE, Jelinek in 'Lust'*, Graz 1991 (= Essay, 4)

Cramer, Sibylle: Die Natur ist schmutzig, in: *Frankfurter Rundschau*, 1.2.1986

Doll, Annette: *Mythos, Natur und Geschichte bei Elfriede Jelinek, Eine Untersuchung ihrer literarischen Intentionen*, Stuttgart 1994

Dormagen, Christel: Scheitern: sehr gut, Elfriede muß sich in Zukunft mehr zügeln, Einige Bemerkungen zur Feuilletonkritik, in: Arnold, S. 86–94

Endres, Ria: Ein musikalisches Opfer, in: Bartsch/Höfler, S. 202–207

Entreß, Eva-Maria: *'Clara S.' – eine Analyse des Stücks und Überlegungen zur Theaterform Elfriede Jelineks*, Magisterarbeit, Freie Universität Berlin 1993

Erdle, Birgit R.: »Die Kunst ist ein schwarzes glitschiges Sekret«, Zur feministischen Kunst-Kritik in neueren Texten Elfriede Jelineks, in: Knapp, Mona/Labroisse, Gerd (Hg.): *Frauen-Fragen in der deutschsprachigen Literatur seit 1945*, Amsterdam/Atlanta 1989 (= Amsterdamer Beiträge zur neueren Germanistik Bd. 29), S. 323–341

Fiddler, Allyson L.: *Rewriting Reality: Elfriede Jelinek and the Politics of Representation*, Ph. D. University of Southhampton 1990

Fiddler, Allyson: Problems with Porn: Situating Elfriede Jelinek's *Lust*, in: *German Life and Letters* 44 (1991), H. 5, S. 404–415

Fiddler, Allyson: *Rewriting Reality, An Introduction to Elfriede Jelinek*, Oxford/Providence 1994 (= revidierte Fassung der Diss. von 1990)

Fischer, Michael: *Trivialmythen in Elfriede Jelineks Romanen 'Die Liebhaberinnen' und 'Die Klavierspielerin'*, St. Ingbert 1991 (Saarbrücker Beiträge zur Literaturwissenschaft, Band 27) (Magisterarbeit, Freie Universität Berlin 1988)

Fliedl, Konstanze: »Echt sind nur wir!« Realismus und Satire bei Elfriede Jelinek, in: Bartsch/Höfler, S. 57–77

Fliedl, Konstanze: Natur und Kunst, Zu neueren Texten Elfriede Jelineks, in: *Das Schreiben der Frauen in Österreich seit 1950*, Wien – Köln 1991, S. 95–104

Flitner, Christine: *Frauen in der Literaturkritik, Zur Rezeption der Literatur von Frauen im Feuilleton der Bundesrepublik Deutschland: Gisela Elsner*

1964–1989, Elfriede Jelinek 1970–1989, Phil. Diss. Freie Universität Berlin 1994

Freund, Jutta: Elfriede Jelinek: Die Klavierlehrerin, in: *Wespennest* (1983), H. 53, S. 44/45

Friedrich, Regine: Nachwort, in: Jelinek, Elfriede: *Krankheit oder Moderne Frauen*, hg. und mit einem Nachwort von Regine Friedrich, Köln 1987, S. 84–93

Genanzino, Ursula: Von den frohen Herzens-Kindern, in: Bartsch/Höfler, S. 183–184

Gerhardt, Marlis: Blaubarts letztes Privileg, Was bei den weiblichen Versuchen passiert, die männlich besetzte Pornographie umzuschreiben und die Rollen zu vertauschen, in: *Literatur Konkret* 14 (1989), S. 12/13

Gerhardt, Marlis: Bond auf dem Dorfe, in: Bartsch/Höfler, S. 181/182

Geyer-Ryan, Helga: Frauenwelt und Männergewalt, Nachwort, in: dies. (Hg.): *Was geschah, nachdem Nora ihren Mann verlassen hatte? Acht Hörspiele von Elfriede Jelinek u.a.*, München 1982, S. 245–251

Gnüg, Hiltrud: Zum Schaden den Spott, in: Bartsch/Höfler, S. 197–201

Graf, Hansjörg: Erotische Verwirrspiele eines Romans, in: Bartsch/Höfler, S. 190–192

Grandell, Ulla: *»Mein Vater, mein Vater, warum hast du mich verlassen?«, Männergestalten in deutschsprachiger Frauenliteratur 1973–1982*, Stockholm 1987, S. 183–201

Gürtler, Christa: Der böse Blick der Elfriede Jelinek, Dürfen Frauen so schreiben?, in: dies. u.a. (Hg.): *Frauenbilder – Frauenrollen – Frauenforschung*, Wien – Salzburg 1987, S. 50–62

Gürtler, Christa: Die Entschleierung der Mythen von Natur und Sexualität, in: Gürtler, S. 120–134

Gürtler, Christa: Die Bewegung des Schreibens, Annäherungen an neuere Texte österreichischer Autorinnen, in: *Das Schreiben der Frauen in Österreich seit 1950*, Wien – Köln 1991, S. 105–118

Gürtler, Christa: Unheimliche Heimat, Zu neueren Texten von Elfriede Jelinek, in: *Informationen zur Deutschdidaktik*, N.F. 17 (1993), Nr. 2, S. 79–82

Haß, Ulrike: Peinliche Verhältnisse, Zu den Theaterstücken Elfriede Jelineks, in: *Frauen im Theater, Dokumentation 1986/87*, hg. von der Dramaturgischen Gesellschaft Berlin, Berlin 1988, S. 86–94

Haß, Ulrike: Grausige Bilder, Große Musik, Zu den Theaterstücken Elfriede Jelineks, in: Arnold, S. 21–30

Heidelberger-Leonard, Irene: War es Doppelmord? Anmerkungen zu Elfriede Jelineks Bachmann-Rezeption und ihrem Filmbuch *Malina*, in: Arnold, S. 78–85

Hiebel, Hans H.: Elfriede Jelineks satirisches Prosagedicht *Lust*, in: *Sprachkunst* 13 (1992), Halbbd. 2, S. 291–308

Hoesterey, Ingeborg: Postmoderner Blick auf österreichische Literatur: Bernhard, Glaser, Handke, Jelinek, Roth, in: *Modern Austrian Literature* Volume 23 (1990), Numbers 3/4, S. 65–76

Hoff, Dagmar von: Stücke für das Theater, Überlegungen zu Elfriede Jelineks Methode der Destruktion, in: Gürtler, S. 112–119

Hoffmann, Yasmin: Fragmente einer Sprache des Konsums, Zu Elfriede Jelineks Roman *Die Klavierspielerin*, in: *Cahiers d'Études Germaniques* (1988), H. 15, S. 167–178.

Hoffmann, Yasmin: »Hier lacht sich die Sprache selbst aus«, Sprachsatire – Sprachspiele bei Elfriede Jelinek, in: Bartsch/Höfler, S. 41–55

Hoffmann, Yasmin: »Noch immer riecht es hier nach Blut!«, Zu Elfriede Jelineks Stück *Krankheit oder Moderne Frauen*, in: *Cahier d'Études Germaniques* (1991), H. 20, S. 191–204

Hoffmann, Yasmin: *Untersuchungen zur Sprach- und Kulturkritik im Erzählwerk Elfriede Jelineks*, Phil. Diss. Lille 1993

Höfler, Günther A.: Sexualität und Macht in Elfriede Jelineks Prosa, in: *Modern Austrian Literature* Volume 23 (1990), Numbers 3/4, S. 99–110

Höfler, Günther A.: Vergrößerungsspiegel und Objektiv, Zur Fokussierung der Sexualität bei Elfriede Jelinek, in: Bartsch/Höfler, S. 155–172

Isenschmid, Andreas: Trivialroman in experimenteller Tarnung, in: Bartsch/Höfler, S. 239–243

Jandl, Paul: Mythen. Schmutz. Existenzialismus. Film. Zu Elfriede Jelineks *Die Ausgesperrten*, in: Findeis, Michaela/Jandl, Paul (Hg.): *Landnahme, Der österreichische Roman nach 1980*, Wien – Köln 1989, S. 17–30

Janz, Marlies: Falsche Spiegel, Über die Umkehrung als Verfahren bei Elfriede Jelinek, in: *Literaturmagazin* 23 (1989), S. 135–148, auch in: Gürtler, S. 81–97 (hier bis auf die Anmerkungen unverändert als Kapitel IV.1)

Janz, Marlies: Mythendestruktion und 'Wissen', Aspekte der Intertextualität in Elfriede Jelineks Roman *Die Ausgesperrten*, in: Arnold, S. 38–50 (hier bis auf die Anmerkungen unverändert als Kapitel III.2)

Jung, Martin: Elfriede Jelinek: *Krankheit oder Moderne Frauen*, in: Weber, Richard (Hg.): *Deutsches Drama der 80er Jahre*, Frankfurt am Main 1992, S. 250–263

Kässens, Wend: Elfriede Jelinek, in: Wiesner, Herbert (Hg.): *Lexikon der deutschsprachigen Gegenwartsliteratur*, München 1981, 2. erw. und akt. Auflage München 1987, S. 283–285

Kässens, Wend: Elfriede Jelinek, in: Moser, Dietz-Rüdiger (Hg.): *Neues Handbuch der deutschsprachigen Gegenwartsliteratur seit 1945*, München 1990, S. 326/327

Karasek, Hellmuth: Auf dem Altar des männlichen Genies, in: *Der Spiegel*, Nr. 40, 4.10. 1982, S. 236–239

Kecht, Maria-Regina: »In the Name of Obedience, Reason and Fear«: Mother-Daughter relations in W.A. Mitgutsch and E. Jelinek, in: *The German Quarterly* Volume 62 (1989), Nr. 3, S. 357–372

Kempf, Marcelle: Elfriede Jelinek ou la magie du verbe contre l'abêtissement et le conformisme, in: *Études allemandes et autrichiennes,* Réunis par Richard Thieberger, Nice 1977, S. 133–142

Kerschbaumer, Marie-Thérèse: *Für mich hat Lesen etwas mit Fließen zu tun ... Gedanken zum Lesen und Schreiben von Literatur,* Wien 1989 (= Reihe Frauenforschung, 12), S. 144 und S.147–166

Kisser, Erwin: Europa ist weit, doch es wird allmählich Abend, in: *Wespennest* 83 (1991), S. 79–83

Klausenitzer, Hans-Peter: Noch (k)ein Heimatroman, Die Liebhaberinnen zwei Gegenstände namens Paula und Brigitte, in: Bartsch/Höfler, S. 188–190

Klein, Ingrid: Lustverzicht und Triebgewinn, in: *Literatur Konkret* 1989, H. 14, S. 18/19

Klein, Karoline: *Weibliche Außenseiter-Figuren in der österreichischen Prosa seit 1945 (Marlen Haushofer, Elfriede Jelinek, Marianne Fritz),* Phil. Diss. Salzburg 1990

Klier, Walter: »In der Liebe schon ist die Frau nicht voll auf ihre Kosten gekommen, jetzt will sie nicht auch noch ermordet werden«, Über die Schriftstellerin Elfriede Jelinek, in: *Merkur* 41 (1987), H. 459, S. 423–427

Klunker, Heinz: Unser Wald und unsere Scheiterhaufen: Elfriede Jelinek und Else Lasker-Schüler: *Wolken. Heim.* in Bonn-Beuel, *Arthur Aronymus und seine Väter* in Bad Godesberg, in: *Theater heute* 29 (1988), H. 11, S. 28–33

Koch, Gertrud: Sittengemälde aus einem röm. kath. Land, Zum Roman *Lust,* in: *konkret* 7 (1989), S. 56–58, auch in: Gürtler, S. 135–141

Kohlenbach, Margarete: Montage und Mimikry, Zu Elfriede Jelineks *Wolken. Heim.*, in: Bartsch/Höfler, S. 121–153

Koppensteiner, Jürgen: Anti-Heimatliteratur in Österreich, Zur literarischen Heimatwelle der siebziger Jahre, in: *Modern Austrian Literature* Volume 15 (1982), Number 2, S. 1–11

Koschel, Christine/Weidenbaum, Inge von: Eine Ich-Figur, die zu dechiffrieren Mühe macht, Anmerkungen zum Filmbuch und Film *Malina* nach dem Roman von Ingeborg Bachmann, in: *Litfaß* 15 (1991), H. 51, S. 89–92

Kosler, Hans Christian (fortgesetzt von Annette Doll): Elfriede Jelinek, in: *Kritisches Lexikon zur deutschsprachigen Gegenwartsliteratur,* 31. Nachlieferung, München 1989 (unpag.)

Kosler, Hans Christian: Bukolit in der Bakalitwelt, in: Bartsch/Höfler, S. 192–194

Kosta, Barbara: Muttertrauma: Anerzogener Masochismus, Waltraud Anna Mitgutsch, *Die Züchtigung* und Elfriede Jelinek, *Die Klavierspielerin*, in: Kraft, Helga/Liebs, Elke (Hg.): *Mütter – Töchter – Frauen, Weiblichkeitsbilder in der Literatur,* Stuttgart – Weimar 1993, S. 243–265

Kralicek, Wolfgang: Irr + Witz, Wir + Sinn + Wahn, Zwei neue Stücke im Wiener Volkstheater: Gert Jonkes *Opus 111* und Elfriede Jelineks *Wolken. Heim.* – und Wolfgang Bauers *Die Kantine* in Graz, in: *Theater heute* 34 (1993), H. 6, S. 42–44

Kruntorad, Paul: Was geschah, als Elfriede Jelinek Ibsen verließ: Uraufführung einer Nora-Projektion in Graz, in: *Theater heute* 20 (1979), H. 11, S. 63

Kruntorad, Paul: Gatti diffus, Kipphardt ingeniös, Jelinek ekelhaft inszeniert, in: *Theater heute* 25 (1984), H. 4, S. 55/56

Kübler, Gunhild: Spitze Schreie, in: Bartsch/Höfler, S. 214–217

Lachinger, Renate: *Der österreichische Anti-Heimatroman, Eine Untersuchung am Beispiel von Franz Innerhofer, Gernot Wolfgruber, Michael Scharang und Elfriede Jelinek*, Phil. Diss. Salzburg 1986

Laederach, Jürg: Gebogener Abschweif über die Last des Themas Unlust in *Lust*, in: *Literaturmagazin* 25 (1990), S. 178–186

Lajarrige, Jacques: Formation et Appropriation d'un Mythe: Le Cannibalisme et la Littérature autrichienne de Nestroy à Jelinek, in: *Cahier d'études germaniques* (1994), Nr. 26, S. 151–162

Lamb-Faffelberger, Margarete: *Valie Export und Elfriede Jelinek im Spiegel der Presse, Zur Rezeption der feministischen Avantgarde Österreichs*, New York – San Francisco – Bern – Baltimore – Frankfurt am Main – Paris – London 1992 [Austrian Culture, vol. 7]

Landes, Brigitte: Kunst aus Kakanien, Über Elfriede Jelinek, Eine Lesung, Ein Gespräch, Eine Uraufführung, in: *Theater heute* (1986), H. 1, S. 7/8

Landes, Brigitte: Zu Elfriede Jelineks Stück: *Krankheit oder Moderne Frauen*, »Wie ein Stück«, in: *Schreiben* 9 (1986), Nr. 29/30, S. 89–92

Laurien, Ingrid: Man steht für die meisten Männer plötzlich da wie ein Monster, Schriftstellerinnen im Literaturbetrieb, in: Arnold, Heinz Ludwig (Hg.): *Literaturbetrieb in der BRD, Ein kritisches Handbuch*, 2., völlig veränd. Aufl., München 1981, S. 341–355

Lengauer, Hubert: Jenseits vom Volk, Elfriede Jelineks »Posse mit Gesang« *Burgtheater*, in: Hassel, Ursula/Herzmann, Herbert (Hg.): *Das zeitgenössische deutschsprachige Volksstück*, Akten des internationalen Symposions University College Dublin 28. Februar – 2. März 1991, Tübingen 1992, S. 217–228

Levin, Tobe Joyce: gesprächsthema: ʼdie liebhaberinnenʼ von elfriede jelinek, in: *mamas pfirsiche – frauen und literatur* 8, S. 59–68

Levin, Tobe Joyce: *Political ideology and aesthetics in neo-feminist german fiction: Verena Stefan, Elfriede Jelinek, Margot Schroeder*, Ph. D. Cornell University 1979

Levin, Tobe Joyce: Introducing Elfriede Jelinek: Double Agent of feminist Aesthetics, in: *Women's studies international Forum* Volume 9 (1986), No. 4, S. 435–442

Levin, Tobe Joyce: Jelinek's Radical Radio, Deconstructing the Women in Context, in: *Women's studies international Forum* Volume 14 (1991), No. 1–2, S. 85–97

Lindner, Burkhardt: Deutschland: Erhabener Abgesang, Elfriede Jelineks Spiegel-Verzerrung zur Selbsterkenntnis: *Wolken. Heim.*, in: Bartsch/ Höfler, S. 243–246

Linke, Detlef Bernhard: Wir, von Apollon geschlagen... Elfriede Jelineks *Wolken. Heim.* als Raumgedicht, in: *Spuren* 33 (1990), S. 13–15

Löffler, Sigrid: Der sensible Vampir, in: *Emma* (1985), H. 10, S. 32–37

Löffler, Sigrid: »Was habe ich gewußt? – Nichts«, Künstler im Dritten Reich: Fragen nach der verdrängten Vergangenheit, in: *Theater heute* 27 (1986), H. 1, S. 2–6 und 9–11

Löffler, Sigrid: Elegant und gnadenlos, Porträt Elfriede Jelinek, in: *Brigitte* 14 (1989), S. 95–97

Löffler, Sigrid: »Erhalte Gott dir deinen Ludersinn«, in: Bartsch/Höfler, S. 218–222

Lorenz, Dagmar C. G.: Humor bei zeitgenössischen Autorinnen, in: *The Germanic Review* 62 (1987), Nr. 1, S. 28–36

Lorenz, Dagmar C. G.: Elfriede Jelinek's Political Feminism: *Die Ausgesperrten*, in: *Modern Austrian Literature* Volume 23 (1990), Numbers 3/ 4, S. 111–119

Lossin, Dorothee: *Aspekte parodistischer Intertextualität, Eine Untersuchung zu Elfriede Jelineks 'Wolken. Heim.'*, Magisterarbeit, Freie Universität Berlin 1994

Luserke, Matthias: Ästhetik des Obszönen, Elfriede Jelineks *Lust* als Protokoll einer Mikroskopie des Patriarchats, in: Arnold, S. 60–67

Mahler-Bungers, Annegret: Der Trauer auf der Spur, Zu Elfriede Jelineks *Die Klavierspielerin*, in: *Freiburger literaturpsychologische Gespräche*, Band 7: Masochismus in der Literatur, hg. von Johannes Cremerius u.a., Würzburg 1988, S. 80–95

Mattis, Anita Maria: *Sprechen als theatralisches Handeln? Studien zur Dramaturgie der Theaterstücke Elfriede Jelineks*, Phil. Diss. Wien 1987

Meyer, Eva: Den Vampir schreiben, Zu *Krankheit oder Moderne Frauen*, in: *Frauen im Theater, Dokumentation 1986/1987*, hg. von der Dramaturgischen Gesellschaft Berlin, Berlin 1987, S. 76–85, auch in: dies.: *Die Autobiographie der Schrift*, Basel – Frankfurt am Main 1989, S. 97–110; auch in: Gürtler, S. 98–11

Meyer-Gosau, Frauke: Aus den Wahnwelten der Normalität, Über Brigitte Kronauer, Elfriede Jelinek und Kerstin Hensel, in: Arnold, Heinz Ludwig (Hg.): *Vom gegenwärtigen Zustand der deutschen Literatur*, München 1992 (*Text + Kritik*, H. 113), S. 26–37

Mießgang, Thomas: *Sex, Mythos, Maskerade, Der antifaschistische Roman Österreichs im Zeitraum von 1960–1980*, Wien 1988 (Phil. Diss. 1984)

Müller, Heiner: Widerstand gegen das »Genau-wie-Otto-Theater«, in: *Bonner Programmheft zur Uraufführung von 'Krankheit oder Moderne Frauen'*, 1987, S. 36 (= Schauspiel Bonn, H. 3, 1987)

Nyssen, Ute: Nachwort, in: Jelinek, Elfriede: *Theaterstücke*, hg. und mit einem Nachwort von Ute Nyssen, Köln 1984, S. 151–162

Olbert, Frank: Mitten aus dem Illustriertenleben, in: Bartsch/Höfler, S. 225–228

Perthold, Sabine: *Elfriede Jelineks dramatisches Werk, Theater jenseits konventioneller Gattungsbegriffe*, Phil. Diss. Wien 1991

Perthold, Sabine: Die Sprache zum Sprechen bringen, in: *Bühne*, Nr. 9 (1992), S. 32–35

Philippi, Klaus-Peter: Sprach-Lust, Körper-Ekel, in: Bartsch/Höfler, S. 234–239

Pütz, Susanne: *Vampire und ihre Opfer, Der Blutsauger als literarische Figur*, Bielefeld 1992, S. 156–159

Rasper, Christiane: »Der Mann ist immer bereit und freut sich auf sich«, Die satirische Inszenierung des pornographischen Diskurses, in: *Liebes- und Lebensverhältnisse: Sexualität in der feministischen Diskussion*, Interdisziplinäre Forschungsgruppe Frauenforschung (IFF), Frankfurt am Main – New York 1990, S. 121–140

Reich-Ranicki, Marcel/Löffler, Sigrid/Karasek, Helmut/Busche, Jürgen: 'Literarisches Quartett', ZDF, 10.3.1989, abgedruckt in: *Pflasterstrand*, Nr. 311, 6.4.–19.4.1989, S. 37–39

Riedle, Gabriele: They call her Elfie, in: *Literatur Konkret* (1987/88), H. 12, S. 6–9

Riedle, Gabriele: Mehr, mehr, mehr! Zu Elfriede Jelineks Verfahren der dekorativen Wortvermehrung, in: Arnold, S. 95–103

Riese, Utz: Schwarzwaldklinikum, Elfriede Jelinek: *Totenauberg. Ein Stück*, in: *neue deutsche literatur* 39 (1991), H. 466, S. 136–139

Riess, Erwin: Elfriede Jelinek: *Totenauberg*, in: *Literatur Konkret*, H. 16 (1991/92), S. 22–24

Rigendinger, Rosa: Eigentor, in: Arnold, S. 31–37

Roessler, Peter: Vom Bau der Schweigemauer, Überlegungen zu den »Reaktionen« auf Elfriede Jelineks Stück *Burgtheater*, in: *TheaterZeitSchrift* 2 (1982), S. 85–91

Römhild, Dorothee: Von kritischer Selbstreflexion zur stereotypen Frauendarstellung: Ingeborg Bachmanns Roman *Malina* und seine filmische Rezeption, in: *The Germanic Review* 68 (1993), Nr. 4, S. 167–175

Rothschild, Thomas: Elfriede Jelinek, Sigrid Löffler und die Wichtelmänner, Wie einer bedeutenden Schriftstellerin im Geschlechterkampf die Maßstäbe abhanden kamen und einer Journalistin das von ihr entscheidend geprägte System einen Streich spielte, in: *Wespennest* 94 (1994), S. 5–10

Scharang, Michael: Lebenselexier auf dem Misthaufen, in: *Literatur Konkret* 14 (1989/90), S. 6–10

Schlaffer, Hannelore: Ist alle Liebe nur Gewalt? Elfriede Jelineks *Lust* will ungenießbar sein, in: Görtz, Franz Josef/Hage, Volker/Wittstock, Uwe (Hg.): *Deutsche Literatur 1989, Jahresüberblick*, Stuttgart 1990, S. 204–207

Schlich, Jutta: *Phänomenologie der Wahrnehmung von Literatur, Am Beispiel von Elfriede Jelineks 'Lust' (1989)*, Tübingen 1994 (Untersuchungen zur deutschen Literaturgeschichte, Band 71)

Schmid, Georg: Das Schwerverbrechen der Fünfzigerjahre, in: Gürtler, S. 44–55

Schmid-Bortenschlager, Sigrid: Der analytische Blick, in: Kleiber, Carine/Tunner, Erika (Hg.): *Frauenliteratur in Österreich von 1945 bis heute*, Bern – Frankfurt am Main – New York 1986, S. 109–129

Schmid-Bortenschlager, Sigrid: Gewalt zeugt Gewalt zeugt Literatur... *wir sind lockvögel baby!* und andere frühe Prosa, in: Gürtler, S. 30–43

Schmidt, Ricarda: Arbeit an weiblicher Subjektivität, Erzählende Prosa der siebziger und achtziger Jahre, in: Brinker-Gabler, Gisela (Hg.): *Deutsche Literatur von Frauen*, München 1988, Bd. 2, S. 459–477

Schmölzer, Hilde: Ich funktioniere nur im Beschreiben von Wut, in: dies.: *Frau sein & schreiben, Österreichische Schriftstellerinnen definieren sich selbst*, Wien 1982, S. 83–90

Schneider, Renate: Diese Liebe ist im Kern Vernichtung, Zu Elfriede Jelinek, in: *Das Argument* 33 (1991), H. 3, S. 361–371

Schnell, Ralf: Das fremde Geschlecht, Männer-Bilder in der neueren deutschsprachigen Frauenliteratur, in: Iwasaki, Eijiro (Hg.): *Begegnung mit dem 'Fremden': Grenzen – Traditionen – Vergleiche* (Akten des VIII. Internationalen Germanisten-Kongresses, Tokyo 1990), München 1991, Band 10, S. 267–274

Schütte, Wolfram: Grimmige Charaden von Sexualität mit Herrschaft, Elfriede Jelineks *Lust*: Literarisches Vabanquespiel und leserische Herausforderung, in: Görtz, Fanz Josef/Hage, Volker/Wittstock, Uwe (Hg.): *Deutsche Literatur 1989, Jahresüberblick*, Stuttgart 1990, S. 197–204

Seibert, Ingrit/Dreissinger, Sepp: Elfriede Jelinek, Die Frau im Sumpf, in: dies.: *Die Schwierigen, Portraits zur österreichischen Gegenwartskunst*, Wien 1986, S. 120–136

Seiler, Manfred: Die Frau, das übermannte Wesen, Hans Hollmann inszeniert die Uraufführung von Elfriede Jelineks *Clara S.* in Bonn, in: *Theater heute* 23 (1982) H. 11, S. 18/19

Serke, Jürgen: Elfriede Jelinek: Wenn der Mensch im Typischen verschwindet, in: ders.: *Frauen schreiben, Ein neues Kapitel deutschsprachiger Literatur*, Mit Fotos von Stefan Moses, Hamburg 1979, S. 295–297

Spanlang, Elisabeth: »Ein Strindberg-Stück ist eine Operette dagegen«, Anmerkungen zu einer ungewöhnlichen Biographie, in: Bartsch/Höfler, S. 247–259

Spanlang, Elisabeth: *Elfriede Jelinek: Studien zum Frühwerk*, Wien 1992 (Dissertationen der Universität Wien; 233. Phil. Diss. Wien 1991)

Späth, Sibylle: Im Anfang war das Medium, Medien- und Sprachkritik in Jelineks frühen Prosatexten, in: Bartsch/Höfler, S. 95–120

Spielmann, Yvonne: Der Scheintod der Avantgarde, in: *Literaturmagazin* 24 (1989), S. 29–44

Spielmann, Yvonne: Ein unerhörtes Sprachlabor, Feministische Aspekte im Werk von Elfriede Jelinek, in: Bartsch/Höfler, S. 21–40

Spiess, Christine: Eine Kunst, nur aus Sprache gemacht, Die Hörspiele der Elfriede Jelinek, in: Arnold, S. 68–77

Sprigath, Gabriele: Frauen und Männer und die Wirklichkeit der Kunst, Gedanken beim Lesen der Erzählungen *Kassandra* von Christa Wolf, des Romans *Amanda* von Irmtraud Morgner, des Romans *Die Klavierspielerin* von Elfriede Jelinek und des Romans *In Wirklichkeit ist alles ziemlich gut* von Irmela Bender, in: *Kürbiskern* (1983) H. 4, S. 147–154

Stangel, Johann: *Das annullierte Individuum, Sozialisationskritik als Gesellschaftsanalyse in der aktuellen Frauenliteratur, Zu Texten von Frischmuth, Jelinek, Mitgutsch, Schutting, Schwaiger u.a.*, Frankfurt am Main – Bern – New York – Paris 1988 (Phil. Diss. Graz 1987) (= Europäische Hochschulschriften Band 1091, Deutsche Sprache und Literatur, Reihe 1)

Stanitzek, Georg: Kuckuck, in: Baecker, Dirk/Hüser, Rembert/Stanitzek, Georg: *Gelegenheit, Diebe, 3 x deutsche Motive*, Bielefeld 1991, S. 11–80

Trettin, Käthe: Keine Lust für niemand?, in: *Pflasterstrand*, Nr. 311, 6.4.–19.4.1989, S. 37–39

Vansant, Jacqueline: *Against the Horizon, Feminism and Postwar Austrian Women Writers*, New York – Westport – Connecticut – London 1988

Vogel, Juliane: Oh Bildnis, oh Schutz vor ihm, in: Gürtler, S. 142–156

Wagner, Karl: Österreich – eine S(t)imulation, Zu Elfriede Jelineks Österreich-Kritik, in: Bartsch/Höfler, S. 79–93

Wagner, Renate: Oh Wildnis, oh Schutz vor ihr, in: *Literatur und Kritik* (1986), H. 205/206, S. 282/283

Weber, Anna: Sandmann und Olimpia, in: Bartsch/Höfler, S. 228–234

Wehowski, Branka: Claras musikalische Tragödie, Ein Premierenbericht, in: *Die schwarze Botin* 19 (1983), S. 64–67

Weidtmann, Silke: *Mythos und Schreibweise in den Prosatexten von Elfriede Jelinek*, Wissenschaftl. Hausarbeit zur Ersten (Wissenschaftl.) Staatsprüfung, Freie Universität Berlin 1990

Weinbach, Heike: Volkstöne und Plastikfladen, Elfriede Jelineks *Oh Wildnis, oh Schutz vor ihr*, in: *Augen-Blick, Marburger Hefte zur Medienwissenschaft* (1988), H. 5, S. 78–91

Weinzierl, Ulrich: Die alte fesche Niedertracht, in: Bartsch/Höfler, S. 212–

Weinzierl, Ulrich: Sauberes Theater, Die Wesselys und andere, in: Bartsch/ Höfler, S. 222–225

Wiggershaus, Renate: Neue Tendenzen in der Bundesrepublik Deutschland, in Österreich und in der Schweiz, in: Gnüg, Hiltrud/Möhrmann, Renate (Hg.): *Frauen – Literatur – Geschichte, Schreibende Frauen vom Mittelalter bis zur Gegenwart*, Stuttgart 1985, S. 416–433

Wigmore, Juliet: Feminist writing in West Germany, The Women's Movement and Feminist Writing, in: Bullivant, Keith (Ed.): *After the 'Death' of Literature, West German Writing of the 1970s*, Oxford – New York – Munich 1989, S. 88–108

Wigmore, Juliet: Power, Politics and Pornography: Elfriede Jelineks Satirical Exposés, in: Williams, Arthur/Parkes, Stuart/Smith, Roland (Eds.): *Literature on the Threshold, The German Novel in the 1980s*, New York – Oxford – Munich 1990, S. 209–219

Wilke, Sabine: »Ich bin eine Frau mit einer männlichen Anmaßung«: Eine Analyse des »bösen Blicks« in Elfriede Jelineks *Die Klavierspielerin*, in: *Modern Austrian Literatur*e, Volume 26 (1993), No. 1, S. 115–144

Wilke, Sabine: Zerrspiegel imaginierter Weiblichkeit, Eine Analyse zeitgenössischer Texte von Elfriede Jelinek, Ginka Steinwachs und Gisela von Wysocki, in: *TheaterZeitSchrift* 33/34 (1993), S. 181–203

Wille, Franz: Neue Stücke in Bonn, Frankfurt, Graz, Rostock und Wien: Zwischen Requiem und Klomödie, Über E. Jelineks *Totenauberg* u.a., in: *Theater heute* (1992), H. 11, S. 6–16

Wille, Franz: Farewell, my lovely? An den Grenzen der Aufklärung, Über die neuen Stücke von Elfriede Jelinek u.a., in: *Theater heute – Jahrbuch 1993*, S. 30–49

Winkels, Hubert: Panoptikum der Schreckensfrau, Elfriede Jelineks Roman *Die Klavierspielerin*, in: ders.: *Einschnitte, Zur Literatur der 80er Jahre*, Köln 1988, S. 60–75

Wright, Elisabeth: Eine Ästhetik des Ekels, Elfriede Jelineks Roman *Die Klavierspielerin*, in: Arnold, S. 51–59

Young, Frank W.: Elfriede Jelinek – Profile of an Austrian Feminist, in: Myers, Eunice/Adamson, Ginette (Eds.): *Continental, Latin-American and Francophone Women-Writers*, Lanhan 1987, S. 97–105

Young, Frank W.: »Am Haken des Fleischhauers«, Zum politökonomischen Gehalt der *Klavierspielerin*, in: Gürtler, S. 75–80

Zeller, Michael: Haß auf den Nazi-Vater, in: Bartsch/Höfler, S. 195–197

Zenke, Thomas: Ein Langstreckenlauf in die Heimat, in: Bartsch/Höfler, S. 185–188

IV. Sonstige Primär- und Sekundärliteratur
(von Jelinek zitierte und verwendete Texte; allgemeine Literatur)

Adorno, Theodor W.: *Ästhetische Theorie*, hg. von Gretel Adorno und Rolf Tiedemann, *Gesammelte Schriften* Band 7, Frankfurt am Main 1970

Adorno, Theodor W./Horkheimer, Max: *Dialektik der Aufklärung, Philosophische Fragmente*, Frankfurt am Main 1988

Anders, Günther: *Die Antiquiertheit des Menschen*, Band I, München 1968; Band II, München 1980

d'Annunzio, Gabriele: *Lust*, Werk in zwei Bänden, Berlin 1909

d'Annunzio, Gabriele: *Feuer*, Werk in zwei Bänden, Berlin 1913

Arendt, Hannah: Was ist Existenz-Philosophie?, in: dies.: *Sechs Essays*, Heidelberg 1948, S. 48–80

Arendt, Hannah: *Elemente totaler Herrschaft*, Frankfurt am Main 1958

Arendt, Hannah: *Eichmann in Jerusalem, Ein Bericht von der Banalität des Bösen*, München 1964

Arendt, Hannah – Jaspers, Karl: *Briefwechsel 1926–1969*, München 1985

Bakker Schut, Pieter (Hg.): *Dokumente, Das Info, Briefe von Gefangenen aus der RAF 1973–1977*, Kiel 1987

Barrett, Michèle: *Das unterstellte Geschlecht, Umrisse eines materialistischen Feminismus*, Berlin 1983

Barth, Hans: *Masse und Mythos, Die ideologische Krise an der Wende zum 20. Jahrhundert und die Theorie der Gewalt: Georges Sorel*, Hamburg 1979

Barthes, Roland: *Mythen des Alltags*, Frankfurt am Main 1964 (= gekürzte Fassung von *Mythologies*, Paris 1957)

Barthes, Roland: *Elemente der Semiologie*, Frankfurt am Main 1983

Bataille, Georges: Die Geschichte des Auges, in: ders.: *Das obszöne Werk*, Reinbek 1977, S. 5–53

Benjamin, Jessica: *Die Fesseln der Liebe, Psychoanalyse, Feminismus und das Problem der Macht*, Basel – Frankfurt am Main 1990

Courtade, Francis/Cadars, Pierre (Hg.): *Geschichte des Films im Dritten Reich*, München – Wien 1975

Eagleton, Terry: *Ideologie, Eine Einführung*, Stuttgart und Weimar 1993

Endres, Ria: *Am Ende angekommen, Dargestellt am wahnhaften Dunkel der Männerporträts des Thomas Bernhard*, hg. von Thomas Beckermann, Frankfurt am Main 1980

Le Fanu, Joseph Sheridan: *Carmilla, der weibliche Vampir*, Zürich 1979

Farías, Viktor: *Heidegger und der Nationalsozialismus*, Frankfurt am Main 1989

Fenichel, Otto: *Psychoanalytische Neurosenlehre*, Band II, Frankfurt am Main – Berlin – Wien 1983

Fichte, Johann Gottlieb: *Reden an die deutsche Nation*, mit neuer Einleitung von Reinhard Lauth (Philosophische Bibliothek Bd. 204), Hamburg 1978

Foucault, Michel: *Die Geburt der Klinik, Eine Archäologie des ärztlichen Blicks*, München 1973

Foucault, Michel: *Sexualität und Wahrheit*, Erster Band, *Der Wille zum Wissen*, Frankfurt am Main 1977

Gmelin, Otto: *Rädelsführer I oder Emanzipation und Orgasmus*, (Flugschrift) Berlin 1968

Goebbels, Joseph: *Michael, Ein deutsches Schicksal in Tagebuchblättern*, München 1934

Hegel, Georg Wilhelm Friedrich: *Vorlesungen über die Philosophie der Geschichte*, Auf der Grundlage der *Werke* von 1832–45 neu edierte Ausgabe, Redaktion Eva Moldenhauer und Karl Markus Michel, *Werke in zwanzig Bänden*, Band 12, Frankfurt am Main 1970

Heidegger, Martin: *Hebel – Der Hausfreund*, Pfullingen 1957

Heidegger, Martin: Die Selbstbehauptung der deutschen Universität, Rede, gehalten bei der feierlichen Übernahme des Rektorats der Universität Freiburg i. Br. am 27.5.1933, in: ders.: *Die Selbstbehauptung der deutschen Universität – Das Rektorat 1933/34, Tatsachen und Gedanken*, hg. von Hermann Heidegger, Frankfurt am Main 1983, S. 9–19 (= 1983 a)

Heidegger, Martin: Schöpferische Landschaft: Warum bleiben wir in der Provinz? (1933), in: ders.: *Denkerfahrungen 1910–1976*, hg. von Hermann Heidegger, Frankfurt am Main 1983, S. 9–13 (= 1983 b)

Heidegger, Martin: Der Feldweg (1949), in: ders.: *Denkerfahrungen, 1910–1976*, hg. von Hermann Heidegger, Frankfurt am Main 1983, S. 37–40 (= 1983 c)

Heidegger, Martin: *Unterwegs zur Sprache*, Pfullingen 1986

Heidegger, Martin – Elisabeth Blochmann: *Briefwechsel 1918–1969*, hg. von Joachim W. Storck, Marbach am Neckar 1989

Hölderlin, Friedrich: *Werke und Briefe*, hg. von Friedrich Beißner und Jochen Schmidt, Erster Band (Gedichte, *Hyperion*), Frankfurt am Main 1969

Ibach, Alfred: *Die Wessely, Skizzen ihres Werdens*, Wien 1943

Jandl, Ernst: die humanisten, konversationsstück in einem akt, in: *manuskripte* 15 (1976), H. 54, S. 3–14

Kafka, Franz: *Der Proceß*, Roman, in der Fassung der Handschrift, hg. von Malcolm Pasley, Frankfurt am Main 1993

Kleist, Heinrich von: *Sämtliche Werke und Briefe*, hg. von Helmut Sembdner, 2 Bände, München 1970

D. H. Lawrence, *Söhne und Liebhaber*, Reinbek 1960

McLuhan, Marshall: *Die magischen Kanäle*, Düsseldorf – Wien 1968

Lyotard, Jean François: *Das postmoderne Wissen, Ein Bericht*, Graz – Wien 1986

Nusser, Peter: *Romane für die Unterschicht, Groschenhefte und ihre Leser*, Stuttgart 1973

Réage, Pauline: *Geschichte der O*, Reinbek 1985

Reich, Wilhelm: *Massenpsychologie des Faschismus, Zur Sexualökonomie der politischen Reaktion und der proletarischen Sexualpolitik*, Frankfurt am Main 1974

Reiche, Reimut: *Sexualität und Klassenkampf, Zur Abwehr repressiver Entsublimierung*, Frankfurt am Main 1968

Rilke, Rainer Maria: *Duineser Elegien – Die Sonette an Orpheus*, Mit den Erläuterungen von Katharina Kippenberg, Zürich 1951

Rühm, Gerhard (Hg.): *Die Wiener Gruppe, Achleitner, Artmann, Bayer, Rühm, Wiener*, Reinbek 1985

Sartre, Jean-Paul: *Die Eingeschlossenen*, Reinbek 1986

Sartre, Jean-Paul: *Zeit der Reife*, Reinbek 1986

Schlesier, Renate: *Konstruktionen der Weiblichkeit bei Sigmund Freud, Zum Problem der Entmythologisierung und Remythologisierung in der psychoanalytischen Theorie*, Frankfurt am Main 1981

Schmeiser, Leonhard: Das Gedächtnis des Bodens, in: *Tumult*, H. 10, 1985, S. 38–56

Schumann, Clara und Robert: *Briefwechsel, Kritische Gesamtausgabe*, hg. von Eva Weissweiler, 2 Bände, Basel – Frankfurt am Main 1984

Singer, Peter: *Praktische Ethik*, Stuttgart 1984

Stierle, Karlheinz: Werk und Intertextualität, in: *Das Gespräch*, hg. von K. Stierle und R. Warning (*Poetik und Hermeneutik XI*), München 1984, S. 133–138

Theresia von Jesus/Johannes vom Kreuz: *Gedichte*, übertragen und mit einem Nachwort versehen von Irene Behn, Einsiedeln 1959

Theweleit, Klaus: *Männerphantasien*, 1. Band: *Frauen, Fluten, Körper, Geschichte*, Frankfurt am Main 1977; 2. Band: *Männerkörper – zur Psychoanalyse des weißen Terrors*, Reinbek 1980

Young-Bruehl, Elisabeth: *Hannah Arendt, Leben, Werk und Zeit*, Frankfurt am Main 1986

Namenregister

(Namen aus dem Literaturverzeichnis sind nur dann berücksichtigt, wenn sie auch im laufenden Text bzw. in den Anmerkungen vorkommen)

Marlies Janz ist Professorin für Neuere deutsche Literatur an der Freien Universität Berlin. Buchpublikationen über Celan, Brentano und Hofmannsthal; Aufsätze u.a. über Hölderlin, Heiner Müller und zur Literaturtheorie.

Sammlung Metzler